U0555692

陈虎（陈少文）作品集

The Deep Structure of Criminal Procedure

刑事程序的深层结构

陈虎 著

中国政法大学出版社
2018 · 北京

图书在版编目（CIP）数据

刑事程序的深层结构/陈虎著. —北京:中国政法大学出版社, 2018. 1
ISBN 978-7-5620-8095-4

Ⅰ. ①刑…　Ⅱ. ①陈…　Ⅲ. ①刑事诉讼－诉讼程序－研究－中国
Ⅳ. ①D925. 218. 04

中国版本图书馆CIP数据核字(2018)第020432号

出 版 者　中国政法大学出版社
地　　址　北京市海淀区西土城路 25 号
邮寄地址　北京 100088 信箱 8034 分箱　邮编 100088
网　　址　http: //www. cuplpress. com (网络实名: 中国政法大学出版社)
电　　话　010-58908437(编辑室)　58908334(邮购部)
承　　印　北京华联印刷有限公司
开　　本　880mm × 1230mm　1/32
印　　张　13. 125
字　　数　270 千字
版　　次　2018 年 5 月第 1 版
印　　次　2018 年 5 月第 1 次印刷
定　　价　69. 00 元

做一只思想的狐狸（总序）

犹太裔哲学家以赛亚·伯林在《俄国思想家》一书中，曾专门通过对托尔斯泰和陀思妥耶夫斯基的比较，区分了“狐狸型”和“刺猬型”这两种知识分子及其观念差异。

狐狸，同时追求很多碎片化的不同事物，但刺猬却能聚焦，把每个相关事物纳入一个统一的理论体系。

因而，狐狸多知，而刺猬有一大知。

伯林评价托尔斯泰，天性是狐狸，却自以为是刺猬。

第一次看到这段文字，感觉都像在说自己。

看起来每天在文献里披沙拣金，在书房里撰写论文，在研讨会上发表观点，已经貌似一个有着专业研究领域的刺猬型学者，但实际上骨子里，仍然是一个渴望拓展知识边界，而不甘于在一个领域里皓首穷经的文人。

相比于刺猬，我更愿做一只思想的狐狸。

前段时间，看到刘瑜给7年前的杂文集《送你一颗子弹》写的再版序。她说，写作，犹如佛教中的沙画，全神贯注地创作，然后再一把将其抹去。

速朽，正是创作的目的。

因而，她会与这类文字告别。在诸多身份之中，她最终放弃了那个文艺青年的身份，而选择了女教授的那个自我。

而我，则恰好相反。岁月渐逝，马齿徒增。我却越来越追求一种多元的人生。我坚信，所谓的精彩，就是让自己无法归类。

鱼和熊掌，皆我所欲。

甚至，我有意在陈虎和陈少文这两个身份之间不断切换，以让自己的生活，在理性和感性、在学术和思想、在严谨和灵动之间，维持一种微妙的平衡。

某种意义上，如沃居埃所言：我，是英国化学家的头脑与印度佛教徒灵魂的奇异结合。

我知道，这种性情，在很大程度上会阻碍我获得某种世俗意义上的成功，成为一个在专业领域里有着公认建树的优秀学者。

但是，我更知道，每一次对外在标准拙劣的模仿，都会让自己面目全非。

我更像是一个游牧民，喜欢四处征战借以拓展知识的版图，而非安居一隅，不再渴望迁徙。

这中间的区分，非关能力，只涉性情。

而这部作品集，正是这种性情而非才华的产物。

承蒙知函兄错爱，倡议并鼓励我出版这套个人作品集，本应推脱，但想起早年阅读陶潜，看到武陵人离开桃花源后，带人复返，“寻向所志，遂迷，不复得路”，便颇觉遗憾。如今，能有机会记录下自己知识旅行中的点滴收获，作为路标以让来者欣然规往，不至我曾领略之浩瀚精妙之知识世界，竟无人问津。

这项工作应该也还不算毫无意义。念及于此，遂勉力承应。

写到这里，其实已与伯林最初区分刺猬、狐狸之意，相去甚远。

在他看来，刺猬之道，一以贯之（一元主义）；狐狸狡诈，却性喜多方（多元主义）。因而，如学者张晓波所言，“不是刺猬型的卢梭、黑格尔、谢林、马克思，而是狐狸型的维科、赫尔德、赫尔岑等人，成为这个世界多元自由主义、消极自由的最好实践者，也成为对抗按照一元主义方案设计的极权社会的最好良药。”

但其实细想，也没有偏题。

在任何一个时代，任何一种场域，想做一只思想的狐狸，都需要对抗一元体制的规训。我身处其中的学术，又岂能例外？

是为序。

2018 年 2 月 5 日

寻找刑事程序的深层结构（代序言）

在陈虎博士的论文集《刑事程序的深层结构》即将出版之际，应他的请求，为该书写一篇简短的序言。这是很令人高兴的事情。

陈虎毕业于中南财经政法大学，获得诉讼法学博士学位。后进入北京大学法学院从事博士后研究工作，我是他的合作教师。在北京大学法学院工作的两年时间里，他对刑事辩护制度、司法证明等问题进行研究，发表多篇学术论文。在我主持的《死刑案件的刑事辩护》项目进行过程中，他是主要的参与者之一，并前往山东、河南、贵州等地展开了为期一年的调研，参与起草了三部律师办理死刑案件刑事辩护规范，最终由三个省级律师协会颁布实施。项目组还应美国律师协会的邀请，前往美国考察死刑辩护制度，他也是代表团成员之一。

在博士后出站之后，陈虎先后进入中南民族大学和中南财经政法大学工作，从事刑事诉讼法和证据法的研究。在此期间，他将不少精力投入到辩护制度研究之中。由于天资聪慧，口才极佳，博览群书，才思敏捷，他在律师界具有了很大的知名度。在繁忙的演讲、做项目以及从事其他社会活动之余，他没有忘记学术研究工作，又先后发表了多篇学术论文。论文积累到一定程度，就具有出版论文集的条件。

陈虎的这部《刑事程序的深层结构》，尽管是一部结构较为松散的论文集，但其中也有一些一以贯之的逻辑和线索，也提出了一些理论上的命题。例如，在《逻辑与后果：法官错案责任终身制的理论反思》一文中，他提出了司法责任制改革的内在逻辑，就是通过司法公开对司法公正和司法独立形成的“双重倒逼”。这个概念具有一定的理论解释力，可以用来解释很多司法改革领域里发生而传统理论却无法解释的现象。又如，他在以非法证据排除规则为例分析程序性制裁的理论局限的时候，提到过一个重要命题，就是“程序性制裁的利益流向”问题。具体而言，就是排除非法证据后，真正获益的究竟是哪些主体？他认为，非法证据排除是建立在剥夺违法者收益而非弥补被害人损失的理论基础上的，相比于“损失导向”的制裁措施而言，这种“收益导向”的惩罚制度，利益并未流向权利被侵害的个人，而只会让真正有罪者受益。这一论证结论是否成立姑且不论，但这种区分“损失导向”和“收益导向”两种制裁措施，并以程序利益流向分析程序性制裁局限性的理论视角本身就极具启发性。再如，他对一些在刑诉领域内已经形成定论的观点进行挑战，从而将一些政治正确的意识形态话语重新还原为一些可证伪的命题加以检视。比如，传统观念认为，提高死刑案件证明标准会减少误判率，但他在《死刑案件证明标准改革之理论误区》一文中指出，司法误判包括错误判决和错误释放两个方面，仅仅提高死刑案件证明标准同样会让定罪变得更为困难，因而会提高总体司法错误率。因此，死刑案件证明标准的设置所要考虑的价值就不仅仅是避免冤案，而是应该寻找两种错案容忍度之间恰当的比例关系。而在《提高死刑案件证明标准》一文中，陈虎博士还指出，提高死刑案件量刑标准的改革方案看似有理，实际上却会将定罪阶段的疑点利益带入量刑阶段加以分配，冲击定罪阶段的无罪推定原则，并为实践中的留有余地的判决提供正当化机制。因此建议制定消极法定证据规则，从反面规定不得判处死刑的具体情形，而不是从正面规定死刑案件的量刑标准。这些观点都极为雄辩和新颖，体现了作者深厚的学养和细致的逻辑分析能力。类似的观点和分析还有很多，读来每每让人感受到学术思辨的魅力。

陈虎博士对刑事辩护问题做出了一些颇有新意的研究，提出了自己的见解。在他博士后在站期间，曾参与过我主持的多项有关刑事辩护的课题研究和实证调研。按照我们团队的工作习惯，每次课题研究都需要形成有形的学术成果。在最开始的时候，他曾经认为刑事辩护领域并没有太多的理论含量，因而一度产生过拒斥心理，但是经过多次深入调研和文献梳理，他最终改变了这一看法，并意外地发现了这个领域的学术价值，甚至将刑事辩护作为自己今后学术的主攻方向。这一部分收录的《独立辩护论的限度》《律师与当事人决策权的分配》以及《罪名从轻辩护及其限制性操作》三篇论文就是这一阶段课题研究的理论成果，并且都对传统的辩护理论有所突破和创新。比如，《罪名从轻辩护及其限制性操作》一文就在无罪辩护、罪轻辩护和程序性辩护之外提出了“罪名从轻辩护”这一概念，并对其实践操作提出了“事实成立无异议、事实范围同一和委托人同意”这三项限制性条件，丰富了我国刑事辩护理论形态的研究。《独立辩护论的限度》和《律师与当事人决策权的分配》两篇文章则分别从我国实践和比较法两个角度指出应该对独立辩护论进行一定的限制，走向最低限度的当事人控制模式，这些研究都成功地发展了独立辩护的传统理论，并且具有强烈的实践质感。据我所知，陈虎博士还以有效辩护为题成功申报了国家社科的课题项目，并出版了《穷人如何获得公正审判》和《刑事辩护的中国问题》等多部有关辩护问题的专著和译著。

当今中国社会正处于剧烈的转型期，无论是司法制度还是刑事诉讼制度都正在发生重大的变革。在这百年难遇的制度变动期，法学研究迎来了最佳的时机。在我国法学界，老一辈法学家已经进行了卓有成效的开拓，中青年法学家已经有了独特的学术贡献，而一代新生代学者正在全力投入学术研究之中，运用多种新的社会科学研究方法，提出了一些新的理论。年青一代学人的成长既有重大的战略机遇，也面临着重重诱惑。在一个年轻学者解决温饱问题、缓解生存压力之后，如何在激烈的学术竞争中找到自己的学术家园，做出独特的学术贡献，并脱颖而出，这是摆在每一个年轻学者面前、需要认真面对的难题。我相信，没有在学术上公认的成就，没有几部大部头的著作作为“垫脚石”，没有在学术上的实质性投入，要想得到法学界的承认，可能是比较困难的。陈虎博士已经在学术上打下坚实的基础，又在律师界具有一定的知名度，获取资料和展开调研都不成问题。既然如此，我衷心期待他在未来的法学研究中投入更多精力，将自己的才华绽放在学术贡献之中，从而取得与他的才华相称的学术地位。

是为序。

陈瑞华

2017 年 10 月 2 日

目　录

刑事辩护理论

第一章

独立辩护论的限度

2013 年 6 月 9 日，铁道部前部长刘志军一案公开审理，该案的辩护问题引发了律师界的广泛讨论。李金星律师在微博上对该案辩护律师钱列阳率先发难，他认为，如果司法机关存在任何实体和程序的违法行为，辩护律师都应予以明确反对，必要时根据情况予以公开。李律师在公开信中多次提及辩护律师的独立诉讼地位，并以此作为立论依据，被告人本人的意愿则被其置于次位。〔1〕相反观点则认为，律师只是为当事人提供法律服务的人，不能凌驾于当事人的意志之上，即使选择与办案单位死磕，也必须征得当事人同意，而不能为所欲为。律师的独立辩护必须以当事人的同意为基础。〔2〕这一争论的理论核心其实就是辩护律师是

---

〔1〕 伍雷："如果我给刘志军担任辩护人怎么办"，载 http://blog. sina. com. cn/s/blog_ 65d6195b0101fc6x. html，最后访问日期：2013 年 6 月 18 日。

〔2〕 易胜华："律师职业伦理与刘志军案"，载 http://blog. sina. com. cn/s/blog_ 60c125880101ajpt. html，最后访问日期：2013 年 6 月 18 日。

否具有独立辩护权以及这一权利应该如何设置界限的问题。此类争论并非首次发生。

在轰动一时的陕西华南虎照事件中，涉嫌诈骗罪和非法持有枪支罪的被告周正龙，在二审中突然认罪，检察院因此明确告诉该案辩护律师可以不用继续辩护了。但辩护律师顾玉树最终仍然决定按照原先的辩护策略继续为被告做无罪辩护，他认为："刑事辩护不同于民事代理，律师是有独立性的，不能说当事人认了，我们就举手投降。在当时，我们觉得应该继续履行律师的职责，中途退出是存在违约嫌疑的。"在李庄案件审理过程中，也曾发生类似情形。因涉嫌伪证而被追诉的律师李庄在二审法庭上突然认罪，让其辩护律师陷入了两难境地：究竟是按事先准备好的无罪辩护意见继续为李庄辩护，还是按照当事人李庄在法庭上的表态及时调整辩护方向，为其作有罪但罪轻的辩护？该案辩护律师最终选择继续为李庄进行无罪辩护，其理由是：辩护人是独立的诉讼参与人，其辩护意见不受被告人意志的约束，即使被告认罪，辩护律师仍然可以根据事实和法律独立发表不同于被告人的辩护意见。[1]两个案件中的辩护律师在被告人突然改变辩护立场之后，都选择了坚持原有辩护思路的做法，其理由也是一致的——辩护人具有独立的诉讼地位，可以自主选择辩护立场，而不受被告人意志的左右。这也就是我们通常所说的"律师独立辩护论"。

对于律师的上述做法，理论界和实务界形成了两派截然相反

---

〔1〕 赵蕾："李庄都认罪了，律师还辩什么?"，载 http://news.qq.com/a/20100812/001057_1.htm，最后访问日期：2010 年 10 月 21 日。

的观点。赞成者认为，辩护律师继续按其事先准备好的辩护思路进行辩护，“既没有申请休庭做无谓的纠缠，也没有愤然离去给法庭出难题，而是仍然作无罪辩护继续庭审，既配合法庭顺利走完了程序，又为历史留下了对案件重新认识的空间，实在是资深律师的高明所为、睿智之举”。〔1〕而反对者则针锋相对地指出，在被告人本人都已经认罪的情况下，辩护律师仍然继续为其做无罪辩护，双方在法庭上各说各话，是一种荒诞的、效果自相抵消的失败辩护。“辩护律师开庭前应当与被告人进行充分的沟通和协商，以确定协调一致的辩护策略；被告人当庭如果突然认罪，律师应该马上申请休庭，与被告人协调辩护思路，而不是一味地进行所谓的‘独立辩护’，如果协调不一致的，律师不妨向法庭申请退出案件的辩护。”〔2〕2010 年 8 月 11 日，《南方周末》对李庄案件的辩护和这场论战进行了全面展现和解析。随之，许多学术和实务界人士都参与了讨论，将这场有关律师独立辩护的争论引向了深入。〔3〕

众所周知，独立辩护论是源自德国的辩护理论，其产生的理

---

〔1〕 山东律师陈光武于 2010 年 7 月 26 日在网上发表题为“失败的辩护？——陈瑞华首谈李庄案”的文章。同日，李庄案的辩护律师陈有西接着在网站上发表“答陈瑞华教授：李庄案辩护失败吗？”一文，继续对陈教授的上述观点提出质疑。载 http://news. mylegist. com/1604/2010-07-27/27977. html，最后访问日期：2013 年 1 月 11 日。

〔2〕 陈瑞华：“李庄案辩护：荒诞的各说各话？”，载《南方周末》2010 年 8 月 12 日，第 A4 版。

〔3〕 陈瑞华：“李庄案辩护：荒诞的各说各话？”，载《南方周末》2010 年 8 月 12 日，第 A4 版。赵蕾：“李庄二审当庭认罪 辩护律师仍作无罪辩护”，载 http://news. qq. com/a/20100812/001239. htm，最后访问日期：2013 年 1 月 11 日。

论基础主要有三个方面：首先，在职权主义的诉讼构造之下，对客观真实的追求和检察官所具有的客观公正义务决定了辩护律师应具有独立的诉讼地位；其次，辩护律师与被告人之间的关系兼具公法和私法双重性质，辩护律师对法院的真实义务应当优先于其对当事人的忠诚义务；最后，辩护律师基于专业法律素养作出的独立判断有利于维护被告人的最大利益。本章将依次分析这些理论依据的内在缺陷，指出独立辩护论扭曲了诉讼构造，会进一步恶化被告人的诉讼地位，同时错误地定位了律师和被告人的关系性质，并会给被告人利益带来诸多负面影响。在此基础上，本章提出，独立辩护论必须加以一定的限制，走向更加强调由当事人控制的相对独立辩护观。

一、独立辩护论的理论基础

与英美法系将辩护人视为当事人代理人的理论立场不同，大陆法系的传统理论一直认为，辩护人是具有独立地位的诉讼参与人。在立法上，联邦德国颁布的《联邦律师法》第 1 条即明确规定：“律师是独立的法律工作者。”《德国刑事诉讼法》第 137 条更是表明，辩护人并不仅仅是被告人的利益代理人，更是立于被告人之侧的“独立司法机关”。德国理论界同样认为，辩护人相当于一个具有自主性的司法单元，辩护行为实行的内涵，除了被告私益的保护之外，还要维护公共利益。因此，辩护人不仅仅是为被告人的利益进行辩护，也不仅仅是按照其意志来提供辩护协助。辩护人必须具有主体的地位，以使其能够在被告人利益和公共利益之间进行选择、判断和平衡。这种独立辩护论在我国学界同样影响甚广，几近通说。中华全国律师协会《律师办理刑事案件规范》第5条明确规定："律师担任辩护人或为犯罪嫌疑人提供法律帮助，依法独立进行诉讼活动，不受委托人的意志限制。"之所以采取独立辩护的理论立场，主要有以下几个方面的原因：

首先，在职权主义的诉讼模式之下，强调发现真相的诉讼理念和检察官的客观公正义务决定了辩护律师应该是独立的诉讼参与人。在当事人主义的诉讼构造之下，法官消极中立，被告人与诉控方力量差别很大。为了维护公平游戏规则，贯彻平等武装原则，就必须为被告人提供各种诉讼防御武器。辩护人作为被告人的代理人，对弥补其诉讼力量的不足和维护控辩平等的诉讼构造发挥着极为重要的作用。因此，在当事人主义的诉讼构造之下，就更为强调辩护律师和被告人之间的紧密关系，以保证其能够形成强大的辩方力量和控方对抗。〔1〕但是，职权主义诉讼模式却更为强调发现真相的诉讼目的。在这种诉讼理念的支配之下，各种诉讼角色都被赋予了发现真相的不同功能，如检察官应当承担客观公正义务，对有利和不利于被告的各种证据和线索都应加以关

---

〔1〕 从诉讼制度发展历程来看，正是公诉机构的立场和定位决定了辩护人的立场和定位。以英国为例，受制于历史经验和传统的影响，英格兰始终没有建立起一套中立的公诉制度，1696年《叛逆罪审判法》的出台使得这一愿望再次落空，人们不得不感叹，既然公诉机构不再中立，而带有强烈的追诉倾向，辩护律师就必须取得与偏执一端的控方同等的地位，否则就将难以维系诉讼构造的平衡。参见［美］兰博约：《对抗式刑事审判的起源》，王志强译，复旦大学出版社2010年版，第96页。

注和搜集；法官不再消极中立，必须依职权调查核实证据，积极发现案件真相。辩护律师同样服务于发现真相的诉讼目的，其履行辩护职责必须依据事实和法律进行，而非被告人的意志，只不过其对发现真相的作用体现在对检察官、法官工作的监督、补充和引导方面。[1]职权主义的诉讼模式将保护被告人利益的职责更多地分配给了检察机关和法院。既然他们都有义务对有利于被告的证据和信息加以注意，至少在理论上，就不需要为被告人增设一个代理人以平衡控辩双方的力量。辩护人的制度功能仅仅是补充有利于被告人的证据信息，以防止发生司法错误。这在客观上决定了辩护律师与被告人之间不可能形成和当事人主义模式一样的紧密关系，辩护律师必然更接近于准司法官员而非单纯的被告人利益代言人，其必须承担对于法院的真实性义务，而不能仅仅着眼于被告人的利益维护。[2]职权主义模式下的诉讼构造因此具有与当事人主义模式不尽相同的特征：在当事人主义诉讼模式之下，辩护律师和被告人形成紧密结合的辩方，与控方真正对抗，从而与中立的裁判者一起形成了真正意义上的三角结构；而在职权主义的诉讼模式之下，辩护律师则与被告人若即若离，至少在

---

〔1〕［德］约阿希姆·赫尔曼："东欧刑事审判改革的模式选择：比较法的视野"，陈芳译，载卞建林主编：《诉讼法学研究》（第13卷），中国检察出版社2008年版。

〔2〕实际上，正是法官对被告利益的关照决定了律师作用的可有可无。1663年，当一名被告被控出版一本带有叛逆性质的书籍时，带有强烈早期职权主义色彩的御座法院的首席法官海德就告诉被告："法庭……会确保你不会因为不懂法律而遭受冤屈，我是说，我们就是你的律师。"参见［美］兰博约：《对抗式刑事审判的起源》，王志强译，复旦大学出版社2010年版，第96页。

理论上是和检察官、法官一起形成一个致力于发现真相的集体，被告人在这种诉讼理念的支配之下更多只是一个证据来源而非诉讼主体的角色，他也是在一定程度上服务于发现真相这个目的，也就是有学者概括的“伞形结构”。[1]既然被告人无法掌控整个诉讼进程，以被告人为中心的辩护观自然无法建立，独立辩护观由此具有了自己存在的理论根据。

其次，在职权主义诉讼模式下，辩护律师和被告人的关系更多地被定位为公法关系，而非契约关系。辩护律师对法院的真实义务应大于其对当事人的忠诚义务，因而更加强调辩护人的独立诉讼地位。辩护律师和被告人之间实际上存在着两种法律关系：第一种是私法关系。这种关系的基础是被追诉人与辩护人所在律师事务所之间的委托协议，即委托合同。委托合同的特点是受任人以委任人的名义，在委任人的授权范围内从事与委任事务有关的活动，其活动后果由委任人承担。基于委托合同，辩护人可以在被追诉人的授权范围内协助其行使权利。第二种是公法关系。在当事人和辩护人签订委托合同之后，辩护律师一旦开始其执业活动，就会和司法机关产生公法关系——诉讼法上的权利义务关系。如果我们把辩护律师和司法机关之间的公法关系放在首位，就要求辩护律师必须首先承担对法院的真实义务。如果我们把辩护律师和被告人之间的私法关系放在首位，辩护活动的主要准则

〔1〕 卞建林、李菁菁：“从我国刑事法庭设置看刑事审判构造的完善”，载《法学研究》2004年第3期。

就是维护当事人的权益而无需过多考虑公共利益。[1]在职权主义的诉讼模式之下，自然更为强调辩护律师的公法义务，而不能仅仅着眼于被告人的利益维护，故意阻碍真相的发现。“辩护人对于真实的发现不负有积极提供协助的义务，而是负有不积极干扰刑事司法有效性的义务。”[2]德国法学的通说认为，刑事诉讼不得通过借助于被告的方式发现事实真相。根据期待可能性的原理，面对不利于自己的指控，被告不负真实义务，因而具有“说谎权”。[3]被告人不负真实义务，即使其虚伪陈述，或者湮灭自己犯罪之证据，亦不负伪证或湮灭证据罪的刑事责任，[4]在这种理论和制度设计之下，如果将辩护人定位于被告人的利益代理人而不强调其公法义务的话，势必会造成允许辩护人教唆、帮助被告人伪证的结果。而将辩护人定位为独立辩护人，强调其根据事实和法律从事辩护活动，负有消极真实义务，同时确立被告人隐瞒重大事实可以拒绝辩护的规则，就可以将被告人伪证的风险降到最低，避免影响到客观真相的发现这一重要诉讼目标的实现。[5]按照这

---

〔1〕 一种极端的代理人理论甚至认为，只要是被告可以做的事情，辩护人也可以做，比如，被告如果可以毁灭证据而不成立犯罪的话，则辩护人也可以教唆、帮助或共同毁灭该证据，同样不成立犯罪。参见林钰雄：《刑事诉讼法》（上），中国人民大学出版社 2010 年版，第 161 页。

〔2〕 吴俊雄：“辩护人与其当事人的关系——以德国法为中心的探讨”，载《法令月刊》2003 年第 54 卷第 1 期。

〔3〕 ［德］克劳思·罗科信：《刑事诉讼法》，吴丽琪译，法律出版社 2003 年版。

〔4〕 林钰雄：《刑事诉讼法》（上），中国人民大学出版社 2005 年版。

〔5〕 比如，根据《德国刑事诉讼法》第 112 条之规定，辩护人不得协助被告逃亡或自行掩匿证据来源，教唆或帮助当事人妨碍司法追诉程序。辩护人不得湮灭或者伪造证据和线索，不得诱导证人作不真实的陈述等。而根据《德国刑事诉讼法》

种理论，一旦被告向辩护人坦白自己的犯罪行为，又要求其进行事实上的无罪辩护，则辩护人不得向法庭做事实上的无罪辩护，以此扰乱法庭对事实的调查，阻碍真相的发现；但法律允许其根据案件具体情况，选择进行证据不足的无罪辩护或罪轻辩护，其决策权由辩护人享有。当然，辩护人的公法义务仅仅基于真相发现理论，为了被告人利益而拖延诉讼的辩护行为（如重复地提出被拒绝的证据申请或是其他被拒绝的申请）并不会影响到法官对事实的判断，也不会危害真实的发现，因此为学者所认同。[1]由于这种公法关系被更多地强调，辩护律师对法院的真实义务要远远大于其对当事人的忠诚义务，因而自然更为强调辩护人的独立诉讼地位。

最后，在职权主义诉讼模式之下，以当事人为中心的诉讼理念不被强调，相反，却更为强调法律专业人士对诉讼进程和结局的操控权，认为辩护律师基于专业法律素养作出的独立判断有利于维护被告人的最大利益。被告人在事实问题上是当然的最佳辩护者，但在更多案件的审理中，都牵涉到大量复杂的法律适用问题，法律的技术性、复杂性以及难以理解性决定了被告人不可能作出完全正确的法律决定。只有受过专业训练、拥有特殊技能的辩护律师才知道如何最大限度地维护被告人的利益。[2]“律师输

（接上页）第138条A第一项第三号的规定，如果辩护人对妨碍刑罚的行为有急迫的或者是达到可开启审判程序的嫌疑，就必须从程序的参与当中被排除。

〔1〕 吴俊雄：“辩护人与其当事人的关系——以德国法为中心的探讨”，载《法令月刊》2003年第54卷第1期。

〔2〕 Judith L. Maute, “Allocation of Decisionmaking Authority Under the Model Rules of Professional Conduct”, 17 *University of California Davis Law Review*, 1984.

掉官司的最有把握的方式之一就是让当事人操作审判。”[1]辩护人是法律专家，被告人聘请其为自己辩护，正是对其法律知识和经验的雇佣。因此，在采取何种辩护策略的问题上，被告人也应当听从辩护人的意见。比如，根据《德国刑事诉讼法》第81条的规定，即使被告人不愿让证人曝光，辩护人仍然可以违背被告人的意志，为被告人利益而自行申请传唤证人。例如，某杀人案件的被告，虽然有案发当日与情妇幽会的不在场证明，但由于其更为担心外遇曝光后给自己名誉和社会地位造成的影响，而忽略被判有罪的危险，则此时为了被告人利益，辩护人完全可以违背其意志提出该不在场证明。同样地，虽然被告人认为自己精神正常，也根本不想接受精神病鉴定，但辩护人根据自己的判断完全可以违背被告人意志申请对被告人进行精神病鉴定。[2]被告人在诉讼中具有两种身份：诉讼主体和证据来源。在当事人主义诉讼制度下，被告人具有沉默权。但一旦其选择沉默，就无法通过其获取案件信息，一切诉讼活动均由其辩护人代理，因此更为强调其作为诉讼主体的地位。但在职权主义以发现客观真相为诉讼目的的制度安排下，往往将被告人的口供作为证据体系的中心组织法庭审判，因此更为强调被告人作为证据来源的诉讼角色。因为这种角色的限制，被告人不享有阅卷权等辩护律师才享有的诉讼权利，以防止干扰其作证，妨碍事实真相的发现。因此，辩护律师的权利就分为两个部分：一是固有权，二是传来权。所谓的固有权，

---

〔1〕 346 F. 2d 73 (9th Cir.) , cert. denied, 382 U. S. 964 (1965).

〔2〕 [德] 克劳思·罗科信:《刑事诉讼法》，吴丽琪译，法律出版社2003年版。

即不以当事人的授权为必要，而为辩护人所专有的诉讼权利。只有承认辩护律师独立于被告人的诉讼地位，才可以基于公益的目的赋予辩护律师这些权利，才可以对辩护人的阅卷权不加限制，保障其根据全面阅卷得到的线索和信息拟订辩护策略。而被告人由于兼具诉讼主体和证据来源两种角色，其阅卷权受到了很大限制，在这一基础上作出的判断很难符合其自身的最大利益，因此，辩护律师在决定诉讼目标和诉讼策略上应享有独立的决定权，而不用受被告人意志的左右。

二、独立辩护与诉讼构造的内在冲突

前文已述，独立辩护论的产生与职权主义的诉讼构造有着极为密切的联系。在职权主义诉讼构造之下，法官和检察官在理论上都负有对被告人的诉讼关照义务，检察机关甚至还要承担极为严厉的客观公正义务。既然检察机关和法院都有义务对有利于被告的证据和信息加以注意，至少在理论上，就不需要为被告人增设一个代理人以平衡控辩双方的力量。因此，职权主义的诉讼构造自然强调辩护人的独立诉讼地位。但值得注意的是，这种理论上的客观公正义务在司法实践中几乎从来就没有成为现实。连德国学者对客观义务探讨多年后也不得不承认："赋予检察官客观义务，从心理学的角度来看，与其控诉职能是冲突的。"〔1〕"检察官如

〔1〕 陈卫东、刘计划、程雷："德国刑事司法制度的现在与未来"，载《人民检察》2004年第11期。

果认为被告的犯罪嫌疑不足时，是不会提起公诉的。……一旦他们对于某犯罪决定提起公诉，他们往往会与美国的检察官一样尽力使得被告受到应得之刑罚。"〔1〕

这一点在我国体现得尤为明显。首先，实践中的业绩考评机制强化了检察官的执法偏向，将其从客观公正义务的承担者变成了只追求定罪结果的当事人。比如，对于撤案、不起诉、撤诉等体现检察官客观公正义务的诉讼行为，现行的业绩考评机制都采取了严格限制的做法，这在很大程度上妨碍了客观公正义务的实现，并强化了其作为公诉人追求胜诉的动机。其次，法官的诉讼关照能力也随着抗辩式改革的逐步深入而逐渐下降。传统的职权主义诉讼模式一直强调法官的庭外调查取证权，但是，为了实现抗辩式的庭审模式改革，我国已经严格限制了法官庭外调查权的使用。法庭的庭外调查目的已不再是搜集、调取新的证据，而是对控辩双方提交的有疑问的证据进行复核。这就意味着，法院如今原则上已不能再主动收集对被告有利的证据。如果辩方再不主动提出有利于被告人的证据，法官将很难获知这些证据。在这种情况下，即便法官想确保被告权利的实现，也是有心无力。〔2〕

可以毫不夸张地说，我国现在虽然表面上实行的是职权主义的诉讼模式，但实际上，由于控辩双方利益的高度对立，辩方的

〔1〕［德］汤玛斯·魏根德等："'德、日、美比较刑事诉讼制度研讨会'专题演讲及座谈记录（上）"，载《法学丛刊》2000年第1期。

〔2〕吴纪奎："从独立辩护观走向最低限度的被告中心主义辩护观"，载《法学家》2011年第6期。

胜诉往往意味着控方的失败。其实，在利益层面上，我们早已实行当事人主义的诉讼实质。从诉讼制度的发展历程来看，正是公诉机构的立场和定位决定了辩护人的立场和定位。如果公诉机构在实践中已经不再中立，而是带有强烈的追诉倾向，而法官也无法从中予以一定的干预，主动保护被告人权益的话，辩护律师就必须取得与偏执一端的控方同等的地位，否则就将难以维系诉讼构造的平衡。因此，在检察官已经完全当事人化，法官已经不再有能力进行诉讼关照的时候，如果再片面地强调辩护律师的准司法官员的地位，就会极大地损害被告人的利益。正如陈瑞华教授所言："在由'控辩裁三方'组成的三角型诉讼构造中，公诉方本身已经具有强大的优势和力量，'辩护方'实在没有必要再出现偏向公诉方的声音，否则，本来就弱小不堪、影响力甚微的'辩护方'，就没有足以制衡裁判者的任何可能。要防止法庭偏听偏信，'辩护方'只能形成整齐划一并具有足够说服力的辩护观点，对本来已经倾斜的天平产生制衡作用。要避免法庭作出错误的裁判，辩护方必须强大到足以对抗公诉方的程度；要避免法庭制造司法的非正义，辩护方也必须对裁判者形成有效的制约力和影响力。"〔1〕

在这样的制度背景下，独立辩护论必然会对现实中的诉讼构造产生极为负面的影响，控辩力量必将进一步失衡。比如，按照独立辩护论的立场，辩护律师完全可以在没有征求被告人意见的

---

〔1〕 陈瑞华："律师辩护能完全独立吗?"，载 http://www.148com.com/html/3/474484_4.html，最后访问日期：2010 年 10 月 23 日。

情况下，自行选择与其不同的辩护策略。如此一来，在法庭上就会出现相互对立的辩护意见，被告人甚至会因为自己的意见不被辩护律师接受而直接与辩护律师发生冲突和辩论，从而使得法庭上的控辩对抗演变成辩护权主体之间的内部冲突，使得辩护效果大打折扣甚至是自相抵消。这种独立辩护使得辩方无法形成辩护合力，从而与控方进行有效的对抗，甚至会在很多场合使得辩护人充当第二公诉人的角色。[1]更为严重的问题在于，由于强调独立辩护论，一旦被告人委托了两名辩护律师同时为其提供辩护，由于其辩护意见都不需要被告人的同意或授权，两者在法庭上就很有可能发表观点相互冲突的辩护意见，从而给控方以进攻本方的武器，破坏控辩之间的平衡，使得律师与委托人、两名律师之间在辩护思路上无法形成合力，造成“相互拆台”现象的出现。这些都会破坏控辩平衡的诉讼构造。[2]

不仅如此，绝对的独立辩护会强化被告人作为证据来源的诉讼角色，进一步恶化被告人的诉讼地位，使其不仅成为诉讼程序的客体，甚至沦为辩护活动的客体。被告人在诉讼中具有两种身

---

〔1〕 2012年，在北京西城区法院审理的一起彩票诈骗案的审理过程中，辩护律师就没有按照被告人的意图为被告人做无罪辩护，在意见无法统一的情况下，被告人和律师发生了直接的冲突，最终当庭解除委托并更换律师，但再次更换的律师仍然以独立辩护论为依据为其做罪轻辩护。参见孙莹：“预测彩票诈骗案再开庭 被告炒掉律师坚不认罪”，载 http://www.chinanews.com/fz/2012/08-07/4090036.shtml，最后访问日期：2013年5月17日。

〔2〕 笔者身边曾经发生过一起受贿案件：被告人的两名家属分别为其委托了辩护人，并均取得了被告人本人的授权，二人均未和被告人沟通辩护立场，甚至彼此之间也没有进行充分的协调，其中一人选择无罪辩护，另一人则选择罪轻辩护，在法庭上两名律师之间发生了激烈的冲突。

份：诉讼主体和证据来源。如前所述，职权主义诉讼模式更为强调被告人作为证据来源的诉讼角色。一旦强调辩护律师具有绝对的独立辩护权，可以不受被告人意志的左右，不经其授权自主选择辩护策略，在法庭上发生冲突后，法官必然会首先质疑被告人的自我辩护活动，使其无法控制诉讼进程，更加无法实质性地参与辩护活动。正是由于辩护律师享有了这种绝对的独立辩护权，才导致其不愿意在庭前与被告人沟通，而仅仅通过阅卷形成辩护思路；也不愿意与被告人协调诉讼立场，不愿意将案件信息告诉被告人，而只希望通过被告人获得相关案件信息，以作为自己辩护思路的基础和依据。这样就更加强化了被告人作为证据来源而不是控制诉讼进程的诉讼主体的角色。更为可悲的是，绝对的独立辩护论使得被告人甚至无法主导辩护活动，从而彻底沦为诉讼程序的客体。整个诉讼构造演变成检察官、法官和辩护律师共同致力于发现真相的三方游戏，严重破坏了现代诉讼利益对抗的三角结构，被告人在这场游戏中成为可有可无的制度陪衬，现代诉讼构造被彻底破坏。

三、辩护律师的双重义务：本末倒置的关系定位

辩护律师处于两种法律关系的连接点：首先，辩护律师与被告人之间是私法上的委托代理关系，因而对被告人负有忠诚义务。其次，辩护律师与法院之间又形成了一种公法上的关系，律师对法院负有真实义务。显然，独立辩护论更为强调辩护律师与被告

人之间的公法关系，而非私法上的委托代理关系，因而不能仅仅着眼于被告人的利益维护。[1]正是对辩护律师和被告人关系的如此定位，决定了辩护律师可以独立于被告人的意志选择辩护策略，而不受被告人意志的左右。

但问题是，这种对辩护律师和被告人关系的定位符合实际吗？辩护律师与被告人之间难道只有公法上的权利义务，而不具有私法上的代理关系吗？我们是否能够因为辩护律师具有对法院的真实义务就完全忽视甚至是遮蔽其对当事人的忠诚义务呢？在这双重的义务之间，辩护律师应当优先考虑何种利益？在选择辩护策略的同时，辩护律师是否应当向被告人详细解释其可能产生的法律后果，并至少征得被告人的授权或同意呢？

笔者认为，辩护的本质仍然是一种委托代理关系，辩护律师的辩护活动应当以获得被告人的授权或同意为前提，以维护其最大利益为目标。在刑事诉讼中，被追诉人由于缺乏相关的专业法律知识，人身自由处于被限制或剥夺的状态，无法收集相关证据和有效地组织辩护活动，因而聘请辩护人为自己提供法律帮助，协助其完成辩护职能。辩护人基于当事人的委托而取得法律上的地位，从事诉讼活动，其目的是为了达成委托人的诉讼目标，实现委托人利益的最大化。从这个角度而言，辩护人与诉讼代理人

---

〔1〕 感兴趣的读者可参见 Wilfried Bottke，Wahrheitspflicht des Verteidigers，ZStW 96（1984）Heft 3，S. 747；OLG Frankfurt，NStZ 1981，Heft 4，S. 145. “辩护人对于真实的发现不负有积极提供协助的义务，而是负有不积极干扰刑事司法有效性的义务。”吴俊雄：“辩护人与其当事人的关系——以德国法为中心的探讨”，载《法令月刊》2003 年第 54 卷第 1 期。

并无本质上的不同，都是基于委托人委托和授权而产生，并因为委托人的聘请而实际上处于被雇佣的地位。“严格说来，被告人才是辩护权的行使者，辩护律师不过是协助被告人行使辩护权的法律代理人。”〔1〕尽管由于刑事诉讼事涉国家和社会利益，因而必须考虑公共利益，但辩护律师与委托人关系本质上仍然是一种委托代理关系。但是，独立辩护论却片面强调了辩护人与委托人之间的公法关系，并将这种公法关系置于契约关系之上，这与辩护人的产生方式相互冲突，无法自圆其说。实际上，独立辩护的真正含义是辩护人应当独立于外部干扰，而不是独立于当事人。独立辩护应该是针对辩护权外部结构而设置的一个概念，而现在却被普遍误解为是针对辩护权内部结构提出的处理原则。

独立辩护论至少在两个层面上误解了辩护人应当承担的公法义务：第一，将公法义务理解为主导义务。辩护人的公法义务只能是附属性的，而绝对不能成为主导性的。辩护人必须以维护当事人的最大利益为原则进行辩护，而不能以维护所谓的公共利益为出发点，辩护人的公法义务仅仅体现在为这种维护私人利益的行为划定界限——不得违背事实和法律帮助当事人逃避或减轻法律制裁。第二，将公法义务理解为一种积极义务。独立辩护论认为，辩护人应当首先承担一种独立选择辩护立场而不受被告人意志左右的积极义务。但实际上，辩护人承担的公法义务是一种消极义务。比如，在协助法院查明真相的过程中，辩护人尽管是独

---

〔1〕 陈瑞华：“律师辩护能完全独立吗?”，载 http://www.148com.com/html/3/474484_ 2.html，最后访问日期：2010 年 10 月 22 日。

立的诉讼参与人，但也绝对不得积极说谎，不得帮助被告毁灭、伪造证据，甚至帮助其逃匿。其真实义务仅仅体现在可以消极隐瞒不利于被告的事实和证据，也就是所谓的消极真实义务。再如，辩护人应当以维护当事人利益为最高追求，因而要在辩护目标问题上充分尊重当事人的意见，因为只有当事人才是自身利益的最佳判断者。但如果辩护人认为当事人的意见会对其利益造成实质性的危害或有损于社会公共利益，在说服无效之后，可以选择退出辩护，这也是一种消极的公法义务。

那么，在辩护律师由法院指定的强制辩护中，辩护律师和被告人之间是否就只有公法关系，而不具有委托授权的代理关系呢？有学者认为，委托辩护与指定辩护产生的方式不同，因而产生的法律关系的性质也不尽相同："……辩护人之指定，仅系公的关系，与选任辩护并具有私的关系之情形并不尽同。"〔1〕这种观点笔者不敢苟同。其实，即使是在强制辩护中，辩护律师与被告人之间的关系也并无本质上的不同，而同样是一种代理关系。理由在于：指定辩护仅仅在辩护人的产生方式上不同于委托辩护，而一旦接受了指定，辩护人与当事人之间仍然属于代理和被代理的关系。正如美国专门研究律师伦理的戴维·鲁本教授所言："尽管被告人的指定律师是由国家来付酬的，他却只对被告人负责。"〔2〕如果认为辩护人仅有公法上的权利与义务，就极易导致

〔1〕 陈朴生：《刑事诉讼法实务》，海天印刷厂有限公司 1981 年版。

〔2〕［美］戴维·鲁本：《律师与正义——一个伦理学研究》，戴锐译，中国政法大学出版社 2010 年版。

辩护人无视当事人利益的危险，并与设立辩护人制度的初衷相悖。须知，国家设置强制辩护制度的目的仍然是为了维护被告人的最大利益，而绝不是实现国家的某种价值。[1]如果认为出资人不同就可以改变委托代理关系的本质的话，我们可以做一类比：假设犯罪嫌疑人被采取强制措施，由其家属代为委托辩护律师，但辩护律师并不能因为出资人是家属而按照家属的意志进行辩护。一旦接受委托，其辩护的目标仍然是维护犯罪嫌疑人的最大利益。委托人的不同不会、也不应该影响辩护的本质。而且，根据我国《律师办理刑事案件规范（修改稿）》的规定，指定辩护与委托辩护也并无本质的不同。该规范第 64 条规定："律师事务所可以接受人民法院的指定，指派律师为被告人进行辩护，律师事务所与委托人办理委托手续参照本规范第十三条的规定进行。"既然被指定的律师事务所与当事人仍要办理委托手续，双方就仍然存在委托代理关系。[2]

既然在强制辩护与委托辩护中，辩护律师与被告人之间关系的本质都是委托代理关系，辩护律师对法院承担的真实义务以及对委托人的忠诚义务之间就应取得恰当的平衡，而不应一味地强调辩护律师独立的诉讼地位，并主张其在任何情况下都不用受被告人意志的约束。也就是说，辩护律师必须首先履行对当事人的

---

〔1〕 笔者曾在 2010 年夏随"死刑辩护考察团"赴美国进行短期学术访问。在考察期间，考察团成员田文昌律师、钱列阳律师等曾专门就此问题向耶鲁大学研究律师伦理的教授请教。教授认为，不论是指定辩护还是委托辩护，律师与被告人之间的关系并无本质的不同。不论出资聘请律师的是谁，律师代理的对象都是被告人本人，因此，仍然要征求被告人的意见，而不是委托人的意见。政府在指定辩护中只是出资一方，而非被代理人。

〔2〕 宋英辉、吴宏耀：《刑事审判前程序研究》，中国政法大学出版社 2002 年版。

忠诚义务，其辩护策略的选择应当以当事人的同意或授权为前提。如果被告人不同意其辩护策略，则辩护律师只能通过说服改变被告人的决定，或通过退出委托代理关系结束辩护活动，而不能违背被告人意志进行辩护。毕竟，辩护律师只是一个协助者，辩护的权利是直接给予被起诉人的，只有他才是直接承受案件败诉后果的人。〔1〕就辩护策略和辩护方案征求被告人本人的意见，或经过协商取得他的同意，理应成为辩护律师独立辩护活动的边界。

四、后果主义的分析：独立辩护对被告人利益的不利影响

既然律师辩护权是因当事人的委托产生的，为什么辩护律师可以不受委托人意志的约束而自由选择辩护策略和辩护思路呢？传统理论给出的解答是：相比于辩护律师而言，被告人往往不是法律方面的专家，对什么样的辩护策略符合其利益无法作出准确的判断，因此，律师独立辩护有利于维护委托人的最大利益。这种观点在关于李庄案件的论战中也有所反映。但是，事实果真如此吗？辩护律师不受限制地行使独立辩护权，在任何情况下都有利于被告人的利益，因而不需要受到任何的限制吗？答案当然是否定的。

第一，绝对的独立辩护会导致辩护意见自相矛盾，从而使得辩护效果大打折扣或者自相抵消。笔者认为：一旦辩护律师和被告人在事实问题上形成了两种完全不同的辩护观点，其结果往往

---

〔1〕 Faretta v. California, 422 U. S. 806, 819~820 (1975).

对被告人十分不利。比如，被告人为自己进行事实上的无罪辩护，主张自己根本没有作案时间；而辩护律师却认为被告人实施了指控的行为，但在法律上却不构成犯罪。请问，这样相互矛盾的辩护意见，究竟是维护还是损害了被告人的利益？由于法庭首先审理的就是事实问题，在法庭调查阶段，辩护律师的发言都以被告人实施了指控犯罪行为为前提，辩护律师既不恰当地充当了“第二公诉人”的角色，还会与被告人产生激烈的冲突，法院往往也会根据辩护律师的观点认为被告人认罪态度不好，因而从重处罚。反过来，如果被告人在法庭上做了有罪供述，并请求法庭宽大处理，而辩护律师却不顾其自愿与否，一味坚持进行事实上的无罪辩护，那么，在我国以口供为中心的庭审模式没有改变、无罪判决凤毛麟角的现实司法环境之下，法院究竟是会以被告人的认罪供述作为裁判的依据，还是会以辩护律师的无罪辩护意见作为裁判的依据？答案显然是前者。更为严重的问题是，在我国定罪和量刑程序合一的庭审结构之下，一旦律师选择进行无罪辩护，就势必不会搜集和提出更多的酌定量刑情节，而被告人即使做了罪轻辩护，也只是认罪态度较好而已，其他诸如生活经历、一贯表现、被害人过错等需要大量走访调查才能获得的量刑依据根本无法取得。[1]

---

〔1〕 2012年2月9日，陕西博硕律师事务所接受陕西省法律援助中心指派，委派张世民律师和李荣律师担任王某涉嫌盗窃一案被告人王某的辩护人。在该案中，被告人对指控犯罪事实供认不讳，而辩护人则选择了为其做无罪辩护。由于辩护人将辩护重点放在了无罪辩护之上，因此就量刑问题，仅仅简单罗列了几种酌情量刑情节，既没有详细论证，也未进行认真调查。参见张世民：“被告人坚持认罪，辩护律师如何进行无罪辩护”，载 http://www.66law.cn/goodcase/11629.aspx，最后访问日期：2013年5月18日。

由此可见，在事实问题上相互矛盾的辩护意见，只会使得辩护效果大打折扣或者自相抵消。既然如此，辩护律师在选择不同的辩护立场时，就应针对这些法律上的后果，与被告人进行充分的沟通和协调，在其全部知情的情况下作出选择。只有在被告人自愿承受这些可能的负面后果时，辩护律师才可以进行所谓的独立辩护。

第二，绝对的独立辩护会导致被告人频繁拒绝辩护或辩护人罢庭现象的发生，导致法庭审理无法正常进行，损害被告人得到快速审理的程序利益。在我国，由于独立辩护论的影响，辩护律师会见被告人的主要目的往往局限于了解案件事实，很少就法律适用和辩护策略问题征求被追诉人的意见，也很少在庭前专门协调辩护立场。此外，基于独立辩护论，被告人只需要就自己经历过的事实发表事实上的自我辩护意见，辩护律师完全可以根据自己对控方卷宗的了解和对法律问题的理解提出专业的法律意见。因此，被告人无须阅览控方卷宗，辩护律师也不应该把卷宗给被告人阅览。在这种信息不对称的辩护模式下，辩护律师自然会和被告人发生观点上的冲突，一旦没有确定协商机制，很容易出现在法庭上被告人随着了解控方证据程度的加深而突然改变辩护立场的情况。但是法律对辩护律师和被告人在法庭上发生观点的冲突与争议时应当如何处理，却并没有作出明确的规定。根据现有的法律，辩护律师只能在委托人隐瞒重大事实、利用其法律服务从事违法活动等有限情形下才可以主动选择退出委托代理关系。辩护律师拒绝辩护的途径和情形极为有限，这就导致一旦发生辩护观点的冲突与对立，几乎无法通过正常的手段予以解决。辩护人只能等待被告人对委托关系的解除，甚至是直接退出法庭，也就是实践中所称的“罢庭”现象，严重影响法庭审理活动。而且最为关键的是，由于法庭审理被耽误，被告人最终会遭受更长时间的未决羁押，从而损害其得到快速审理的程序利益。[1]

第三，独立辩护论使得辩护律师享有很多根据其独特的法律地位所享有的固有权利，这些权利往往会侵蚀和损害被告人本身所享有的诉讼权利，使其难以全面知悉案件信息，并作出理智的决定，从而进一步加剧了其对辩护律师的依赖，难以成为真正控制诉讼进程的实质意义的当事人。根据辩护理论，辩护律师享有的诉讼权利可以分为两大部分：一是基于被告人委托授权而产生的诉讼权利，即传来权，如会见权；二是基于辩护律师独立的诉讼地位而产生的诉讼权利，即固有权，如阅卷权。这两部分权利本应互相配合，共同达到维护被告人最大合法权益的目的。但可惜的是，在独立辩护论的影响下，辩护律师的固有权利往往会侵蚀甚至是损害被告人所享有的诉讼权利。比如，在李庄案的一审程序中，李庄曾申请对龚刚模的伤情进行鉴定，以证实其有无被刑讯逼供。对此申请，审判长告知李庄：法庭已经在 12 月 27 日委托重庆有关部门进行鉴定并已有鉴定结果。李庄当庭质问，为何没有把鉴定报告依法送达他本人，他根本不知道已经作出过鉴

---

〔1〕 2011 年，在北京市昌平区人民法院审理的一起放火罪案件中，辩护律师因为被告人当庭翻供，沟通未果，而拒绝再担任其辩护人，离席而去。参见杨昌平：“被告当庭翻供，律师离席而去”，载 http://www.lawtime.cn/info/xsbhdl/susongdaili/20110628118005_2.html，最后访问日期：2013 年 5 月 18 日。

定。法庭的答复是，鉴定结论已经送交了辩护人。〔1〕显然，在该案中，辩护人认为自身是具有独立诉讼地位的诉讼参与人，在辩护策略的选择上不必征求被告人的意见，因此才没有将鉴定报告的内容告知被告人，并自行作出了是否申请重新鉴定的决定。但这一决定在很大程度上损害了李庄本人的利益，使其丧失了提出重新鉴定的机会。不难看出，在法庭看来，辩护人和被告人同属于辩护方，案件信息只需要送达给辩护方，就可以推定这一信息在辩护方内部得到了充分的沟通和讨论。但是由于独立辩护论的影响，辩护人往往并不乐于主动和被告人沟通，致使被告人难以全面知悉案件信息，并作出理智的决定。〔2〕被告人阅卷问题同样如此。根据我国法律规定，辩护律师可以阅卷，而被告人则没有阅卷权，该权利是辩护律师享有的一项固有权利。为了解决被告人知情权的问题，往往由辩护律师向犯罪嫌疑人讲述案件相关信息并与其充分沟通各种辩护策略的法律后果。但是，由于独立辩护论的影响，辩护律师完全可以根据自己了解的情况自行作出诉讼决策。因此，辩护人没有任何动力将自己从阅卷中得到的信息详细地告知被追诉人，以保障其在充分知情的情况下作出理智的

〔1〕“李庄庭审最全记录”，载 http://www.110.com/ziliao/article-156014.html，最后访问日期：2013 年 1 月 11 日。

〔2〕在该案中，还曾出现过这样一幕：辩护人认为，法院委托鉴定结论已证明龚刚模确有钝器伤痕，证实刑讯逼供存在或李庄有合理怀疑的根据，所以李庄没有犯罪的动机。公诉人指出，李庄对鉴定有异议，辩护人不能用鉴定结论作为证据。辩护人答曰：《刑事诉讼法》规定辩护人地位独立于被告人，不受被告人影响，此乃辩护人与代理人的不同。“李庄案二审辩护词（高子程）及二审庭审补充意见”，载 http://www.66law.cn/domainblog/16985.aspx，最后访问日期：2013 年 1 月 11 日。

诉讼决策。尽管2012年修改《刑事诉讼法》，规定自案件移送审查起诉之日起，可以向犯罪嫌疑人、被告人核实有关证据，但由于法律对于“核实”方式界定模糊，很容易给律师带来新一轮的执业风险，辩护律师往往非常谨慎地对待在审判前阶段与被告人沟通自己知悉的案件细节的问题，从而使得整个诉讼进程完全掌握在辩护律师的手中，被告人难以成为真正控制诉讼进程的当事人。

第四，我国并没有建立有效辩护制度，一些特殊类型的案件（如死刑案件）也没有准入门槛的限制。律师水平参差不齐，同时又没有相应的制约对其进行约束和惩戒，辩护人独立选择辩护观点和策略一旦对被告人利益造成损害，无法通过有效的途径加以救济。被告人也不能对辩护律师提出赔偿请求，使得被告人完全沦为诉讼程序甚至是辩护活动的客体，其利益处于受到完全漠视的地位。在实行对抗制的国家，监督律师履行职责的是被告人。但是，由于事后很难判断损害被告人利益行为的后果究竟是不是由律师的善意错误造成的，因此很难进行失职诉讼或是职业惩戒。即便事后能够识别律师损害被告人利益的行为，对于被告人来说，纠正这一行为的难度和成本也是巨大的。因此，被告人更应该对诉讼的进程享有主导权和控制权，被告人对律师行为的同步控制也许是防止律师实施损害被告人利益行为的最有效也是成本最小的方法。故而，当事人控制下的、以被告人为中心的辩护观就具有了存在的正当性。[1]但是，在独立辩护论看来，辩护目标和辩

〔1〕 吴纪奎：“从独立辩护观走向最低限度的被告中心主义辩护观”，载《法学家》2011年第6期。

护策略的选择都不需要以被告人同意为前提，也不需要与其进行任何沟通，而听凭律师自己作出判断。一旦缺乏被告人和辩护律师的日常交流，这种被告人对辩护质量的同步监控就几乎难以存在。反观我国，由于刑事案件辩护率极为低下，如何获得律师帮助尚且是我们面临的主要问题的时候，如何获得律师的有效帮助更是奢谈。一系列特殊案件（比如死刑案件）也尚未建立律师准入制度，参与刑事辩护的律师水平必然参差不齐，最后的辩护结果损害被告人利益的可能性也就大为增加。在这种独特的司法环境下，如果一味奉行不受限制的独立辩护观，则会进一步增加被告人利益受损而无法获得有效救济的可能。原因在于：为了有效监督律师辩护质量，独立辩护观更加需要建立有效辩护制度和律师赔偿制度来加以事后控制。但是，即便我们寄希望于事后控制，由于同步控制的缺位，也易导致被告人难以证明律师在执业行为时的可归责心理，使得事后举证变得十分艰难，从而使得律师赔偿制度几乎难以奏效。另外，在实行独立辩护观的司法制度下，往往没有确立有效辩护制度，没有根据辩护效果的好坏发回重审的制度设置，被告人控制的只是委托律师和解除律师的权利。一旦辩护律师的独立辩护对其利益造成实质性的损害，被告人根本无法通过上诉的途径使得案件发回重审，导致被告人利益受损时也没有途径加以救济。

五、独立辩护的限度

通过上文的分析，不难看出，我国理论界所主张的独立辩护论完全无视被告人的意志，而由辩护律师自行决定辩护策略，既没有尊重被告人的程序主体地位，也无视委托代理关系中依据被代理人授权活动的根本准则，在多数情况下，更会作出不利于被告人程序和实体利益的辩护，从而严重背离了辩护制度设置的初衷。如此看来，我们应当为传统的独立辩护设置一定的外部边界，提出一种全新的独立辩护的理论模式，以避免被告人的意志和利益受到双重漠视。

具体而言，辩护律师在与被告人发生意见冲突的时候应当遵守以下行为准则：

第一，基于平衡诉讼构造的考虑，律师独立辩护应更多强调独立于外部干扰，而非片面地强调独立于当事人，造成辩护权内部的结构冲突，引起控辩失衡。在传统理论上，独立辩护论包含三部分内容：辩护律师不得实施任何带有追诉性质的活动，因而独立于作为国家刑事追诉官员的检察官；辩护律师不得将个人对被告人刑事责任问题的判断作为进行辩护活动的准则，因而独立裁判官；辩护律师不得为追求对被告人有利的诉讼结局而不择手段，以至于违背了法律和正义，因而独立于其作为委托人的被告人。[1]在笔者看来，律师独立性的前两层内涵是绝对的，即在任何时候，任何场合，律师都不得充当第二公诉人，也不得自诩为裁判者，在确信被告人已犯罪的情况下任意放弃辩护职责。但第三项含义却是相对的和有界限的，即只有在被告人要求其为了自身利益而从事违法活动时，律师才可以独立于当事人，按照事实和法律选择辩护立场和辩护策略。除此之外，律师应该听从至少是尊重被告人的意见，而不得以独立诉讼地位为由任意违背被告人意志。之所以在前两个层次上强调绝对的独立辩护论，是因为一旦辩护律师充当了第二公诉人或事实上的法官，就会严重破坏诉讼构造，增强控方力量，使得被告人进一步陷入孤立无援的境地，加剧双方力量的失衡。而一旦辩护律师独立于当事人，也会加剧辩护权的内部冲突，从而无法形成有效合力。因此，笔者主张，辩护律师的独立的诉讼地位首先应该表现在绝对独立于控方、裁判方和任何司法外因素的干扰，仅仅根据事实和法律选择辩护立场，而不是根据指示或命令进行辩护，从而破坏诉讼构造，无法与控方形成真正有效的对抗。其次才是以事实和法律为边界，在被告人的意见显然违背事实和法律的时候，辩护律师应当以独立诉讼参与人的地位拒绝其非法要求，坚持自己基于事实和法律选择的辩护方案。比如，在被告人主张自己事实上无罪的情形下，即使辩护律师认为其实施了犯罪行为并已以此为前提做好了量刑辩护的所有准备，也不得违背被告人的意志，以独立辩护论为依

---

〔1〕 陈瑞华：《刑事审判原理论》（第2版），北京大学出版社2003年版。

据为其作罪轻辩护，否则就是将自己混同于公诉人，代行了控诉职能；这样必然会破坏诉讼构造，造成辩护行为服务于公诉目的这一奇怪现象，从而在坚持独立于当事人这一原则的同时，又违背了独立于公诉人这一铁律。如果辩护律师根据现有的证据，难以认同被告人的事实无罪的主张，正确的做法应当是立即申请休庭，与被告人进行紧急沟通，尽量协商达成一致意见，如果仍然无法达成一致，则只能退出辩护。除了独立于司法机关以外，独立于法外因素的外部干扰也是独立辩护论的重要内容。这种对独立辩护论的理解在当下的中国更具现实意义，很多辩护律师也会被主管机关以“维稳”的名义要求谨慎发表无罪辩护意见。这些法外因素的干预都使得法庭上有关定罪问题的审判流于形式，辩护律师难以据理力争。如果在辩护律师尚且没有完全独立于外部干涉的情况下，奢谈独立于当事人的意志，可以想想，在神秘的法外因素、强大的控方力量和独立的律师辩护三者的合力作用之下，被告人的合法权益如何得到有效保护？诉讼构造如何取得理想的平衡？其实，独立辩护论适用于所有辩护人，而不仅仅局限于辩护律师。可见，在独立辩护论的理论立场来看，保障律师的专业自主性也不是最为重要的理论依据，保障其免受辩护权以外的其他因素干扰才是根本目的。

第二，基于对辩护律师和被告人关系合理定位的考虑，在辩护目标上，应当尊重被告人的意志，但在辩护策略的选择上，则可以适度独立于当事人。本人认为，辩护律师与被告人之间最本质的关系应当是私法上的契约和代理关系，公法义务是第二位的和辅助性的。辩护律师的辩护活动应当以被告人的同意或授权为前提，以不违背被告人的意志为其限度，只有在取得被告人同意的情况下，才可以采纳与其不同的辩护策略。因此，在辩护目标上，律师必须尊重被告人的意志，但在辩护策略的选择上，则可以适度独立于当事人。用一个类比加以说明，律师更像是出租车司机，具有丰富的驾驶经验，对该地交通状况非常熟悉，而被告人则相当于初到该地的乘客，被告人负责告诉司机目的地，而司机则负有诚实勤勉的义务，以最快的速度和最低的价格，选择最合适的路线将被告人送达目的地。据此，我们至少可以明确独立辩护论的以下几个操作原则：首先，在辩护目标上，应当尊重被告人的决定。辩护权来源于被告人的委托授权，辩护律师代理案件的唯一目标就是在法律允许的范围内最大限度地实现委托人的利益。借助一场私人委托代理关系实现任何个人目的，甚至是社会公益目标，都是对委托人的不尊重，也是对职业道德的违反。况且，究竟何为委托人的最大利益，辩护律师往往只能从法律角度加以判断，但很多时候，这种判断需要综合考虑诸如被告人的生活现状、价值观念等因素的影响，而只有被告人自己才是其自身利益的最佳判断者。辩护律师只能在充分沟通和表达己方立场的前提下，充分尊重当事人对辩护目标的选择。其次，在辩护策略上，应当更多地强调辩护律师的职业自主性。在确定辩护目标的前提下，辩护律师可以充分发挥其法律特长，围绕诉讼目标设定不同的法律服务方案，并就各种方案之利弊和可能的法律后果向当事人进行充分说明。在辩护策略拟定这一专业性极强的领域，可以强调辩护律师的职业自主性，无需时时处处与被告人沟通。但是，最后的辩护策略必须征得被告人同意方可实行。如果辩护律师不同意被告人对辩护目标的设定，或者其拟定的辩护策略无法取得被告人最终同意，辩护律师应尽充分沟通和说服的义务，如果最终仍然不能达成一致，则只能与被告人协商解除委托关系，退出辩护，而决不能坚持发表被告人不同意的辩护观点。

尽管存在着上述关于“目标”和“手段”的大体分工，但如果辩护律师认为在目标问题上被告人所做的决定可能会对其利益造成实质性的损害，此时，顺从被告人的意志，将有违辩护律师的独立性和维护被告人最大利益的职业操守，而强行发表有违被告人意志的辩护观点，则又错误地取代了被告人而成为辩护活动的主导者，混淆了两者关系的主从定位。因此，在与被告人协调和说服无效的情况下，只能有两种选择：按照辩护律师的观点进行辩护，或者选择退出辩护。如果没有有效的辩护退出机制，必然导致程序卡壳现象的发生，也会使辩护律师面临职业道德和法律义务之间的冲突。实际上，作为独立辩护论的补充性制度，退出辩护在实行被告人中心辩护观的对抗制国家受到的限制相对较多，而在实行独立辩护论的职权主义国家受到的限制则相对较少，〔1〕主要也是由于上述原因。但必须强调的是，即使是退出辩护，也应该与被告人进行充分的协商。

第三，从尊重律师行业自主性和维护被告人最大利益的角度

〔1〕 参见黄瑞明：“美国与德国律师伦理之比较对台湾之影响与启发”，载东吴大学法学院主编：《法律伦理学》，新学林出版股份有限公司2009年版，第76页。

考虑，在事实问题上，律师应当更多地尊重被告人的意见，而在法律问题上，则可以适度独立于当事人。被告人是事实问题的专家，而律师则是法律问题的专家。就事实部分而言，没有人比被告人更了解案件发生的情况，因此他在这一问题上最有发言权。律师所负有的义务仅仅是审查被告人事实陈述的自愿性，而不能越俎代庖地代为决定事实问题。而在法律问题上，律师的专业自主性应该受到一定程度的维护，其完全可以根据自己对法律的理解选择辩护策略和方案。独立辩护论的一个重要理论依据就是维护律师的专业自主性。首先，从历史发展的角度而言，最早的辩护形态就是自我辩护，当时的司法审判就是对事实问题的审理，而没有复杂的法律问题。而被告人最为了解事实，因此没有必要委托律师代为辩护。但是后来随着法律的逐步完善和复杂，案件审理分化出事实审和法律审两个部分，被告人已经无法应付越来越复杂的法律审，由此才开始出现委托辩护。因此，律师发挥作用的主要领域正是法律适用环节，在这一领域内应充分发挥其行业自主性。律师只需要在保障被告人提供的事实信息是真实的前提下，利用自己的专业知识制定合理的诉讼方案供被告人选择。其次，如果律师违背自己的职业判断而听命于当事人的指示，一方面会损害辩护律师的职业名声，另一方面也会导致潜在的代理人对辩护律师代理能力的质疑。同时，造成损害后果以后，也无法对律师提出损害赔偿要求，最终还是由被告人承担不利后果，从而使其地位更加危险。最后但却是最重要的一点在于，如果辩护律师在事实问题上以独立地位为由作出与被告人不一致的事实陈述，法官一定倾向于相信被告人本人的有罪供述，而对律师的事实无罪的意见不予采纳，从而造成辩护资源的巨大浪费，也使辩护律师丧失了在法律领域为被告人争取最大利益的机会。在诉讼制度发展的早期，由于法律审并不发达，整个审判都是围绕事实问题的审理展开的，而关于犯罪事实本身，被告人显然最了解情况，因此，在这种诉讼模式之下，被告人自然成为庭审的中心。而律师在事实审中所有的诉讼目标和技巧几乎都是阻碍而不是帮助发现真相，因而几乎没有任何存在的必要。即便在事实审和法律审已经分化的今天，在事实问题上，法官也是更为看重被告人提供的信息，而不太重视辩护律师的观点。因此，如果辩护律师在事实问题上发表了和被告人不一致甚至是截然相反的观点，不但不会对辩护起到积极作用，反而会产生辩护效果自相抵消甚至是互相否定的负面后果。从这个意义上来说，我们主张，在事实问题上，律师应当更多地尊重被告人的意见，而在法律问题上，则可以适度独立于当事人。比如，如果被告人承认受贿事实，辩护律师就不应该以独立辩护论为由否认该事实的存在。律师应当审查被告人认罪的自愿性和真实性，并在确认后以该事实为基础向法庭提出法律上的辩护理由。司法实践中，很多律师正是通过巧妙运用这种事实和法律的二分，采取最有利于实现被告人利益最大化的辩护策略分工。具体而言，就是在事实领域让被告人主动认罪，但是在法律上，由辩护律师为其做无罪辩护。这样做的好处是，辩护律师在事实问题上始终与被告人意见保持一致，通过被告人的认罪为其争取缓刑和认罪态度等实体利益，而辩护律师对被告人认罪事实不持异议，同时表示，被告人认罪态度很好，但由于其不是法律专家，因此，对法律的理解存在偏差，因而基于独立辩护的立场，由辩护律师从法律角度论证其不构成犯罪的理由。通过这种策略性的分工，辩护律师既在事实问题上尊重了被告人的意志，又能在法律上充分表达无罪辩护的理由，为其争取最理想的结果，还能避免辩护律师同时做无罪辩护和罪轻辩护的尴尬。这种独立辩护的做法就是值得肯定的一种诉讼技巧。

第二章

律师与当事人决策权的分配

——以英美法为中心的分析*

在诉讼中，究竟应由谁来决定刑事辩护的目标和策略？辩护律师是否必须服从被告人的意志？如果辩护律师并不认同被告人的辩护目标和策略，可否强行按照自己的辩护思路组织辩护？这些都涉及律师与当事人的决策权分配问题。关于这一问题，存在两种典型的解决模式：律师控制模式和当事人控制模式。

大陆法系国家将辩护人视为具有独立地位的诉讼参与人，因而在决策权分配上更为强调律师控制模式。这种律师控制模式在诉讼理念和制度设计上具有以下一些具体特征：首先，在关系定位上，辩护人与委托人之间的关系具有强烈的公法色彩，辩护人

* 基金项目：国家社会科学基金青年项目“死刑案件有效辩护论”（13CFX058）；教育部人文社会科学青年基金项目“犯罪论体系的程序效应——以刑法和刑事诉讼法关系为中心”（10YJC820009）。

必须承担对于法院的真实性义务，而不能仅仅着眼于被告人的利益维护，故意阻碍真相的发现。[1]按照这种理论，一旦被告向辩护人坦白自己的犯罪行为，辩护人就不得向法庭作事实上的无罪辩护，以此阻碍真相的发现。但法律允许其根据案件具体情况，选择进行证据不足的无罪辩护或罪轻辩护，其决策权由辩护人享有。[2]其次，在辩护目标上，辩护人具有自主的决定权，而不受被告人意志的约束。即使被告人自己已经承认有罪，辩护人仍然可以为其作无罪辩护。客观事实而不是被告人的意愿才是最终的标准。[3]最后，在辩护策略上，辩护人也具有自主决定权，而不受被告人意志的约束。辩护人是法律专家，被告人聘请其为自己辩护，正是对其法律知识和经验的雇佣。因此，在采取何种辩护策略的问题上，被告人也应当听从辩护人的意见。与之相对，在当事人主义的诉讼模式之下，则更加强调当事人的自治权，因而更倾向于将辩护人定位为被告人的利益代言人。尽管近年来已经出现强调律师公共责任的倾向，但服从当事人的意志一直都是律师的首要义务。当事人控制模式要求辩护律师在被告人授权范围内活动，受被告人意志的约束，以被告人利益为辩护活动的最高准则，由当事人控制辩护活动的决策。其理论要素有三：第一，

---

〔1〕“辩护人对于真实的发现不负有积极提供协助的义务，而是负有不积极干扰刑事司法有效性的义务。”吴俊雄：“辩护人与其当事人的关系——以德国法为中心的探讨”，载《法令月刊》2003年第54卷第1期。

〔2〕转引自吴俊雄：“辩护人与其当事人的关系——以德国法为中心的探讨”，载《法令月刊》2003年第54卷第1期。

〔3〕吴俊雄：“辩护人与其当事人的关系——以德国法为中心的探讨”，载《法令月刊》2003年第54卷第1期。

在关系定位上，辩护人与委托人之间为契约关系，辩护人并不承担公法角色和公法责任，因此，其辩护活动的主要准则就是当事人的权益，而无需过多考虑公共利益。[1]第二，在辩护目标上，究竟何为符合被告人最大利益取决于被告人的自主决定，辩护人无权代为决定。相反，辩护人必须听从被告人对自身利益的判断，并尽其全能辅助被告人达成其利益与目的。第三，在辩护策略上，辩护人只能利用自己的专业知识和特殊权利，将所知信息尽可能全面地告知被告人，由被告人从中选择最符合其利益的方案。辩护人在辩护准备的过程中，只起到协助辩护的作用，本身并无自主性。[2]

尽管已经彼此借鉴，但两种模式仍然有较为明显的区分。我国传统上采取的一直是律师控制模式，强调律师独立的诉讼地位。但近来，一系列案例的出现对这种传统理论提出了巨大的挑战。本章将以美国法为主要分析对象，研究律师与当事人之间决策权分配的规则及其原理，以期为我国实行的律师控制模式提供改革的思路和灵感。

---

〔1〕 林钰雄：《刑事诉讼法》（上），中国人民大学出版社2005年版，第161页。

〔2〕 根据美国律师协会《职业行为示范规则》1.2的规定，律师应当遵循委托人就代理的目标作出的决定，应当就追求这些目标所要使用的手段同委托人进行磋商。在刑事案件中，委托人就进行何种答辩、是否放弃陪审团审判以及委托人是否作证等事项同律师磋商后作出的决定，律师应当遵守。从该规定来看，委托人对通过代理服务所要达到的目标有最终的决定权，在实现这些目标所使用的手段问题上律师也要与委托人进行磋商。因此，在委托人和律师之间的关系中，委托人并不是被动的，律师应当尊重委托人的权利。韩旭：“被告人与律师之间的辩护冲突及其解决机制”，载《法学研究》2010年第6期。

一、从"律师控制"到"当事人控制"：决策权分配的历史演进

自从诉讼代理制度在历史上出现以后，究竟应当由法律专家负责诉讼决策，还是由当事人自己负责诉讼决策，就是一个十分现实的问题。在最早的诉讼实践中，各国普遍实行以律师为中心的决策权分配模式。但因为不同的诉讼环境和诉讼理念，英美法逐渐从最早的"律师控制模式"演变为"当事人控制模式"，与大陆法保存并施行至今的"律师控制模式"形成鲜明的对照。

有关律师和当事人诉讼决策权分配的历史，最早可以追溯到古罗马时期。当时的律师往往具有较高的社会地位和职业地位，这种由社会地位的不平等和专业知识上的精英主义导致的职业主义思维模式，使得律师往往控制了当事人的全部或大部分法律决定。而且，在相当长的一段历史时期内，各种法律制度都采纳或是鼓励律师控制当事人的决定。各种成文或不成文的规制律师与当事人关系的规则普遍忽视了当事人在控制其法律事务方面的利益，而是鼓励律师以自己的道德和法律判断替代当事人的相关判断。而那些寻求法律代理的当事人也往往乐于将决策控制权交给法律专家，并祈祷最终的结果会有利于自己，因此形成了一种以律师为中心的职业主义垄断决策模式。[1] 不仅如此，在古罗马法

---

〔1〕 作为例外，在当事人社会地位和律师相等甚至高于律师时，很多当事人往往自行就案件中的法律问题作出决定。当然，这种由当事人控制决策权的情形只是例外而非常态。See Wilfrid R. Prest, *The Rise of the Barristers: A Social History of the English Bar 1590-1640*, Oxford University Press, 1986, p. 24; see also Daniel Duman,

中确立的监护人制度也间接促进了“律师控制模式”的发展。根据当时的监护人制度，罗马贵族作为保护者，有义务保护其家族成员，同时还要保护那些非贵族的家庭成员。〔1〕可以说，控制被代理人的规则其实是当时由社会贤达控制第二等公民的社会结构的反映。〔2〕

当西罗马帝国在15世纪被德国侵略者攻陷后，这种应由律师控制诉讼决策权的观念在欧洲法院差点消失。诉讼者重新开始自我代理、决斗或神明裁判，直到12世纪晚期第三方代理的观点重回欧洲法院的时候，大部分律师事实上已经不再为当事人指导法律决策。〔3〕但这只是短暂的历史插曲。特别是16世纪之后，律师更多地关注如何保护其职业的独占度和声望，以及如何爬升社会地位，而不再关注如何提高当事人的自治或改善律师与当事人之间的关系。由于社会和经济地位的巨大不平等，〔4〕人们很难期望律师和当事人之间能够取得真正的平等并尊重后者的自治。自我决定和尊重个体价值的理念没有机会获得立身之处。当人们开始关注律师与当事人的关系时，就是开始重新拥抱古罗马模式下的律

（接上页）“The English Bar in the Georgian Era”, in Wilfrid Prest ed. , *Lawyers in Early Modern Europe and American*, Holmes & Meier Pub, 1981, pp. 86, 100~01.

〔1〕 J. A. Crook, *Legal Advocacy in the Roman World*, Gerald Duckworth & Co Ltd, 1995, pp. 31~32, 172.

〔2〕 Anton-hermann Chroust, “The Legal Profession in Ancient Republican Rome”, 30 *Notre Dame L. REV.* 97, 109 (1954) . J. A. Crook, *Legal Advocacy in The Roman World*, Cerald Duckworth & Co Ltd, 1995, pp. 122~23, 162. TH. Grelet-dumazeau, LE BARREAU ROMAIN [THE ROMAN BAR] 252 (MOULINS, DESROSIERS 1851).

〔3〕 Lucien Karpik, *French Lawyers: A Study in Collective Action 1274 to 1994*, Oxford University Press, 2000, p. 15.

〔4〕 当时律师更多的都是担任圣职的人员，后来更多的是从特权阶层出身。

师保护角色。甚至有人直率地指出："当事人应当顺从律师的建议，否则就不配得到律师的帮助。"因此，这个阶段，律师控制模式仍然是欧洲大陆司法实践中的主流做法。[1]

英国的律师二元制进一步强化了律师与当事人之间地位的差异和律师控制模式。根据英国法律，律师分为事务律师和出庭律师两种。前者负责接触当事人、了解案情、核实证据、掌握法律要点，然后再交给出庭律师。而出庭律师则不得直接接触当事人，只能根据事务律师对当事人问题的描述进行独立的职业判断。这一制度有效地将当事人和出庭律师分割开来，由此可以避免辩护律师过分"当事人化"，防止个人感情因素影响司法过程，保证出庭律师以相对超脱客观的态度陈述和分析案情，同时也使得当事人无权控制司法程序，在某种程度上强化了律师控制模式。[2]这对美国律师的执业习惯产生了深刻的影响。在19世纪的美国，法律界仍然致力于阻碍而不是提升当事人的自治权，律师更多的是为法庭服务。当事人最多只是一个没有完全行为能力的被监护者，甚至是一个不道德的寄生虫，他需要律师在法律问题上准确无误的判断以及在道德上正确做法的直觉。这一观点在当时的美国颇具代表性。

但是，到了19世纪晚期，情况开始悄悄发生变化。一种新的观念开始统治美国律师界，人们开始认为，律师应当同时担任法

---

〔1〕 Lucien Karpik, *French Lawyers: A Study in Collective Action 1274 to 1994*, Oxford University Press, 2000, p. 45.

〔2〕 Samuel Haber, *The Quest for Authority and Honor in the American Professions 1750–1900*, University of Chicago Press, 1991, p. 85.

官的助手和当事人的代理人两种角色。从 1887 年到 20 世纪初的这段时间，有 11 个州的律师协会都采纳了《职业道德法典》。不过当时只有一个条文规定了律师应当服从当事人的决定，而且只适用于两名律师存在针锋相对的两种观点的场合。绝大部分的条文仍然鼓励律师控制当事人可能冲动鲁莽的决定。1908 年美国律师协会通过的《律师职业道德规范》对律师是否应当听从当事人的指示这一问题并未表态。在美国律师协会看来，律师和当事人之间的关系与 2000 年前的古罗马相比，并没有什么根本的变化，律师同样应当代表当事人行使没有任何约束的控制权。但是，美国律师协会也承认，在一些重要问题上，律师应当与当事人协商，并听从当事人的意见和指示。律师控制模式开始出现了某种松动的迹象。

随着美国 20 世纪 60 年代民权运动和正当程序革命的兴起，自由派法律理论开始占据上风，社会也日益重视当事人的个体权利和自我决策权。法律的首要目标已经不再是维持法律体系的纯洁和不可侵犯性，而是开始致力于提高个体权利。在这一环境之下，律师再也不能在个案中控制当事人的决策了，因为只有当事人才是自身利益的最佳判断者。美国社会的这些变化促使立法者重新考虑律师与当事人之间决策权的分配问题。正是在这样一个社会背景之下，法律学者逐渐偏离当初律师与当事人关系的传统模式，开始建立以当事人为中心的决策权分配模式。1969 年 8 月 12 日，美国律师协会废除了陈旧的道德规范而代之以一份新的《职业责任模范法典》。在该法典的开篇即赋予当事人以核心地位，规定其有权指导律师的法律代理事务，从而将当事人个体和他的尊严与自治置于核心位置。1977 年，戴维·A. 宾得（David A. Binder）和苏珊·C. 普雷斯（Susan C. Price）撰写的著作更是首次提出了“当事人中心”的决策模式理论，这一理论从根本上改变了美国法律实践教育并迅速成为主流理论。〔1〕美国律师协会库塔克委员会在制定《职业行为示范规则》时，将通常所说的“律师-委托人”关系修改为“委托人-律师”关系，以凸显委托人的中心地位。〔2〕从此，20 世纪晚期的律师们最终被要求听从于其当事人的指示并受当事人的指引。经过漫长的历史演进，美国法中律师与当事人之间的关系终于从律师控制模式开始转向当事人控制模式。

二、当事人控制模式的要素与成因

尽管理论界和实务界仍有维持律师控制权的零星意见，〔3〕但

---

〔1〕 David A. Binder & Susan C. Price, *Legal Interviewing And Counseling: A Client-centered Approach*, West Publishing Company, 1977.

〔2〕 美国法律协会制定的《律师执业法重述》也采用了同样的方法。王进喜：《美国律师职业行为规则理论与实践》，中国人民公安大学出版社 2005 年版，第 25 页。

〔3〕 比如，在一次题为“法律职业的专业性”的法学院毕业典礼致辞中，后来的美国联邦上诉法院第四巡回审判庭首席法官 Clement F. Haynsworth 就认为：“（律师）为当事人服务但并不是他们的仆人，他提供服务以促进当事人合法和适当的目的，但律师永远不要忘了，他才是主人。他并不完全是为了完成当事人的命令。律师需要自己决定什么才是道德上和法律上正确的做法，并且，作为一名专业人员，他也不能服从当事人让他站在其他立场的要求。……律师必须从他自己的角度而不是当事人的角度来为当事人提供法律服务。” Haynsworth, “Professionalism in Lawyering”, 27 *S. C. L. Q.* 627, 628 (1976). 联邦上诉法院法官 Thurman Arnold 不允许当事人规定或者决定代理的策略和实质内容，即使当事人坚持认为自己对诉讼的指示对于服务于案由是有必要的。Fortas, “Thurman Arnold and the Theatre of the law”, 79 *Yale L. Jour.* 988, 996 (1970).

总体而言，美国已经开始确立起以当事人为中心的代理观念。这种理念的本质就是将律师和当事人关系视为代理关系，将律师定位为当事人的利益代言人，受当事人意志的约束，并以当事人利益为代理活动的最高准则。如前文所述，这种当事人控制模式具有以下几个基本理论要素：首先，在关系定位上，律师与当事人之间是契约关系而非公法关系，因此，律师在代理过程中无需过多考虑公共利益；[1]其次，在诉讼分工上，应由当事人决定诉讼目标，而律师则负责利用自己的专业知识制定和选择实现该目标的诉讼策略，并由当事人对诉讼策略进行选择，律师不能违背当事人意愿从事辩护代理活动。

之所以形成上述当事人控制的代理模式，主要源于以下一些原因：首先，对抗制的诉讼模式内在地要求律师与当事人结成强大的辩方与控方进行对抗。这一点与职权主义形成了鲜明的对比。在职权主义诉讼模式之下，各种诉讼角色都致力于发现真相这一诉讼目标。比如，检察官应当承担客观公正义务，全面收集有利和不利于被告人的所有证据。既然控方并不完全等同于民事案件

---

〔1〕 一位名叫亨利·布鲁厄姆（Henry Brougham）的英国律师在1820年的时候说过这样一段话："一个辩护律师，对当事人负有神圣的职责，他在这世界上只认得一个人，就是受到官署控告的当事人，别无其他。要用各种必要的手段来救当事人，保护那个当事人免于必须负担任何其他人的风险或损失，也不使任何人侵害他，这是最高且毫无疑虑的职责；他必须无视于对其他任何人可能造成的一切不安、痛苦、折磨与伤害。必须要把爱国的职责跟作为一个辩护人的职责区分清楚，并将前者揉碎，让它随风而逝，如果有此必要的话。他必须无视于任何结果地去做，如果他的命运如此不幸让他的国家跟他的当事人陷于利益冲突的话。"［美］德肖维茨：《合理的怀疑——从辛普森案批判美国司法体系》，高忠义、侯荷婷译，法律出版社2010年版，第168页。

中的原告，法律并不鼓励其为了达到胜诉目的而故意无视有利于被告人的证据，那么，至少在理论上，就不需要为被告人而增设一个代理人以平衡控辩双方的力量。另外，在职权主义诉讼模式之下，法律还要求检察院和法院主动保护被告人的利益。比如，法院具有诉讼关照义务，即便没有辩护律师的参与，法官也应当主动维护被告人的程序权利和利益。出于以上两点原因，在职权主义国家，辩护律师与被告人之间自然就不可能形成像当事人主义国家一样的紧密关系。辩护律师自然就没有理由仅仅作为被告人的利益代言人参与诉讼，而是恰恰相反，他必须承担一定的公法义务，与检察官和法官一起，致力于发现真相、实现对被告人罚当其罪的诉讼目标。[1]易言之，强调国家利益的职权主义必然只能发展出律师控制的代理模式，借以防止出现律师和当事人利益的过度融合，使律师职责与国家利益尽量接近，以保证被告人在诉讼中实际上的客体地位，从而便于国家利益和政策能够顺利地在诉讼程序中得以贯彻。与之相反，在当事人主义的诉讼构造之下，法官消极中立，被告人与控诉方力量悬殊。为了维持公平游戏规则，贯彻平等武装原则，就必须为被告人提供各种诉讼防御武器，辩护人作为被告人的代理人弥补其诉讼力量的不足，维持控辩平等的诉讼构造，发挥着极为重要的作用。因此，在当事

〔1〕 实际上，正是法官对被告利益的关照决定了律师作用的可有可无。1663年，当一名被告被控出版一本具有叛逆性质的书籍时，带有强烈早期职权主义色彩的御座法院的首席法官海德就告诉被告："法庭……会确保你不会因为不懂法律而遭受冤屈，我是说，我们就是你的律师。"参见［美］兰博约：《对抗式刑事审判的起源》，王志强译，复旦大学出版社 2010 年版，第 96 页。

人主义的诉讼构造之下，就更为强调辩护律师和被告人之间的紧密关系，以保证其能够形成强大的辩方力量和控方对抗。[1]在这种当事人主义的诉讼模式之下，律师任何攻击性的诉讼行动指向的都只是对方当事人及其律师，而不是主持程序的国家司法机关，相比于职权主义国家而言，律师与当事人利益的结合对国家司法机关所产生的威胁要小得多。因此，从制度设计的层面而言，对抗制天然地具有容许当事人控制模式生成和发展的制度基础和成长空间。

其次，对抗制下复杂的程序和证据规则必然要求出现当事人控制型的代理模式，否则将使当事人的诉讼地位急剧恶化。对抗制往往与判例法和陪审制相伴而生，日益庞杂的判例体系和证据规则使得诉讼程序变得日益复杂和精细化。可以说，与职权主义国家更为强调发现真相的所谓"事实审"相比，对抗制国家则更为强调"法律审"。也正因为如此，外行在两种诉讼模式之下的诉讼地位迥然不同。一个对诉讼规则完全不了解的外行被告人在职权主义模式之下仍有可能为自己进行事实辩护，但我们却难以期待同样一个人在对抗制下仍然能够利用复杂的程序规则争取对自己有利的诉讼结果。因而，比较而言，对抗制下的被告人可能

---

〔1〕 某种意义上，正是公诉机构的定位决定了辩护人的定位。在公诉人能够对被告人的罪行进行全面客观评价的制度环境下，辩护律师自然也应更多地具有准司法官员的立场，与法庭各方一起发现真相，而当公诉人带有强烈追诉倾向的时候，辩护律师自然也应更多地承担私人代理的诉讼功能，否则就无法维护诉讼构造的平衡。参见［美］兰博约：《对抗式刑事审判的起源》，王志强译，复旦大学出版社2010年版，第96页。

更需要律师的协助。“律师输掉官司的最有把握的方式之一就是让当事人操作审判。”[1]“只要你拥有了最好的律师，你就拥有了世界上最好的司法制度。”毫不夸张地说，对抗制的法庭已经日益被律师主宰（lawyerization）。因而，在对抗制下，当事人对律师的依赖程序要远远大于职权主义国家。如果说，在职权主义体制下，即使没有律师，至少在理论上也可以由法官进行诉讼关照的话，那么在对抗制的诉讼背景下，一旦没有了律师的协助，被告人的诉讼地位将急剧恶化。因此，对抗制内在的逻辑必然要求当事人和律师形成紧密型的代理关系，以防止这种情况的发生。不仅如此，在律师主宰化的大背景下，因为律师之间在法庭技巧上的水平差异从总体上讲要小于一般大众之间在法庭技巧上的水平差异，所以当事人控制型的代理模式也有助于保证更大程度上的当事人平等，而这正是对抗制最为珍视的价值。[2]

再次，程序参与理论和医患关系相关理论的发展也是当事人控制型代理模式形成的重要推动因素。当事人控制型代理理论兴起时，正值美国社会程序正义理论风起云涌的历史时期。这种理论将积极参与诉讼程序与程序满足感联系起来。20 世纪 70 年代中期，在医学领域内兴起的对职业主义传统观点的抨击开始影响法学领域，法学学者开始将“经告知的同意”的医学模式应用于法律职业领域。人们对律师家长式作风日益不满，加上当时法律职

---

〔1〕 346 F. 2d 73（9th Cir.），cert. denied，382 U. S. 964（1965）.

〔2〕［美］米尔伊安·R. 达玛什卡：《司法和国家权力的多种面孔：比较视野中的法律程序》，郑戈译，中国政法大学出版社 2004 年版，第 216 页。

业已经开始去神秘化，促使决策权在专业人士和当事人之间重新进行分配，更为强调当事人决策的优先权，对专业律师的权力进行一定的限制。1975 年，约翰·蒂博（John Thibaut）和劳伦斯·沃克（Laurens Walker）出版了一系列实验结果。结果表明，能够让争议双方更多控制诉讼进程的程序更可能被其视为公平，并更容易被接受，即使最后的结果对其不利。该研究是以职权主义诉讼程序为参照系的。在职权主义的诉讼背景下，更为强调法律专业人士对诉讼进程和结局的控制权，律师具有独立的诉讼地位，辩护策略和辩护目标可以不用征得当事人的同意。在这样的诉讼模式下，当事人连辩护活动都主导不了，何谈对整个诉讼程序的主导？被告人在诉讼中的实际地位必然更倾向于证据来源，而非诉讼主体。但是，在当事人控制型代理模式中，情况正好相反：律师必须在诉讼目标上听从当事人的意见，并在诉讼策略上征求当事人的同意，当事人可以真正主导整个辩护活动，并将自己对案件的知情权建立在律师的告知义务之上，当事人可以要求律师向其提供案卷信息、对诉讼进程充分知情、对诉讼策略进行全面了解、与辩护律师进行充分协商，使委托关系回归代理关系的本质，使自己成为真正意义上的诉讼主体。

最后，对代理目标的重新定位也间接促进了当事人控制型代理模式的兴起。1974 年，道格拉斯·卢臣泰（Douglas Rosenthal）出版了一本有关个体伤害案例（Personal Injury Cases）的经验研究成果。该著作挑战了职业主义的流行观点，认为采纳了当事人参与模式的律师要比传统模式下的律师更能够得到有利于自己的诉讼结局。1977年，戴维·A. 宾得与心理学家苏珊·C. 普雷斯合作撰写了一篇经典的文献，提出了一种以当事人为中心的代理模式理论，该理论以心理学为基础构建了一整套促使当事人参与法律过程的技术。作者在书中的第一句话就是："不论当事人是谁，不论法律问题是什么，……作为一个律师的主要角色都是一样的，即帮助当事人有效解决他们面对的问题。"〔1〕在传统的职业主义观点看来，当事人遇到的问题无非是一些技术性问题，法律专业完全可以独立地替当事人作出有利于他们利益的判断和选择。但是，这句话几乎第一次正式地重构了律师的核心作用是帮助当事人解决问题，而不仅仅是解决法律问题，而这势必要求律师必须将当事人所面对的非法律情境也作为考量的重心。如此一来，当事人所处的经济、社会、心理、道德、政治以及宗教的环境都应当成为重点。如果律师不能很好地处理好法律问题和这些非法律问题的关系，最多只能部分解决当事人的问题，甚至会让当事人的处境更糟。因此，专业律师只能判断法律后果，而当事人却更有资格和能力去判断不同诉讼策略的各种非法律后果，而后者往往更为重要。因此，律师代理必须尊重当事人对自身最大利益的判断，当事人控制型代理模式由此具有了更为坚实的理论基础。

---

〔1〕 David A. Binder & Susan C. Price, *Legal Interviewing and Counselling: A Client-Centered Approach*, West Publishing Company, 1991, p. 2.

三、当事人控制模式下决策权的分配

在律师与当事人的关系定位上，当事人控制模式将当事人置于关系的中心地位。这种以当事人为主导的辩护模式势必要求在当事人和辩护律师之间科学划定决策权限，以体现当事人的这种中心地位。那么，在当事人控制模式下，律师与当事人之间的决策权究竟是如何划分的呢?

根据美国有关律师职业的行为准则和判例，原则上由当事人负责“目标”决策，而律师负责“手段”决策。换句话说，当事人决定诉讼的目标，而辩护律师则选择达到这种目标的最佳方式和途径。美国律师协会制订的用以指导律师执业活动的《职业行为示范规则》1.2 规定，律师应当遵循委托人就代理的目标作出的决定，应当就追求这些目标所要使用的手段同委托人进行磋商。比如，究竟是选择认罪还是不认罪就属于目标事项，此类事项应当由委托人自行决定，辩护律师不可代为决策，因为认罪与否的法律后果最终要由委托人自行承担。辩护律师与被告人之间最本质的关系应当是私法上的契约和代理关系，公法义务是第二位的和辅助性的。辩护律师的辩护活动应当以被告人的同意或授权为前提，以不违背被告人的意志为其限度。比如，在 Jones v. Barnes 一案的判决中，美国联邦最高法院就认为，如果上诉律师认为更好的策略是限制当事人所希望提出的某个不严肃的诉讼请求，并应当主攻其他争议问题的话，那么他就可以这么做。决定哪些诉

讼请求有足够的说服力且与其辩护策略相一致，并能够在法庭上提出，这应当是律师的工作。〔1〕

但是，尽管目标和手段的划分十分清晰，有时却十分难以确定。从某个角度来看属于手段的事项可能换个角度同时也是诉讼的目的，反之亦然。“目标”和“手段”的区分有时并不能反映律师和委托人在决策权上的分野。某些决策虽然是策略性的，可以解释为“手段”，但是对整个诉讼的进行有全局性的影响，比如是否放弃陪审团审判的问题。〔2〕兹举一例说明：阿尔杰·希斯（Alger Hiss）被指控为共产主义分子，并且触犯了《间谍法》。他的妻子曾经是一位共产党员，主要曝光她的行为就可以消除对他最有力的指控证据。律师告诉他唯一能够成功辩护的方法就是把他和他妻子与此案有关的事实都说出来，但希斯却回答说，即便这将会导致他被错误宣判，不论是直接的还是间接的，他都不希望妻子卷入这起案件。〔3〕在此案中，也许通过什么方式达到无罪的结果才是目的，而通过什么方式达到最佳辩护效果是手段，但是，这一手段也牵涉到某些道德判断和道德选择，当事人独特的个人倾向也必须加以考虑，律师仍然不能代为决策。因此，如何区分目的和方法就成为困扰当事人控制模式倡导者的

〔1〕［美］伟恩·R. 拉费弗、杰罗德·H. 伊斯雷尔、南西·J. 金：《刑事诉讼法》（上），卞建林、沙丽金译，中国政法大学出版社2003年版，第654页。

〔2〕王进喜：《美国律师职业行为规则理论与实践》，中国人民公安大学出版社2005年版，第27页。

〔3〕［美］蒙罗·H. 弗里德曼、阿贝·史密斯：《律师职业道德的底线》（第3版），王卫东译，北京大学出版社2009年版，第58页。

一大难题。[1]

因此，有学者和判例又提出个人事项和策略性事项的划分标准。由当事人负责“个人事项”的决策，由律师负责“策略性事项”的决策。二者的区分要点主要在于是否仅仅局限于法律问题。比如，在决定是否需要传召本案唯一关键目击证人出庭作证这一问题上，既可以将其作为目标事项，也可以将其作为手段事项，因此使得划分标准变得十分不清晰，此时就需要引入个人事项和策略性事项的标准来帮助判断。如果该目击证人是被告人的情人，为了不让家人知道自己有婚外情，被告人宁愿承受被冤枉入狱的诉讼结果，此时，由于混杂了被告人法律之外的各种考量而具有浓厚的个人色彩，而这些情感因素和被告人独特的成长经历、家庭环境、生活现状都有十分密切的关系，即使作为法律专家也无法准确感知和认同，被告人自己才是其自身利益的最佳判断者。因此该事项就属于应由被告人自行决策的个人事项，但是在一些不涉及法律外因素的纯技术场合，则可以作为策略性事项。对这种专业性极强的领域，必须尊重辩护律师的专业判断，因此可以

---

〔1〕 弗里德曼教授在一次学术研讨会上专门探讨了如何区分策略与方法这一问题，最后形成的共识是：策略也应被理解为目的，只有每天需要解决的具体问题才是方式，前者由当事人决定，后者则仍由律师决定。但是这种区分随即也遭到了挑战，比如在一起婚姻案件中，如果当事人不愿意他们的孩子遭受作为证人的伤害，则即便这个孩子的证词将会是赢得案件的关键，也应尊重当事人的意愿。有学者认为，爱情、忠诚以及信仰并不是方式或策略可以处理的事情，这些案件中很少有纯粹的技术性决定，而是包含很多道德因素，对于此类案件，必须加以平衡。［美］蒙罗·H. 弗里德曼、阿贝·史密斯：《律师职业道德的底线》（第3版），王卫东译，北京大学出版社2009年版，第59页。

交由辩护人独立决定。

在决策权得到初步划分之后，随之而来的两个问题是：第一，在被告人自主决策的领域内，如果律师认为被告人就诉讼目标或个人事项的选择过于鲁莽，会导致对己不利的诉讼后果，或者会使自己的职业声誉受到损害，应当如何处理？第二，律师自主决策的事项范围，在付诸实施之前是否需要与被告人沟通，并征得其同意？

先分析第一个问题。显然，辩护律师如果对该诉讼目标没有不同意见，则应当遵循被告人的指示，而无需协商和沟通，这一点自不待言。但是，如果律师认为被告人的诉讼目标选择过于鲁莽，会导致对自己不利的诉讼后果，律师是否还应盲目遵循其不当指示？这的确是一个十分棘手的问题。与之相关的一个经典判例是20世纪90年代末发生的Unibomber案。希尔多·卡辛斯基（Theodore Kaczynski）因为在一个反“科技”的运动中通过邮件发送炸弹给多名学者和科学家而被以杀人罪起诉。卡辛斯基的辩护律师朱迪·克拉克（Judy Clarke）和奎因·丹佛（Quin Denver）认为，唯一的可能避免死刑的途径就是作被告人精神有障碍的辩护。但是卡辛斯基坚决反对被描述为精神上有疾病，他认为这样的描述是对他人格的侮辱。辩护律师认为通过说明他们的当事人处于一种不正常的精神状态就能够在最大程度上保护他的利益。但是同生命相比，卡辛斯基更在意其精神上的尊严。这一案例对当事人控制型的代理模式提出了一个极大的挑战：是不是应该遵循当事人提出的策略，即便这样可能会导致当事人被判死刑?〔1〕在这种情况下，美国学界较为一致的看法是：律师必须在尊重当事人的自主权和风险提示义务之间做一个平衡。〔2〕比如，如果客户的需求可能造成司法错误，则案件中还包括公共利益，律师就应该在两者之间取得平衡，而不能盲目服从当事人的意见。因此，辩护律师必须就其坚持的辩护策略可能导致的诉讼后果对被告人做详细的解释和说服，如果仍然无法说服被告人接受辩护律师的观点，放弃鲁莽的决定，则辩护律师有权选择从委托代理关系中退出。在不同意被告人的自主决定或无法取得被告人知情同意的情况下，辩护律师不得坚持发表与被告人意见相左的辩护观点。《职业行为示范规则》1.16（b）（3）规定："即便对当事人的利益有'实质的不利影响'，如果当事人坚持要追求律师认为是'矛盾的或者鲁莽的'的目标，律师也可以退出辩护。"〔3〕

---

〔1〕［美］蒙罗·H. 弗里德曼、阿贝·史密斯:《律师职业道德的底线》(第3版)，王卫东译，北京大学出版社2009年版，第62页。

〔2〕 See Stephen Ellman, "Lawyers and Clients", 34 *UCLA L. Rev.* 717, 733~753 (1987).

〔3〕 有一个与当事人控制模式密切相关的比较法现象值得关注：在实行当事人控制模式的国家，辩护律师退出代理关系受到的限制比较多；在强调律师控制模式的国家，辩护律师退出代理关系受到的限制要相对小一些。比如，在美国，律师受理案件后，除非有非常极端必要的情形，否则不得任意中止委托。在德国，原则上律师可自由终止委托。参见黄瑞明："美国与德国律师伦理之比较对台湾之影响与启发"，载东吴大学法学院主编：《法律伦理学》，新学林出版股份有限公司2009年版，第76页。这种制度上的不同主要原因在于：既然法律允许甚至要求律师在诉讼目标和诉讼策略上遵从当事人的意志，鼓励其和当事人结成利益共同体，在制度层面上所产生的职业伦理冲突就相对较少。因而对退出代理关系的限制较严。而在律师控制模式之下，由于强调律师独立辩护的立场，律师往往会面对职业伦理的内心冲突，此时必须在退出委托代理关系方面给予更多的自由，因而限制相对较少。

第二种情形对当事人控制模式提出的挑战是，在律师专业事项决策范围内是否还应以保障被告人的知情同意为前提？答案是肯定的。尽管在手段和策略性事项上，辩护律师具有最后决断权，但这并不等于不应该就这些事项与被告人进行沟通。被告人具有当事人和证据来源的双重地位。但即便被告人拒绝供述，控方仍然可以收集其他证据证明其犯罪行为，所以当事人应该是他的第一位的属性。既然如此，被告人自然有权控制辩护进程，对整个辩护目标、辩护信息和辩护策略都具有知情权和主导权。因此，辩护律师必须把所有法律方案及其法律后果向被告人进行详细解释和说明，以在其充分知情的基础之上进行选择。如果没有这种建立在知情同意基础上的沟通过程，被告人就会沦为单纯的证据来源的角色，从而背离辩护律师的诉讼职责。联邦最高法院在 Faretta v. Cahfornia 案中指出，“辩护的权利是直接给予被起诉人的，因为他将可能直接承受案件失败的后果”；“一个助手，虽然是一个专家，但还是一个助手”；“第 6 修正案的条文和精神都认为：跟其他被修正案保证的辩护手段一样，辩护律师应当是对被告人的一种协助，否则律师将不会是提供帮助的人，而变成了主导者，结果是辩护成了剥夺修正案所坚持权利的一种方式”。[1]

进一步的问题是，如果律师不当侵犯了被告人的自主决定权，

---

〔1〕 美国法律协会颁布的《律师执业法重述》也是调整律师与当事人之间关系的一个有意义的法律文件，其认识到对“目标”和“方式”进行有意义的区分是不可能的，要求律师“在与当事人商量之后，以合理的方式去实现当事人规定的法律目的”；明确“当事人对律师的所作所为有基本的控制”，因为律师是“代理涉及当事人的事宜并且是为了实现当事人的合法目的”。

强行按照自身意志实施了某种辩护方案，违背了被告人的意志，被告人有何种手段可以对此申请救济？美国法上的无效辩护制度为我们提供了一个新的思路。在 Strickland v. Washington 一案中，最高法院提到，律师具有就重要的决定与被告人进行协商以及使被告人始终知晓诉讼过程的义务。第三巡回上诉法院指出，即使在律师具有最后发言权的问题上，律师的上述义务也具有四项重要的功能：第一，确保律师获得任何与被告人可能知道的问题有关的重要信息；第二，给被告人考虑寻找替代律师或进行自我辩护可能性的机会；第三，促进并维持相互合作的当事人-律师之间的关系；第四，给律师一个根据当事人意愿修正其决定的机会。在特殊案件中，没有满足上述两项要求可能会导致无效律师帮助的重大后果。

综上，我们可以总结出当事人控制模式下决策权分配的一些基本规律：首先，在诉讼目标和个人事项上，被告人应享有最终决定权，律师在当事人作出决定之前应当向当事人提供有利于其作出正确决定的相关信息，并提供适当的建议和帮助。其次，律师在诉讼手段和策略性事项上有自主决定权，但是该决定应当在与当事人磋商、征求其意见之后作出，并且所采用的方式是合理的，不会损害当事人的权利。再次，律师不同意被告人有关诉讼目标的决定，认为其会对当事人的利益造成实质上的不利影响时，应当尽到合理规劝的义务，在无法达成一致的情况下，律师可以审慎地退出代理关系，否则只能在被告人同意的范围内继续辩护。[1]最后，如果律师违反上述义务，侵犯了被告人的自主决策权，并因此导致了对被告人不利的诉讼后果，被告人可以以无效辩护为由提出救济。可见，当事人控制模式下的决策权分配由上述权限划分、知情同意、合理规劝、退出委托、无效辩护共同构成了一个完整的规则体系，这一点值得我们借鉴。

四、最低限度的当事人控制模式：中国的问题

我国律师与当事人的关系模式显然属于律师控制模式，“律师具有独立的诉讼地位”就是这种模式的理论表达。中华全国律师协会《律师办理刑事案件规范》第5条甚至明确规定：“律师担任辩护人或为犯罪嫌疑人提供法律帮助，依法独立进行诉讼活动，不受委托人的意志限制。”

应该说，传统上我们坚持律师独立辩护论以及与之相关的律师控制模式具有其历史的必然性。首先，在职权主义的诉讼构造之下，对客观真实的追求和检察官所具有的客观公正义务决定了辩护律师应具有独立的诉讼地位；其次，辩护律师与被告人之间的关系兼具公法和私法双重性质，辩护律师对法院的真实义务应当优先于其对当事人的忠诚义务，因此，律师不必听从于当事人的意见而可以独立做出决策；最后，辩护律师基于专业法律素养

---

〔1〕 韩旭：“被告人与律师之间的辩护冲突及其解决机制”，载《法学研究》2010年第6期。

作出的独立判断有利于维护被告人的最大利益。[1]但是，现在看来，这些律师控制模式曾经赖以建立并维系的理由至少已经发生部分变化。

首先，在传统的理论假定中，职权主义的诉讼模式要求检察官和法官都必须对有利于被告的证据进行关注和收集，而且还必须主动保障被告人的诉讼权利，这就是所谓的“客观公正义务”和“诉讼关照义务”。在这样的理论预设下，辩护律师就不是为了平衡强大的控诉力量而存在的，其制度功能就只能是补充有利于被告人的证据信息，以防止发生司法错误，因此，辩护律师存在的必要性就要大打折扣。但是，这一理论假定在实践中并不成立。众所周知，由于业绩考评机制等制度因素的影响，诉讼结果直接影响其职业利益和职业荣誉，公诉机构自然就会带有强烈的追诉倾向，而不可能真正贯彻客观公正义务。“双方共同致力于发现真相，实现对被告罚当其罪”，只是一种话语表述而远非实践真相。同样，法院也不可能履行所谓的诉讼关照义务，在这样的实践环境中，如果我们再片面地强调辩护律师的独立诉讼地位和律师控制模式，就会极大地损害被告人的利益。[2]

其次，在传统理论中，之所以强调律师相对于法院的公法义务要高于其相对于被告人的私法义务，是因为传统上律师的定位是国家法律工作者。1979 年我国第一部《刑事诉讼法》正式颁布

---

〔1〕 陈虎：“独立辩护论的限度”，载《政法论坛》2013 年第 4 期。

〔2〕 参见［美］兰博约：《对抗式刑事审判的起源》，王志强译，复旦大学出版社 2010 年版，第 96 页。

实施，次年即通过《律师暂行条例》，将“律师”规定为“国家的法律工作者”。应该说，律师控制模式和独立辩护论就是在这种制度背景下产生的。既然律师是国家法律工作者，其相对于国家的公法义务自然应该高于相对于当事人的私法义务，真实义务自然应该高于所谓忠诚义务，律师自然不应该是当事人的私人利益代言人，而必须有自己的独立判断，控制辩护目标和辩护策略，而不应服从于当事人的意志。但是，随着社会的进步和人们对诉讼本质认识的不断深入，律师群体的这一定位也在逐渐发生变化。在 1997 年的《律师法》中，律师被定位为“依法取得律师执业证书，为社会提供法律服务的执业人员”。到了 2008 年，新《律师法》第 2 条更是将律师定位为“依法取得律师执业证书，接受委托或者指定，为当事人提供法律服务的执业人员”。从“国家法律工作者”，到“为社会提供法律服务的执业人员”，再到“为当事人提供法律服务的执业人员”，国家、社会和当事人三种服务主体的渐次变化透射出律师日益民间化和社会化甚至商业化的发展脉络。在律师定位发生如此变化的今天，仍然僵化地坚持在计划经济时代所形成的律师控制模式和律师独立理论，自然是不合时宜的。[1]

---

〔1〕 在当下，既然律师参与刑事诉讼是基于被告人的委托，其辩护权自然来源于被告人。从这个意义上说，律师的任何诉讼权利本质上都应该是传来权，而不应存在所谓的固有权。即便有一些权利看似只有辩护律师可以享有，实际上也必然有更高层次的权利来源。比如，律师享有阅卷权，而被告人却并不享有此项权利，但实际上，律师的阅卷权同样来自于被告人的知情权或资讯请求权。难以想象，没有被告人的辩护权，没有被告人的委托，辩护律师可以基于律师身份自动取得某一案件的阅卷权。关于此点，笔者将专文论述。

最后，传统观念认为，律师是专业人士，因此，其基于专业法律素养做出的独立判断有利于维护被告人的最大利益。在这一点上，往往是律师而不是被告人本人才是其自身利益的最佳判断者。这种观念透露出一种极为自负的专业精英主义心态，根本不能成立。其一，是否符合被告人的最大利益往往并不局限于法律问题，而必须结合被告人的诸多非法律的个体因素加以判断。而在这一点上，律师往往无从掌握，与被告人处于信息不对称的状态，如果自负地将法律利益和其个人利益盲目画上等号，往往会事与愿违。其二，即便是法律问题本身，也很难认为律师做出的判断就一定优于被告人本人。众所周知，我国律师执业水准参差不齐，尤其是对一些重特大案件的辩护尚未建立律师准入制度，很多律师的专业素养并不如理论上设想的乐观。其三，认为律师优于被告人判断的另一个潜在预设是，现行审判制度主要实行的是法律审，因而律师的法律知识将会使得在一些具体诉讼策略的判断上比被告人更为专业。但实际上，我国的法院审判仍然以事实审为主。这一方面表现在程序规则和证据规则并不如对抗制国家那么发达，被告人即使通过短暂的自我学习也能达到和一般律师相当的水平，并不存在难以跨越的专业障碍。另一方面，法庭的法律问题辩论制度也并不发达，法庭更多时间集中于对事实问题的法庭调查，对法律问题的法庭辩论往往耗时极短；可能涉及法律问题审理的二审阶段又往往不开庭审理；在死刑复核阶段，虽然也可能涉及法律问题，但最高人民法院复核程序却并不开庭。法官对被告人的讯问往往都是为了解决事实问题，都是将其看作一个证据来源，以便了解更多事实细节。在这种事实审要远远比法律审发达的审判制度之下，律师的法律专业素养其实并不具有自己想象的重要地位。相反，在法庭上，律师和被告人一旦就事实问题具有了不同观点，法官仅会采纳被告人的立场，律师反而会处于更为弱势的辩护地位。

综上，绝对的律师控制模式所赖以建立的三大基础在我国现行诉讼制度下都不成立或都已经发生了巨大的变化，这势必要求在律师与当事人的关系问题上采纳当事人控制模式的部分做法，建立起最低限度的当事人控制模式。在笔者看来，这种最低限度的当事人控制模式至少包含以下几个方面的要素：

第一，在辩护目标上，应当尊重被告人的意志，但在辩护策略的选择上，则可以适度独立于当事人。辩护律师与被告人之间最本质的关系应当是私法上的契约和代理关系，公法义务是第二位的和辅助性的。辩护律师的辩护活动应当以被告人的同意或授权为前提，以不违背被告人的意志为其限度，只有在取得被告人同意的情况下，才可以采纳与其不同的辩护策略。据此，我们至少可以明确独立辩护论的以下三个操作指引：其一，在辩护目标上，原则上应当尊重被告人的自主决定权。之所以如此限定，是因为辩护目标并非一个纯粹的法律问题，往往要考虑很多法律之外的情感因素。被告人独特的成长经历、家庭环境、生活现状都将决定被告人自己才是其自身利益的最佳判断者。其二，在辩护策略上，则应当更多地强调辩护律师的职业自主性，允许其独立选择辩护策略，但必须保证被告人具有知情的同意权，以此作为律师独立辩护的界限。但是，为了保障被告人在辩护活动中的主体性地位，这种独立性也应当有一定的边界。辩护律师必须负有将所有法律方案的法律后果向被告人加以详细解释的义务，在取得其知情的同意的基础上，方可采取该辩护策略。这种知情的同意必然要求辩护律师将案件进展情况、案件证据情况、法律方案的利弊分析等等及时全面告知被告人。这样既保证了会见的有效性，又保证了被告人对辩护活动的控制权，使其真正成为程序的主体，避免沦为单纯的证据来源的角色。其三，在不同意被告人的自主决定或无法取得被告人知情同意的情况下，辩护律师不得坚持发表与被告人意见相左的辩护观点，而只能选择退出辩护，〔1〕这又是对其独立辩护立场的另一重限制。因此，在对律师控制模式进行改造的同时，必须同时修改律师退出委托关系的相关制度，在一定程度上放宽退出的法定条件。但必须强调的是，即使是退出辩护，也应该与被告人进行充分的协商，以保证不会因为其退出而让被告人处于更为不利的诉讼境地。

第二，在事实问题上，律师应当更多地尊重被告人的意见，而在法律问题上，则可以适度独立于当事人。独立辩护论的适用领域应当局限于法律领域。在事实问题上，律师应当更多地尊重被告人的意见，而在法律问题上，则可以适度独立于当事人。比如，一旦被告人选择承认杀人事实，辩护律师就不应该以独立辩护论为由否认该事实的存在，而首先应该审查其认罪的自愿性和

---

〔1〕 参见黄瑞明："美国与德国律师伦理之比较对台湾之影响与启发"，载东吴大学法学院主编：《法律伦理学》，新学林出版股份有限公司 2009 年版，第 76 页。

真实性。以此为前提，辩护律师应该独立地对该事实作出法律判断，并提供给法庭参考。比如，可以以被告人具有阻却违法事由（如正当防卫、紧急避险等）作为辩护理由对该事实进行法律辩护，也可以以证据不足为由对被告人杀人的事实进行法律辩护，从而使得独立辩护始终服务于维护被告人最大利益的目标，而不是相反。举例说明：如果辩护律师始终应与被告人意见保持一致，则无非出现以下两种情况：其一，两方都承认有罪。这种情况下，被告人肯定会被判有罪。尽管由于认罪态度较好而使得量刑可能有所减轻，但却丧失了无罪辩护的机会，法院没有理由在辩护方自己都不主张无罪的情况下判决被告无罪。因此，在被告人的确存在无罪辩护空间的时候，仅仅为了取得从轻量刑的效果而放弃无罪辩护，是违背辩护律师的职业伦理的，也不利于维护委托人的最大利益。其二，被告人和辩护人都进行无罪辩护。一旦法院不采纳这一意见，往往会因为认罪态度不好，而对被告人从重处罚，更为重要的是，辩护方还可能丧失宝贵的量刑辩护的机会。如果在事实领域内尊重被告人的意见，承认了指控的事实行为，但辩护律师根据独立辩护论的理论立场，对被告人认罪事实不持异议，同时表示，被告人认罪态度良好，只是由于其不是法律专家，对法律的理解存在偏差。基于独立辩护的立场，律师从法律角度论证其不构成犯罪，这样，法官一旦采纳律师的意见，就可以将被告人无罪释放，即使不采纳律师的意见，在判处刑罚的时候，也会因为被告人的认罪态度较好而予以从轻处罚。

综上，最低限度的当事人控制模式并没有实质性地改变律师做出独立决定的传统领域，但却为其加上了知情的同意、必要的合理规劝和说服以及审慎地退出代理关系等几重限制，从而吸收了当事人控制的某些合理因素，以更好地适应变化了的制度环境，建立起符合我国制度背景，同时又符合诉讼规律的律师与当事人关系模式。〔1〕

〔1〕 吴纪奎："从独立辩护观走向最低限度的被告人中心主义辩护观——以辩护律师和被告人之间的辩护意见冲突为中心"，载《法学家》2011年第6期。

第三章

罪名从轻辩护及其限制性操作

所谓罪名从轻辩护，是指在刑事案件的审理中，辩护人根据指控犯罪事实选择比指控罪名更轻的罪名进行辩护，而不再仅仅反驳指控罪名不成立的一种辩护形态。尽管这种辩护形态往往会取得良好的辩护结果，但在理论上却饱受争议。反对者认为：首先，罪名从轻辩护违背了辩护律师维护委托人最大利益的职业操守；其次，罪名从轻辩护使得律师变成“第二公诉人”，容易造成与被告人及其家属的矛盾和对立。

面对这一问题，实务界的争论以及理论界的沉默恰成鲜明的对照，这也恰恰激发了笔者的研究兴趣。本章旨在依次回答如下一些问题：为何在我国的刑事审判中会出现罪名从轻辩护这一独特的辩护形态？在控方指控事实构成犯罪已无异议的情况下，传统的无罪辩护是否能够维护被告人的最大利益？罪名从轻辩护在司法实践中主要有哪些表现形式，其对被告人利益究竟会产生哪些影响？罪名从轻辩护究竟是否具有正当性？辩护律师因此而遭受的“第二公诉人”的质疑是否能够成立？如果认为这是一种较为现实的辩护策略因而需要坚持的话，又应对其进行哪些必要的限制，以使其不会损害被告人的最大利益？

一、无罪辩护的困境

我国《律师法》第 31 条规定：“律师担任辩护人的，应当根据事实和法律，提出犯罪嫌疑人、被告人无罪、罪轻或者减轻、免除其刑事责任的材料和意见，维护犯罪嫌疑人、被告人的合法权益。”可见，辩护律师的职责就是通过提出无罪和罪轻辩护意见维护委托人的最大利益。应该说，在被告人的行为根本不构成犯罪的场合，如果辩护律师能够进行无罪辩护并取得成功，当然应被视为最佳的辩护结果，也符合委托人的最大利益。但是笔者的问题是，如果辩护律师认为控方指控的罪名不成立，但对指控的犯罪事实基本没有异议，该行为又确实符合另一较轻罪名的犯罪构成，那么仅仅为被告人作指控罪名不成立的无罪辩护是否符合被告人的最大利益？笔者的答案是否定的，理由如下：

首先，我国以社会危害性为核心的犯罪论体系决定了纯粹的无罪辩护很难取得成功。在我国法官的定罪思维中，罪与非罪的判断总是优先于此罪与彼罪的判断。在以社会危害性为龙头的实质刑法观中，法官总是根据被告人行为的社会危害性先形成是否应予以刑罚处罚的判断，然后再通过听审过程寻找支持这一判断的证据。正是这种普遍存在于法官思维中的实质刑法观将犯罪构成决定犯罪成立的罪刑法定观念搁置了起来。换句话说，“罪名是决定刑事责任的起点，而这个起点的确定有时却发生在刑事诉讼的最后一刻”。〔1〕这一以实质刑法观和社会危害性为核心的定罪思维使得法院在罪名的选择与判断上不受起诉的制约，对犯罪行为后果的实质性判断超越了犯罪构成要件的形式性判断，最终使得罪刑相适应原则超越了罪刑法定原则成为真正意义上的帝王条款。只要法官认为行为产生了足够的社会危害性，就必然会在庞大的罪名体系之中找到一个最为合适的罪名给被告人定罪，以使得罪行与刑罚取得大体一致的对应关系，而绝不会在行为具有足够社会危害性的前提下，仅仅因为不符合某一犯罪的构成要件而宣告被告人无罪。〔2〕因此，在事实基本成立的前提下，这种以社会危害性而不是以形式违法性为核心的定罪观使得辩护人所做的纯粹的无罪辩护很难取得成功，辩护人必须寻找到一种能够更为现实地维护委托人合法利益的辩护策略和方法。

其次，不受任何制度约束的法院变更指控罪名制度极有可能导致对被告不利的从重变更，仅仅针对指控罪名进行无罪辩护还可能蕴藏着更大的风险。在重视“实质正义”和“实事求是”的立法思维指导下，我国刑事诉讼法规定了与“无罪推定”和“不告不理”原则相悖的法院变更起诉罪名制度。《最高人民法院关

---

〔1〕 白建军：《公正底线：刑事司法公正性实证研究》，北京大学出版社 2008 年版，第 183 页。

〔2〕 “最高人民法院工作报告”，载《人民法院报》2008 年 3 月 24 日。

于执行〈中华人民共和国刑事诉讼法〉若干问题的解释》第 176 条第 2 项规定："起诉指控的事实清楚，证据确实、充分，指控的罪名与人民法院审理认定的罪名不一致的，应当作出有罪判决。"第 178 条规定："人民法院在审理中发现新的事实，可能影响定罪的，应当建议人民检察院补充或者变更起诉；人民检察院不同意的，人民法院应当就起诉指控的犯罪事实，依照本解释第一百七十六条的有关规定依法作出裁判。"在这一制度之下，法官对指控事实的社会危害性形成初步判断之后，几乎很难仅仅因为证据的问题而宣告无罪，因罪刑法定原则而发展出来的庞大罪名体系也为法院通过罪名实现刑事制裁提供了广阔的选择空间。这还不是问题的全部。与西方变更罪名制度不同的是，我国的法院既可以选择从重变更，也可以选择从轻变更，而没有任何必要的限制。因此，如果辩护律师仅仅着眼于进行指控罪名不成立的无罪辩护，而不对法院可能作出的罪名认定进行适当的引导，甚至会带来对被告人更为不利的结果。[1] 以诈骗罪为例，一起最初被指控为诈骗罪的公诉案件，同一个案件事实却在定性上呈现出多种可能的变化方向。在法院的判决书中竟先后出现了"票据诈骗""贷款诈骗""合同诈骗""抢劫""挪用公款""擅自设立金融机构""职务侵占""行贿"等多种可能的罪名认定，其中既有从轻的罪名，也有从重的罪名。类似的例子还有从故意伤害罪变更为寻衅滋事罪或故意杀人罪，从合同诈骗罪变更为伪造公司印章罪或集资诈骗

〔1〕 参见"倒戈律师：我没有违背职业道德"，载 http://news. x inhuanet. com/legal/ 2008- 07/ 04/ con tent_ 8488507. htm，最后访问日期：2010 年 6 月 20 日。

罪等等。正是这种利益流向的不确定性使得单纯的无罪辩护不但可能无法否决已经作出的指控，甚至还会使被告人承担更大的潜在风险。

最后，仅仅针对指控罪名进行无罪辩护还会使辩护律师无法充分地就量刑情节和证据进行举证，从而丧失量刑辩护的宝贵机会。由于我国定罪和量刑程序合一的庭审结构，对于被告人不认罪的案件和辩护律师作无罪辩护的案件，法庭一般都要先解决定罪问题，然后再进行量刑问题的调查和辩论。而辩护律师一旦选择作无罪辩护，往往就忽视了量刑情节（尤其是酌定量刑情节）的证据搜集与提供，也没有再做量刑辩护的可能了。而法官受到社会危害性理论和实质刑罚观的影响，在缺乏有利于被告人的量刑情节时，就极有可能作出指控罪名最高刑罚的“顶格判决”。而这在死刑罪名中就意味着辩护律师一方面在做着慷慨激昂的无罪辩护，而另一方面，自己的当事人却要面对死刑的宣判。这种理想的辩护和现实的结果之间的反差是何其之大！这种对无罪辩护的理想化追求还会导致无法充分进行量刑辩护的结果，从而既不能获得无罪宣告，也无法获得量刑上的从轻处罚，给被告人利益造成更大的损害。综上，“看上去很美”的无罪辩护，却由于实体和程序上的种种不确定性而可能给被告人带来更大的利益损害。正是在我国独特的法律制度和司法环境下，辩护律师开始在指控事实基本成立但指控罪名明显不成立的案件当中寻找并尝试一种新的辩护形态——罪名从轻辩护，以维护委托人的最大利益。

二、罪名从轻辩护的实践效果

根据上文的分析，在指控罪名不成立，但指控事实又明显构成另一罪名的情况下，仅仅以指控罪名“事实不清、证据不足”为由进行无罪辩护几乎不可能取得无罪宣告的效果，反而会给被告人带来更为不利的影响。因此，许多律师便在此类案件中放弃了传统的无罪辩护，而采取论证被告人的行为构成另一较轻罪名的辩护策略，也就是我们所称的“罪名从轻辩护”。那么，这一辩护策略在实践中的辩护效果究竟如何，是否能够维护被告人的最大利益呢?

第一，罪名从轻辩护最直接的效果就是通过指出被告人构成另一较轻罪名引导法官作出有利于被告人的罪名认定。根据白建军教授的研究成果，在示范性案例库中变更罪名的375个案件中，98%的择重变更都是由法院在控辩双方的争论以外自主提出并判决的，而在法院的自主变更中，有47.5%的方向是择重变更，39.7%的方向是择轻变更。[1]由此不难看出，如果辩方不能为法官提供从轻变更的依据和理由的话，法官往往倾向于选择从重变更，从而带来对被告人极为不利的后果。另外，考虑到我国特有的诉讼构造和错案追究制的影响，一旦后一机关作出与前一机关不相一致的罪名认定，几乎就会否定前一个机关的诉讼工作，并

---

〔1〕 白建军:《公正底线:刑事司法公正性实证研究》，北京大学出版社2008年版，第194页。

带来错案追究的现实后果。在公检法机关配合大于制约的诉讼体制下，即使案件事实不清，证据不足，法院宁愿维持错误的罪名认定而在量刑上予以适当的减轻，也不愿意轻易否定前一个机关认定的罪名，从而带来与整个政法体制为敌的后果。而辩护律师在指出指控罪名不成立的前提下，提出被告人的行为构成另外一个较轻罪名，无异于为法官提供了一个摆脱尴尬的理由，更有利于法官作出有利于被告人的判决。

第二，罪名从轻辩护可以通过引导法官从轻变更指控罪名间接达到限制其量刑裁量权的目的。如上所述，仅仅针对指控罪名进行无罪辩护会面临诸多现实障碍而很难取得理想的诉讼结果，至多只能使法官对指控事实产生一定的合理怀疑，从而在量刑上予以适当的减轻。但由于我国没有独立的量刑听证程序，量刑情节和证据的认定，量刑幅度的选择，量刑结果的确定，完全是在不公开的状态下得来的。这种从轻量刑完全由法官自由心证，而没有任何外在的程序加以制约，因而完全无法把握和掌控。因此，对于一起指控罪名明显不成立，但却的确具有相当的社会危害性，应受刑罚处罚的案件，罪名从轻辩护可以通过引导法官作出较轻罪名的认定，利用轻罪的法定最高刑限制法官的自由裁量权。尽管法官对量刑问题不用发表意见和宣布理由，但对辩护律师提出的新的罪名是否采纳一般都会提供理由加以说明。一旦辩护律师论证充分，促使法院作出相同的认定，就等于是在量刑问题上为法官设置了一个必要的限度，从而在定罪和量刑两个层面限制了法官的自由裁量权。严格来说，这其实是在制度设计不健全时诉权对裁判权的一种非正式的制约方式。

第三，罪名从轻辩护还可以通过引导法官从轻变更指控罪名达到在程序上终止诉讼的辩护效果。由于变更后的罪名法定最高刑要小于指控罪名，根据刑法的规定，不同的法定最高刑适用不同的追诉时效，在某些案件中，辩护律师巧妙地利用这一规定，通过引导法官作出从轻变更而实质上达到不再追究被告人刑事责任的目的，从而化解了指控事实明显成立犯罪，既不能做单纯的无罪辩护，又不能代替控方指控被告人的辩护尴尬。比如，在2013年的一起贪污案件当中，被告人侯维新、潘跃进和田跃被指控犯有贪污罪，辩护律师在辩护意见中就明确表示：本案被告人的行为不构成贪污罪，但本案被告人在成立通用公司的过程中，以及在经营或者利润分配过程中存在或此或彼的违法或违纪的行为。三被告人挪用信息中心5.1万元用于个人注册公司，即使构成挪用公款罪，也因其犯罪已过追诉时效而不应追究刑事责任。因为即使其挪用行为构成犯罪，依法也只应处5年以下有期徒刑，其追诉时效为5年。而三被告人的挪用行为发生在1996年，距今已逾7年，已过追诉时效。同样，三被告人最后一次虚报注册资本的行为发生在1998年7月，而虚报注册资本罪的最高法定刑为3年有期徒刑，其追诉时效仅为5年。鉴于三被告人的虚报注册资本的行为自发生至今已超过5年，即使三被告人依法构成虚报注册资本罪，其也因已过追诉时效而不应承担刑事责任。

三、罪名从轻辩护的理论争议

由此可见，在指控事实明显构成犯罪，但指控罪名却不成立的情况下，从现实的角度来看，为被告人进行罪名从轻辩护的确有利于维护被告人的利益。但是，这一在实践中效果显著的辩护策略却在理论上饱受责难。比如，著名刑事辩护律师田文昌对这种辩护策略就明确表示反对。他认为，辩护律师的职责只是论证控方指控的罪名不成立，而不应当庭指出被告还构成另外的犯罪，否则就充当了“第二公诉人”，极易造成和被告人及其家属的对立，也有损律师的职业形象。这些质疑究竟能否成立？如果不能解决这些理论上的争议，即使罪名从轻辩护在实践中效果显著，也难以得到普遍的承认和理解。

笔者认为，罪名从轻辩护在我国法院有权变更指控罪名的制度设计下有其存在的现实合理性。“不告不理”乃诉讼法之基本原则，根据这一原则，审判的范围必须以控诉的范围为限。但对此又有两种截然不同的理解：一种意见认为，法庭只以起诉罪名为审判对象，最后的裁判结论只能是起诉罪名成立与不成立；另一种意见则认为，法庭应以指控犯罪事实为审判对象，在起诉罪名不成立，但指控事实构成犯罪的前提下，应变更起诉罪名予以裁判。值得注意的是，即使是严格贯彻不告不理原则的法治国家，也并没有完全将该原则的含义限定在第一种理解之上，而是几乎都认可了第二种意见的做法。以英国为例，如果控方无法完全充分证明公诉事实，但却能够证明其中部分事实，而这些事实要素恰恰构成另一独立罪名，则法律允许法院变更起诉罪名予以定罪。例如夜盗罪与盗窃罪，虽然控方不能证明被告实施了夜盗行为，但却能够证明其非法秘密窃取了别人的财产，则允许以盗窃罪定罪。如果被告人被指控构成谋杀罪，那么，陪审团可以裁断被告人的行为符合下面的某一罪名——过失杀人罪、故意致人伤害罪、弃婴罪、残害儿童罪或者意图实施上述任一犯罪。再如，如果起诉书指控被告人构成了某一既遂犯罪，那么，陪审团可以裁断被告人构成意图实施该项罪行，或者构成意图实施其他根据该项罪状可以判处的罪行。〔1〕由此可见，尽管提出指控罪名是控方定罪建议权（求刑权）的必要组成部分，但真正能够约束审判权的并非指控罪名，而是其背后的指控犯罪事实。控诉权对审判权的制约是指控事实的范围，法院不得主动审判未经起诉的犯罪事实，而在此基础上却可以对该事实选择不同于控方的法律评价。〔2〕而在我国，这一点体现得更为明显。比如，《最高人民法院关于执行〈中华人民共和国刑事诉讼法〉若干问题的解释》第 243 条规定："审判期间人民法院发现新的事实，可能影响定罪的，可以建议人民检察院补充或者变更起诉；人民检察院不同意或者在七日内未回复意见的，人民法院应当就起诉指控的犯罪事实依照本解释第

---

〔1〕 陈瑞华：《问题与主义之间：刑事诉讼基本问题研究》，中国人民大学出版社 2003 年版，第 278 页。

〔2〕 林钰雄：《刑事诉讼法》（上），中国人民大学出版社 2005 年版，第 199 页以下。

二百四十一条的规定作出判决、裁定。”可见，在实质刑法观的指导和支配之下，审判权完全可以超越控方起诉的罪名而在实质可罚性的借口下随意变更起诉罪名，辩方的辩护自然无法仅仅围绕控方的起诉罪名展开，而必须在审判权运作的界限内寻求辩护的支点。在我国控审关系当中，这一辩护支点就是控方起诉的事实范围。不仅如此，由于我国起诉书自然事实的记载方式，更加淡化了指控罪名对审判权运作范围的约束功能，而强化了指控事实对审判权的制约作用。由此可见，既然公诉权与辩护权最重要的区别在于是否为审判方提供了新的可供进行法律评价的犯罪事实，则在指控事实的基础上进行的罪名从轻辩护就没有扩大审判权的运作范围，因而不能被认为代行了公诉职权，僭越了控诉职能。

不仅如此，罪名从轻辩护有利于减轻或免除被告人的刑事责任。提出新的指控罪名只是为获得更为有利的量刑结果而采取的一种诉讼策略，其本身并没有损害被告人的利益。在理论上，刑事评价的大体顺序一般是，首先考虑动刑、除刑问题，其次考虑量刑问题，最后再考虑用刑问题。因此，罪名的选择往往是整个刑事评价工序中的第一个步骤。但在实际的司法过程中，刑事评价的过程却正好相反。不难看出，在刑事评价过程中，尽管我们一直强调罪刑法定，反对以社会危害性为龙头的类推思维，但实际上，司法官员往往都以最后的量刑结果为标准来决定相似罪名的判断与取舍。罪名的选择成为判断刑事责任的手段，最终的量刑才是判断刑事责任的目的所在。因此，定罪只具有工具性的意义，是否符合被告人的最大利益应以量刑结果为依据，而不应以罪名认定为依据。类似的思想在我国立法中也有明显的体现。比如，某被告的行为构成寻衅滋事罪。在1979年《刑法》中，寻衅滋事行为属于第160条规定的流氓罪的表现形式之一。如果适用1979年《刑法》，应当以流氓罪定罪处罚。1979年《刑法》第160条规定，流氓罪的法定刑是7年以下有期徒刑、拘役或者管制。修订后的《刑法》取消了流氓罪，将流氓罪分为聚众斗殴罪、寻衅滋事罪、强制猥亵、侮辱妇女罪、聚众扰乱社会秩序罪四个罪。如果适用修订后的《刑法》，应当以第293条规定的寻衅滋事罪定罪处罚。修订后《刑法》寻衅滋事罪的法定刑是5年以下有期徒刑、拘役或者管制。根据《刑法》第12条第1款的规定，如果当时的《刑法》和修订后的《刑法》都认为是犯罪的，按照当时的法律追究刑事责任，但新《刑法》不认为是犯罪或处刑较轻的，适用新《刑法》，即从旧兼从轻原则。本案被告人的行为按照当时的《刑法》和修订后的《刑法》规定，都认为是犯罪，但新《刑法》的处刑较轻。新《刑法》规定的寻衅滋事罪的法定最高刑为5年，1979年《刑法》规定的流氓罪的法定最高刑为7年，显然新《刑法》的处刑较轻，应当适用新《刑法》。

在司法层面也是如此。成都市中级人民法院认定被告人孙伟铭醉酒驾车构成以危险方法危害公共安全罪，一审判处死刑。被告人上诉后，二审维持原罪名，但改判无期徒刑。在该罪引发的讨论中，我们不难看出，在罪名的选择上，交通肇事罪其实更符合本案的具体情况，但由于该罪名最高刑只有7年有期徒刑，明显与本案产生的严重社会危害性不相适应，才在量刑反制定罪的思维下选择以现有罪名定罪。不论是控方对该罪名的指控还是辩方对构成交通肇事罪的辩护，其实质都是围绕量刑结果展开的辩论。不仅如此，社会公众和被告人本人也会以最后的量刑结果判断一份判决的可接受性。“在以经验主义和习惯法为根基的刑法学中，对罪犯、受害人、社会公众而言，最根本的问题是：到底对罪犯进行了什么程度的评价（刑罚量），而非适用了什么犯罪构成（罪名）。”〔1〕可见，罪名的选择并非终极目的，能够取得有利于被告人的刑罚裁定才是辩护活动的最终依归。辩护律师指控被告构成另一较轻的罪名，虽然表面上看来似乎与律师职能相悖，但却能够得到更轻的量刑裁决，甚至由此带来不予追究刑事责任的结果。从功能和最终目的的角度而言，这种“罪量优于罪名”的现实主义辩护形态恰恰更好地履行了辩护职能，而不是像批评者所言代行了公诉职能，因此并没有违背辩护律师维护委托人最大利益的职业伦理。

四、罪名从轻辩护的限制性操作

应当说，罪名从轻辩护是彻底的无罪辩护和量刑辩护的中间形态。在现行的诉讼构造和制度环境之下，辩护律师选择罪名从轻辩护具有某种不可避免性和有限的正当性。只要法院变更指控罪名制度不加以改造，只要法院仍然以实质刑法观而非形式法治

〔1〕 高艳东：“从盗窃到侵占：许霆案的法理与规范分析”，载《中外法学》2008 年第 3 期。

观来审理案件和认定罪名，只要法律仍然没有赋予辩方制约法官定罪和量刑裁量权的制度手段，罪名从轻辩护就必然会继续存在并被广为援用。但是，由于其确实存在若干违背现代法治理念之处，对其加以一定的限制又是十分必要的，这里拟提出几个限制性操作原则以供研讨：

第一，事实成立无异议原则。罪名从轻辩护未必一定有利于被告，根据白建军教授的研究，只有在指控的“事实”成立的前提下，罪名从轻辩护才真正有利于被告。如果指控的事实根本不成立，如被告人根本没有实施过任何指控的行为，则罪名从轻变更实际上就由从重到轻的辩护演变为从无到有的辩护，不但不利于被告，反而由于辩护律师承认并不存在的事实而充当了实际意义上的公诉人，从而违背了委托人的利益，因此必须加以禁止。

第二，事实范围同一性原则。上文已述，在法院有权变更指控罪名的制度环境下，指控的犯罪事实成为法院裁判的真正基础和范围，因此针对指控犯罪事实进行事实和法律上的辩护就成为这一特殊制度下的辩护策略。辩护人在进行罪名从轻辩护的时候，只应根据起诉书指控的犯罪事实选择更轻的罪名进行辩护，而绝对不能在起诉书之外提供新的犯罪事实，并据此变更罪名辩护，否则就等于代行了公诉职能。

第三，委托人同意原则。必须格外强调的是，被告人是辩护权的当然享有主体，经其授权，辩护人才有权行使辩护权。辩护人接受被告人委托为其辩护，其目的和宗旨自然是最大限度地维护委托人的合法权益。但由于辩护人只是法律专家，其职能只能是尽可能地提供多种辩护方案，并就每种辩护方案的法律后果向委托人进行说明，但何种方案更加符合委托人的最大利益则应交由委托人自行判断。毕竟，委托人对每种法律后果的偏好程度是各不相同的，有的委托人可能更为看重罪名本身的否定性评价，而有的委托人则更为看重量刑幅度给自己带来的不利影响。此外，委托人可能还要面对更为复杂的非法律因素，因而对何为最大利益可能有更为具体的考虑。因此，何为“最大利益”应当交由被告人本人自行判断。尽管辩护人在理论上具有独立的诉讼地位，但在这种辩护权的二元结构中，辩护人必须在代理目标的问题上与被告人及其家属协商，充分尊重被告人及委托人的意见。体现在罪名从轻辩护中，辩护人必须事先就该诉讼策略征求被告人本人意见，只有在被告人愿意放弃无罪辩护的情况下，才可进行罪名从轻辩护；如果被告人坚持做指控罪名不成立的无罪辩护，则辩护人不得采取罪名从轻辩护策略。

证明标准理论

第四章

提高死刑案件证明标准

——一个似是而非的命题

死刑案件证明标准在我国从未有过独立的表现形式，而是和一般刑事案件共享着同一个证明标准——“案件事实清楚，证据确实充分”。但是，这种一元化的证明标准却因为一系列死刑案件的误判而面临着司法实践的巨大挑战。1999 年，云南省昆明市公安局戒毒所民警杜培武因故意杀人罪被昆明市中级人民法院一审判处死刑。由于该案证据存在严重瑕疵，无法达到“案件事实清楚，证据确实充分”的证明标准，因而在同年 10 月被云南省高级人民法院改判为死缓，在量刑上作出了留有余地的判决。2000 年，由于另外一起抢劫杀人案件的告破，发现了本案并非杜培武所为的新证据，云南省高级人民法院发动再审程序，将杜培武改判为无罪。此后几年间，由于定罪证据不足而在量刑上留有余地的裁判逻辑又相继造成数起轰动全国的误判案件，如湖北佘祥林案、河北陈国清案、辽宁李化伟案等等。正是在此背景下，人们开始反思死刑案件的证明标准问题并思考突破困局的可能途径。

为了提高死刑案件的办理质量，减少死刑误判现象的发生，最高人民法院、最高人民检察院、公安部、司法部2007年3月9日联合印发了《关于进一步严格依法办案确保办理死刑案件质量的意见》。该意见明确指出："人民法院应当根据已经审理查明的事实、证据和有关的法律规定，依法作出裁判。对案件事实清楚，证据确实、充分，依据法律认定被告人有罪的，应当作出有罪判决；对依据法律认定被告人无罪的，应当作出无罪判决；证据不足，不能认定被告人有罪的，应当作出证据不足、指控的犯罪不能成立的无罪判决；定罪的证据确实，但影响量刑的证据存有疑点，处刑时应当留有余地。"这是官方文件中第一次正式认可"留有余地的判决"。与《刑事诉讼法》所规定的"案件事实清楚，证据确实充分"的证明标准相比，该意见对死刑案件证明标准的表述出现了两个十分重要的变化：第一，将证明标准区分为定罪证明标准和量刑证明标准，并要求量刑标准必须排除一切怀疑；第二，对定罪证明标准只保留了确实性，而放弃了充分性的要求。因此，该意见改革的实质就是保持甚至降低死刑定罪证明标准，提高量刑证明标准。[1]如果说这一点在该文件中体现得还

---

〔1〕 上海市高级人民法院颁布的《上海法院毒品犯罪量刑指南》第三章明确规定："……（六）认定被告人毒品犯罪的数量主要根据被告人的口供与同案犯（包括上、下家）的供述互相印证，尚无其他证据佐证的；（七）认定主要犯罪事实的证据有瑕疵，量刑上需要留有余地的。"这些规定都暗含了定罪标准低于死刑量刑标准的逻辑。

不是十分明显的话，部分学者所提出的改革建议则更为直接。他们认为，现有的证明标准并非理论上所能达到的最高证明标准，〔1〕因此主张结合独立量刑程序的改革背景，将审判程序分为定罪和量刑两个阶段，并在维持定罪证明标准不变的前提下提高量刑阶段的证明标准。〔2〕

笔者认同并且钦佩学界为提高死刑案件审理质量，减少死刑适用所做的上述理论努力。但是，任何一项“看上去很美”的改革建议都必须对其进行逻辑和实证的检验和分析。在死刑案件证明标准问题上，量刑证明标准是否能够高于定罪证明标准？“排除一切怀疑”的证明标准在理论上是否能够成立？提高死刑案件证明标准是否真的能够减少死刑的误判？我们在设计死刑案件证明标准时必须考虑哪些因素？这些问题都必须进行严谨的学术分析而非直觉式的感受。本章将依次探讨这些问题，并提出一些不同的意见。在本章第二部分中，笔者将着力在理论上分析量刑证明标准与定罪证明标准的关系，并指出量刑标准不可能超过定罪标准。在第三部分中，笔者将论证，学界提出的“排除一切怀疑”的证明标准由于排斥推定和推论机制，强调完全客观的证明，因而是一个完全不可操作的证明标准。在第四部分，笔者将论证保持定罪标准不变而提高量刑证明标准不但不会减少死刑

〔1〕 陈光中：“构建层次性的刑事证明标准”，载陈光中、江伟主编：《诉讼法论丛》（第7卷），法律出版社2002年版，第6页。

〔2〕 陈卫东、李训虎：“分而治之：一种完善死刑案件证明标准的思路”，载《人民检察》2007年第8期。陈卫东：“刑事诉讼法证据制度修改的宏观思考”，载《法学家》2007年第4期。

的误判，相反还会为实践中留有余地的判决提供正当化的说明。在第五部分，笔者将对如何设置死刑案件证明标准提出若干建设性意见。

一、量刑标准能够超过定罪标准吗？

改革者建议，应在定罪阶段保持现有的证明标准不变，而在量刑情节的证明上运用“排除一切怀疑”的证明标准。〔1〕不可否认，这一改革建议的初衷是好的，其目的是为了防止错误的死刑判决。但是，笔者却认为，这一在直觉上成立的改革建议却经不起逻辑和后果主义的推敲，量刑证明标准不可能高于定罪证明标准。在进入正式讨论之前，有必要限定一下讨论的语境，即提高量刑证明标准的建议是以最高人民法院即将向全国推广的独立量刑听证改革为背景的，因此下文的讨论将不再涉及目前定罪与量刑程序合一的程序环境（实际上，在这一制度环境下，量刑问题是不可能获得独立程序空间的，因而当然不存在独立证明标准的问题，这一点是显而易见的。事实上，提出该改革建议的学者也是以定罪与量刑程序分离作为讨论前提的）。

第一，无罪推定原则和严格证明方法在独立的量刑阶段已经不再适用，因而，对一般量刑情节而言，较高的量刑证明标准设置没有必要。无罪推定是刑事司法在无法准确甄别无辜者和罪犯

〔1〕 参见陈卫东、李训虎：“分而治之：一种完善死刑案件证明标准的思路”，载《人民检察》2007 年第 8 期。

之前设置的一种程序机制，旨在防止裁判者滥用定罪权对被告错误定罪。因此，法律对定罪阶段实行严格证明标准，凡是可能导致偏见或存在较大虚假可能的传闻证据、品格证据、意见证据等都不得作为定罪的资料。同时，通过设置各自法律体系中最高的证明标准，以保证事实认定的准确性，体现疑点利益归于被告的原则精神。但是，在量刑阶段，法官已经对被告的行为有罪形成了内心的确信，无罪推定原则也已失去了其存在的前提，证明对象已经从罪与非罪的问题转变为此刑与彼刑的问题，“危险性”代替了“行为”成为调查的中心，“犯罪人”代替了“犯罪”成为调查的对象。而且，在定罪阶段已经接触部分量刑信息的基础之上，法官内心早已对量刑基准有了初步的判断。此时，严格的证明标准和严格的证据规则对于防止法官滥用裁量权也就没有任何实质性的意义。在证据资格、证据调查程序、证明责任等方面的要求都有所降低的情况下，传统司法证明机制的严格要求在量刑阶段都不再发挥作用，而只实行自由证明。难以想象，在无罪推定原则已经不再适用、对证据调查程序和证据资格都放松了要求，因此也降低了事实调查准确性的量刑程序中，会要求将证明标准提高到绝对确定的地步，以提高事实调查的准确性，这本身就是自相矛盾的。正因如此，美国最高法院在麦克米兰诉宾夕法尼亚州案［McMillan v. Pennsylvania，McMillan v. Pennsylvania，477 U. S. 79（1986）］和合众国诉沃茨一案［United States v. Watts，117 S. Ct. 633，635（1997）］的裁决中，就拒绝了被告人提出的证明标准应当达到排除合理怀疑程度的要求，并指出：“排除合理怀疑程度的证明标准只是在正当程序中对被告人定罪时所需要达到的。”最高法院在另一个案子中也曾明确表态：仅要求以优势证据证明量刑方面的事实的量刑制度符合正当程序。

第二，对法定加重情节应当进行严格证明，但最多只能适用与定罪阶段相同的证明标准，而不能超过定罪证明标准。日本法学界通说认为，一般量刑情节只需要自由证明即可，但是倾向于加重被告人刑罚的情节则需要严格证明。〔1〕我国台湾地区学者也有类似主张。〔2〕尽管对这一问题仍然存在着诸多争论，但笔者认为，法定加重情节作为不利于被告人的事实，具有和犯罪构成要件同等重要的地位，〔3〕甚至在某些时候，这些量刑情节本身就兼具定罪情节和量刑情节双重身份，如果混杂在自由证明的量刑程序中运用较低的证明标准加以认定，对被告人是十分不利的。因此应当对其进行严格证明，适用较高的证明标准。但是这并不等于法定加重情节的证明标准就可以高于定罪证明标准。在德、日等国和我国台湾地区，由于实行定罪与量刑程序混合的审判模式，法定加重事由可以直接在定罪环节顺便“享受”严格证明的程序环境，而不用为其单独营造独立的程序空间，因此可以适用和定罪相同的证明标准。而在定罪与量刑程序分离的英美法系则存在

---

〔1〕［日］田口守一：《刑事诉讼法》，刘迪等译，法律出版社2000年版，第221页。

〔2〕蔡墩铭：《刑事诉讼法》（第5版），台北五南图书出版股份有限公司2002年版，第233页。

〔3〕托马斯法官在Apprendi v. New Jersey一案中认为，那些可能加重刑罚的事实也是犯罪要件事实。*Apprendi*, 530 U. S. at 501 (Thomas, J., concurring).

两种做法：一是将法定加重情节放入定罪阶段加以审理，适用与定罪阶段相等的证明标准；二是将死刑案件的量刑程序进一步划分为适格判断和选择判断两个阶段。在前一个阶段，只允许就法定加重情节展开法庭调查和辩论，而不允许提出减轻刑罚事由，属于单纯的事实判断而无需进行价值与政策的衡量，同样也只要求公诉方以与定罪阶段相同的证明标准承担证明责任。〔1〕可见，即使是对提高刑罚的量刑情节，至多也只能与定罪问题适用相同的证明标准，而不能高于定罪标准。近年来引起社会广泛关注的重大冤错案件几乎全都集中在故意杀人罪和抢劫罪这几类罪名，如湖北佘祥林故意杀人案，云南杜培武故意杀人案，云南陈金昌等抢劫案，辽宁李化伟故意杀人案，广西覃俊虎等抢劫、故意杀人案，河北李久明故意杀人案，海南黄亚全等抢劫案等。不难发现，这类案件有一个鲜明的共同特点，即定罪情节与量刑情节重叠，杀人、抢劫的情节既可以用作定罪证据，又可以作为量刑的证据。如果在降低定罪证明标准的同时提高量刑证明标准，就等于是在无法确认杀人的前提下又肯定其杀人的事实，这本身就是自相矛盾的。如果这类情节可以达到排除一切怀疑的程度，为何在定罪阶段又不做这样的要求呢？显然，对于绝大部分此类冤案而言，改革建议无法回答这一正当性的质疑。

第三，量刑阶段的证明对象并非单纯的事实判断，且措辞模糊，因而无法适用超过定罪标准的“绝对确定”标准。众所周知，

---

〔1〕 李玉萍：“量刑事实证明初论”，载《证据科学》2009年第1期。

证明标准是为了解决事实认定而设置的一种程序制度，当证明达到证明标准时，视为案件事实已经查清，反之，则视为没有查清，从而对证明对象不予认定。因此，证明标准是针对待证事实而设置的事实认定机制，尽管证明标准设置的高低本身体现了立法者的价值判断，但是其所针对的证明对象却必须是纯粹的事实问题，而非价值判断和利益衡量。[1]但是，在我国《刑法》68 个死刑罪名当中，适用死刑的条件多采取概括式表述，如《刑法》第 205 条规定："有前款行为骗取国家税款，数额特别巨大，情节特别严重，给国家利益造成特别重大损失的，处无期徒刑或者死刑，并处没收财产。"第 264 条规定："盗窃金融机构，数额特别巨大的；盗窃珍贵文物，情节严重的，处无期徒刑或者死刑，并处没收财产。"[2]但是，法律对何谓"情节严重"、何谓"罪行极其严重"缺乏明确的立法和司法解释，实践中法官自由裁量权极大。正是由于这些模糊情节的存在，量刑阶段得以容纳价值判断和政策考量，兼顾"政治效果、法律效果和社会效果"的统一，一系列非

---

〔1〕［美］伟恩·R. 拉费弗、杰罗德·H. 伊斯霍尔、南西·J. 金：《刑事诉讼法》（下），卞建林、沙丽金等译，中国政法大学出版社 2003 年版，第 1362~1363 页。

〔2〕 在美国，很多死刑案件的加重情节也都是极为概括和抽象的，如"异常地、极端地、邪恶、可怕和惨无人道"。在 1980 年的 Godfrey v. Georgia 中，被告人 Godfrey 用猎枪殴打女儿，并枪杀了妻子和岳母，之后打电话给警察承认他犯下了"骇人听闻的罪行"。但最高法院认为该款加重情节的表述太宽泛和模糊，因此推翻了对被告人的死刑判决。大法官斯图尔特（Stewart）指出，任何谋杀都是"异常、极端地邪恶、可怕和惨无人道的"，按照这个表述，任何犯谋杀罪的人都应当被判处死刑，而失去了量刑情节作为证明对象的明确性的要求，因此也使得证明标准无从掌握，而变成一种主观性极强的工具。

证据事实的介入使得法官无法进行单纯的事实认定和法律适用。既然证明对象本身就极为模糊，对其所设定的证明标准就更加不可能有严格的界限和尺度。比如，在原济南市人大常委会主任段义和故意杀人案的判决中，法院认为被告人以爆炸的方式实施杀人的手段特别残忍，危害后果特别严重，依法判处死刑立即执行。但是在崔英杰杀害北京城管人员案中，法院认定被告人以暴力方法阻碍城管人员依法执行职务，持刀故意非法剥夺他人生命并致人死亡，构成故意杀人罪，犯罪性质恶劣，后果特别严重，依法应予以严惩。但判决书同时写道："考虑到崔英杰犯罪时的具体情况和其对社会的危害程度，判决死刑可不立即执行。"可见，这种极为模糊的法定刑升格条件使得即使是同样的事实情节，也会在不同的案件当中得到不同的处理，"排除一切怀疑"的证明标准由于排斥非证据事实的介入，自然会在量刑阶段形同虚设，无法形成统一的标准。〔1〕

第四，对于死刑案件而言，如何防止对无辜者错误定罪要比防止对其错误量刑重要得多，因此，从涉及利益的重要性程度来看，量刑证明标准不能超过定罪证明标准。证明标准的设置应当与诉讼涉及利益的重要程度成正比，重要性越大，证明标准就应越高。因此，各国都对民事案件和刑事案件设置了不同的证明标

〔1〕 这一点在美国死刑法中也有类似的表现。如果加重情节语义模糊或者能够适用于所有的谋杀行为，就会使得死刑适用程序专断和任意进而违背宪法，只有加重情节清楚明确，才能确保死刑判决的可靠性。See Buchanan v. Angelone，522 U. S. 269，276（1998）.

准。以美国为例，民事案件仅要求优势证据，即51%对49%的微弱证明优势就可以对案件作出判决。这实际上是通过接近平均的证明标准在原告和被告之间平均地分配了审判可能带来的错误风险。[1]而刑事案件由于涉及被告人的人身、财产甚至是生命价值，发生错误后所产生的影响十分巨大，非民事案件可比，因此通过科以排除合理怀疑或内心确信等高标准的证明要求，将误判的风险分配给了占据优势资源的公诉机关，因而被认为是一种吻合刑事诉讼本质的证明标准。[2]那么。在死刑案件中，定罪和量刑问题究竟何者更为重要呢？改革者的逻辑是：第一，定罪后一般都会判处自由刑，而死刑立即执行却会剥夺被告人的生命，因此死刑量刑问题更为重要；第二，被告人即使被定罪，只要不被执行死刑，就有一定的可挽回和可弥补性，而死刑立即执行的判决却具有终局性和不可挽回性，因此死刑量刑问题更为重要。根据以上两点，量刑阶段自然需要一个比定罪更高的证明标准。但是笔者认为，对于那些无辜被告人而言，如何防止国家对其任意定罪才是一切问题的根本。一旦定罪错误，任何量刑结果都将是不可欲的。在无辜者不应该承受任何刑罚的前提下，我们又怎么

---

〔1〕 See, e. g. , Ronald J. Allen et al. , *Evidence*: *Text*, *Problems*, *and Cases*, 3rd ed. , Aspen Publishers, 2002, pp. 822~23.（该书认为，优势证据标准在原告和被告之间平等地分配了错误风险。）

〔2〕 See, Erik Lillquist, "Recasting Reasonable Doubt: Decision Theory and the Virtues of Variablility", 36 *U. C. DAVIS L. REV.* 85, 148 ~ 49, 206 ~ 07 (2002); D. Michael Risinger, "John Henry Wigmore, Johnny Lynn Old Chief, and 'Legitimate Moral Force' ——Keeping the Courtroom Safe for Heartstrings and Gore", 49 *HASTINGS L. J.* 403, 442~43 (1998).

能够对其应该承受自由刑还是生命刑进行冷酷的比较和权衡呢？如果我们以自由刑的可挽回性和可弥补性为错误定罪加以搪塞的话，势必会放松对定罪阶段的要求，从而造成更多类似佘祥林案的案件。错误定罪必然导致错误量刑，既然我们改革的初衷是为了减少死刑的误判，这一前提决定结果的逻辑顺序自然决定了定罪问题比量刑问题更为重要，因此量刑证明标准不能超过定罪证明标准。

二、“排除一切怀疑”可行吗？

证明标准应当根据所涉利益的重要程度加以设置，可能剥夺被告生命权的死刑案件理应具有比一般刑事案件更高的证明标准，这是提高死刑案件证明标准论者所持有的普遍逻辑和理论依据。“一般刑事案件的证明标准为案件事实清楚，证据确实充分，排除合理怀疑；死刑案件的证明标准应当为案件事实清楚，证据确实充分，具有排他性和唯一性。”〔1〕“在适用普通程序的刑事案件中，证明标准是排除合理怀疑的证明，……在适用死刑的刑事案件中，证明标准则应该是排除一切怀疑的证明。”〔2〕但是，在本部分中，笔者将通过“客观证明机制”和“情理推断机制”这一

〔1〕 黄芳：“死刑适用的国际标准与国内法的协调”，载《法学评论》2003年第6期。

〔2〕 何家弘：“刑事证据的采纳标准与采信标准”，载《人民检察》2001年第10期。

对范畴论证,[1]“排除一切怀疑”所内含的证明机制不可能完成其预期的证明任务，因而是个不可欲的改革方案。

在理论上，所谓的“客观证明”是实现客观真实证明标准的证明方法，强调运用证据进行逻辑证明，由于运用间接证据进行推论以及根据经验进行推断都不可避免地带有一定程度的或然性，因而为客观证明机制所排斥。而“情理推断”则是实现法律真实证明标准的证明方法，允许在缺乏证据或无法证明的场合运用经验或情理进行推断，以弥补客观证明机制的缺陷。严格而言，前者是证实标准，属于事实证明机制，带有法定证据制度的特征；而后者则是确信标准，属于事实认定机制，带有自由心证的特征。比照上述标准，我国的“案件事实清楚、证据确实充分”在理论上可以大致归入“客观证明机制”的范畴，英美法系的“排除合理怀疑”则可以大致归入“情理推断机制”的阵营。

当然，上述分析仅仅是理论上的归类，客观证明机制由于完全排斥情理因素的作用，使得证明任务往往无法完成，因此，在司法实践中，即使是我国“案件事实清楚，证据确实充分”的证明标准，也并不完全是按照客观证明的机制在运作，而是或多或

[1] 必须交代的是，“客观证明”和“情理推断”这一对范畴由周洪波首先提出并进行了极富启发性的分析，感兴趣的读者可参见周洪波：“客观证明与情理推断——诉讼证明标准视野中的证明方法比较”，载《江海学刊》2006年第2期。虽然也有其他对证明方法的分类，如西方学者提出的科学知识证明与常识证明（转引自熊秋红：《转变中的刑事诉讼法学》，北京大学出版社2004年版，第325~327页），我国学者提出的“证据证明”“经验证明”“常理证明”及“实验证明”（杜世相：《刑事证据运用研究》，中国检察出版社2002年版，第140~142页），但都由于没有周洪波的概括准确、简洁而未被采纳。

少地吸收了情理推断机制的若干做法，从而实质性地降低了证明要求。比如，第一，不要求排除证据之间、证据与案件事实之间的所有矛盾，只要主要矛盾得已“合理”排除即可认定案件事实，承认符合情理的矛盾存在。第二，允许根据间接证据，通过经验推论认定案情，尽管这种推论存在着虚假的可能。〔1〕第三，允许对主观心理状态进行推定，而无需运用证据进行直接证明。〔2〕由于这种推定存在着虚假的可能（其允许对方以相反证据反驳即是明证），因此并不能排除所有的怀疑，做到完全确定。正是由于实践中情理推断因素的介入，使得我国法定证明标准的客观证明机制受到制约，不再如理论上一样能够保障案件结论的唯一性和排他性，而只是一种高度的盖然性。面对法定证明标准被降格适用的局面，改革论者提出了“排除一切怀疑”的证明标准作为替代性方案。那么，这一证明标准究竟是何含义？它又有着什么样的证明机制？它能够完成准确定罪的任务吗？

我们有必要对“排除一切怀疑”的语义进行初步的分析。众所周知，美国证据法理论将证明标准分为九等，分别是：排除一切怀疑、排除合理怀疑、清晰和有说服力的证据、优势证据、合

〔1〕 陈一云主编：《证据学》，中国人民大学出版社 1991 年版，第 119～120 页。

〔2〕 比如毒品犯罪往往要证明被告人“明知”是毒品而予以携带和运输，才能予以定罪，而这种主观心理状态除非获得被告人本人的供述，否则根本无法确定。按照客观证明机制，仅仅通过行为人的外部行为推定而不是直接证明其主观心理状态是不能够定案的，但是，为了降低主观要件的证明难度以完成定罪任务，法律往往会规定某些推定机制，如执法人员检查时，有逃跑、丢弃携带物品或逃避、抗拒检查等行为，在其携带或丢弃的物品中查获毒品的，就可以推定其为“明知”。

理根据、有理由的相信、有理由的怀疑、怀疑和无线索。排除合理怀疑中的“怀疑”一定应是合理的怀疑，而不应包括没有任何根据的，仅凭臆测和猜想而提出的怀疑和吹毛求疵的怀疑。如果说排除一切怀疑能够体现更高的证明要求的话，就是还要“排除一切不合理的怀疑”才能给被告定罪，这种要求是极为严苛的。不难看出，“排除一切怀疑”暗含着对客观真实的绝对追求，任何疑点的存在都将导致无法给被告人定罪。据此，我们可以概括出排除一切怀疑的两大特征：第一，“排除一切怀疑”本质上是“客观主义”的证明标准，是证实标准，而非确信标准。“排除一切怀疑”要求事实认定应该达到百分之百的确定，因而其本质是一种“客观主义”的证明标准，是一种“证实标准”。采纳这一标准显然可以建立起刑事司法体制的正当性，使被告人和公众都更容易接受死刑判决。正是这种对客观真实的绝对追求，使得排除一切怀疑的证明标准不允许通过转化证明对象的方式降低证明难度，因而是僵硬的客观证明机制。第二，“排除一切怀疑”强调依据证据进行客观证明，而排斥情理推断机制的适用，是证明机制，而非认定机制。仅仅根据基础性事实就直接推定某事实的存在，这使得推定机制必然要以一定的非证据事实作为推论的基础，因此降低了证明要求，具有一定的虚假可能性。而“排除一切怀疑”又要求对犯罪事实而非要件事实的认定达到绝对确定的程度，这样，该标准自然排斥具有一定推测和假定性的推定机制。事实上，强调绝对确定的“排除一切怀疑”，不但排斥法定推定的适用，而且带有虚假可能性的一切非客观证明机制都在排斥之列，即使是根据间接证据进行推论也不被允许。

首先，贯彻“排除一切怀疑”的客观证明机制将无法运用推定完成证明任务。现代刑法均以过错责任为主要责任形式，而很少规定严格责任。以我国《刑法》为例，在17种典型的法定目的犯中，没有一种目的犯的目的属于刑罚加减事由，而全为主观构成要件，被告人的主观心理状态因此成为绝大部分案件中的证明对象，〔1〕但是，主观要素的内在性和隐蔽性决定了对其的证明必然是十分困难的。〔2〕正因如此，日本刑法学者泷川幸辰教授才感叹，“主观要素的证明是不恰当的”，只能通过行为人的客观行为来推定其主观罪过。正如有学者指出的那样：“要求所有的案件对主观要素的证明都做到证据确实充分是不现实的，根据现有的基础事实，依照推定的有关规则推定出目的的存在，这是在既有证据无法达到质与量上的要求的情况下的一种选择。”〔3〕但是，如果坚持按照“排除一切怀疑”所要求的证明机制来认定案件事实的话，将是一个永远不可能完成的任务。在绝对确定的证明标准下，刑法罪名只有全部修正为严格责任（将特定的目的从构成要

---

〔1〕 付立庆：《主观违法要素理论》，中国人民大学出版社2008年版，第200页。

〔2〕 在美国，刑法禁止将近7000种行为，如果对每种行为实施者当时的形态加以分别规定并要求证明，也将是不切实际且代价高昂的。参见李立丰：《美国刑法犯意研究》，中国政法大学出版社2009年版，第229页。

〔3〕 参见付立庆：《主观违法要素理论》，中国人民大学出版社2008年版，第248页。另可参见Kevin L. Keeler, “Comment: Direct Evidence of State of Mind: A Philosophical Analysis of How Facts in Evidence Support Conclusions regarding Mental State”, 1985 *Wis. L. Rev.* 1985.

件中去除而作为刑罚的加减事由加以规定），或将主观要件完全客观化，才有可能在诉讼中得到认定，而这显然是不可能的。对于绝大部分案件而言，将责任形式修正为严格责任将失去目的要件所具有的防止客观归罪的功能，而将所有过错犯罪的主观要素客观化的努力则会违背刑法条文的简洁价值，也排除了在立法之外由裁判者根据经验和常理进行的事实推定，从而放纵更多的犯罪。〔1〕

其次，“排除一切怀疑”的证明标准会对控方科加不合理的举证负担，从而使得证明无法完成。众所周知，证明标准是和证明责任相关联的概念，只有证明责任主体运用证据证明案情达到证明要求之后才能免除证明责任。“如果我们要给一个人定罪，我们肯定是在缺乏绝对证据的基础上进行的。”〔2〕可以说，控方的证据体系或多或少总是会存在一定的缺陷。在“排除合理怀疑”的证明标准下，被告方提出的怀疑必须是有根据的、合理的怀疑，否则控方没有义务加以证明以排除该怀疑。但是，由于“排除一切怀疑”要求绝对的确定，只要被告方坚持提出对控方证据的反驳，控方就必须承担证明责任去排除该怀疑，这就对控方科加了极为不合理的举证负担，从而使得证明无法实现。

---

〔1〕更何况，有些犯罪的主观构成要件并不要求存在相对应的客观事实，比如目的犯中的目的，并不需要客观上实现其目的，对于这种犯罪，即使是根据基础事实进行推定也变得困难重重，而如果一味排斥情理推断，则根本无法实现定罪任务。参见张明楷：《诈骗罪与金融诈骗罪研究》，清华大学出版社 2006 年版，第 263 页。

〔2〕［美］大卫·弗里德曼：《经济学语境下的法律规则》，杨欣欣译，法律出版社 2004 年版，第 2 页。

最后，“排除一切怀疑”的证明标准可能会导致更多的刑讯逼供。很多时候，良好的立法意愿并不一定能够产生良好的司法结果。证明标准就是如此。如果没有科学技术等证明手段来弥补客观证明的不足的话，严格的证明标准不但不能起到保护无辜者不被错误定罪的作用，反而会刺激刑讯逼供的兴起，甚至，刑讯逼供还会被作为一种替代证明机制被立法确认和采纳。[1]比如，在司法实践中经常发生的故意杀人罪和故意伤害罪的区分问题，理论上一直存在着三种观点：一是目的说，认为两罪的根本区别在于犯罪目的的不同，判断一个案件究竟属于何罪，关键是确定行为人的犯罪目的是要致人于死还是致人于伤；二是故意说，认为两罪的区别在于故意内容不同，在杀人故意的心理支配下，不论造成死亡还是伤害的结果，都是故意杀人行为，反之亦然；三是事实说，主张应以案件的客观事实作为依据，而不能以犯罪人的主观故意内容为标准，只要使用可以致人死亡的工具、打击他人的致命部位，就可以认定为故意杀人罪。[2]不难看出，在“排除一切怀疑”的证明机制下，事实说只是将主观要素进行了客观化，是对行为人心理状态的一种推定，因而不被采纳。相反，目的说和故意说却由于需要运用证据直接证明行为人的主观心理而成为被允许的方法。但是，除了被告人本人提供的口供，又有什么证据能够反映行为人的内心，告诉我们他存有何种性质的故意

---

〔1〕［美］米尔吉安·R. 达马斯卡：《比较法视野中的证据制度》，吴宏耀、魏晓娜等译，中国人民公安大学出版社 2006 年版，第 305 页。

〔2〕 参见张明楷：《刑法的基本立场》，中国法制出版社 2002 年版，第 89 页。

和目的呢？如果客观情况已经能够认定案件具有杀人的性质，其结局就很有可能往两个方向发展：第一，被告人矢口否认自己有杀人的故意，因此无法给真正的凶手定罪；第二，侦查人员刑讯逼供，获得无辜者的有罪供述，从而给其定罪。不论是何种结果，恐怕都不是我们所期望的。正因如此，我国刑法通说采纳了事实说，以降低证明的难度并避免产生刑讯逼供的后果。

综上，现有证明标准正是由于理论上对客观证明的绝对强调而落入无法操作的尴尬境地，才在学理解释和实践操作中认可了情理推断的存在，从而化解了客观证明的窘境。由此，现有证明标准才与排除合理怀疑产生了逻辑上的勾连。然而，作为改革方案的“排除一切怀疑”又完全采纳了客观主义的证明机制，而完全排斥推定和推断机制的存在，是客观真实论借助死刑案件的一次“绝地反击”，必将重蹈原标准的覆辙：要么再次面临被实践架空和降格适用的危险，出现表达与实践的悖反而无助于死刑判决准确性的提高；要么强行贯彻，导致在绝大部分案件中无法完成证明任务的尴尬局面。

三、提高死刑证明标准能够减少死刑误判吗？

前文已经从理论上对提高量刑标准的主张进行了反驳，本部分的任务是从实践的角度出发，分析改革者提高量刑标准的主张将会带来的后果，以检验其改革建议是否真的能够如预期的那样减少死刑误判。

第一，提高量刑标准无法防止定罪权的滥用，更无法减少错误定罪的死刑案件，从而回避了改革所要面对的真正问题。改革者认为，保持定罪标准不变而提高量刑证明标准有助于避免放纵犯罪，防止错误定罪，同时还会使有罪但罪不至死的被告不至于被判处极刑，因而有利于减少错误量刑。但是，笔者认为，这一改革建议忽略了真正的司法问题。在司法实践中，引起社会公众最强烈质疑，并对刑事司法正当性构成最严峻挑战的恰恰是错误定罪的案件。绝大部分引起社会广泛关注的案件都是由于定罪没有达到证明要求而造成的冤假错案，而很少有仅仅因为罪不至死却被误判死刑而引发质疑的案件。最高人民法院曾于 2005 年 9 月 27 日召开刑事重大冤错案件剖析座谈会，分析了 1979 年后发生的 14 起重大刑事冤错案件。这些案件中有 12 起已经得到纠正，因找到真凶或“被害人”重新出现，经再审宣告无罪的 7 起；因被告人不断申诉，经法院重新审理，以证据不足而宣告无罪的 4 起；经再审，认为事实不清，发回重审后，检察机关撤诉的 1 起。如何防止死罪的冤错而不是死刑的冤错，才是当下真正迫切需要解决的问题！这种不顾定罪标准而一味强调提高量刑证明标准的改革建议，实际上是学界在定罪标准于理论上无法取得突破的情况下将困难后移的一种策略，是客观真实论借助死刑案件的一次“绝地反击”。一旦这种证明标准得到实施，实践中类似的杀人案件和抢劫案件就会因为有最后的所谓量刑阶段严格要求的“把关”而进一步放松裁判者对定罪标准的要求，从而将更多本来无辜的被告人定罪处刑。这进一步证明，如果我们不能在死刑定罪的问题上严格要求，而只是将目光停留在量刑证明标准之上，就必然会在定罪权滥用的旧问题上产生量刑权滥用的新问题。

第二，提高量刑标准会将定罪阶段的疑点利益带入量刑阶段加以分配，冲击定罪阶段的无罪推定原则，并为实践中“留有余地的判决”提供正当化机制。司法是社会正义的最后一道防线，而定罪证明标准却是刑事审判的第一道防线。无罪推定、证据规则、反对强迫自我归罪的特权等程序保障，都是为了强化定罪阶段被告人的相对地位而树立起来的防止定罪权滥用的程序屏障。只要在定罪问题上存有疑点，就应按照疑点利益尽归被告的原则在定罪阶段将其无罪释放。但是，改革者却建议保持定罪标准不变，而提高量刑标准，这就等于即使定罪存在疑问，仍然可以进入量刑程序，用量刑上的折扣来抵消其对定罪不确定性的恐惧。这等于冲击了无罪推定原则存在的空间，默许了定罪疑点用量刑解决的实践做法，从而消解了定罪证明标准作为第一道防线的实际意义。只有在定罪阶段严格贯彻无罪推定原则的基础上，才应在量刑阶段作出留有余地的判决，否则，保持定罪证明标准不变而提高量刑证明标准的结果就必然是定罪标准被进一步降格适用，而量刑标准的提高又为留有余地的判决进行了学术化包装，为其提供了正当化的基础，更多的冤错案件将会由此产生。其危害不可谓不大！

第三，提高量刑标准而保持定罪标准不变无法及时纠正审前程序的错误，削弱了刑事司法通过证明标准所发挥的对前一程序的纠错功能，从而增加了冤案发生的可能性。刑事证明标准具有层次性，随着办案人员对案情认识的逐步深入，立案、逮捕、侦查终结、提起公诉以及审判环节分别适用由低到高的证明标准，后一阶段因此可以根据证明标准的要求而发挥对前一阶段的制约作用和纠错功能。但是必须注意的是，我国审判前程序的诉讼化程度较低，控辩地位也存在着严重的不平等，强制措施又缺乏中立机构的审查。在这种情况下，案件质量很难得到有效保证，可以说，很多冤案的祸根早在侦查阶段就已经种下。西方学者也发现，即使在审判阶段裁判者没有任何过错，审判结果仍然可能是错误的。错误的判决结果从来都是结在错误的侦查枝头上的。因此，与西方国家审前阶段的精密司法不同，我们必须发挥定罪阶段证明标准的作用，以对审前程序进行实质性的审查与纠错，将大量存在错误可能的案件拦截在定罪阶段。但是，保持定罪标准不变而仅仅提高量刑标准的改革建议却使得大量存在错误可能的案件得以进入定罪后的量刑阶段，为留有余地的判决创造了条件。

第四，提高量刑证明标准而保留定罪标准不变是在制度惯性和民意压力双重挤压下的产物，这种不确定性的非制度性因素会在个案当中进一步影响两者的配置状况，加剧错误定罪的倾向。我国法院并非纯粹的司法机构，而是一个政治性的法院，其本身承担着维护社会稳定，为地方经济保驾护航等诸多非司法性任务，因此在裁判具体案件时，不可避免地会将个案的裁判结果与其承担的外部任务进行比较和权衡，以选择最佳的裁判方式。一旦遇到要求严打的外部环境，法院往往会通过降低证明标准的方式提高对被告人的定罪率。在严打中甚至还出现了所谓的“基本事实清楚，基本证据确实充分”的提法，并将该标准同样适用于死刑案件。比如，在河北承德陈国清等4人被控抢劫杀人一案中，检察机关就曾明确表示，“尽管本案在某些证据上存在一些不足和遗憾，但基本事实清楚，基本证据确实充分”，从而足以认定犯罪的成立。实际上，河北省高级人民法院最后也是以“两个基本”的证明标准作出留有余地的死缓判决。董文栵“毒贩”案一开始也是一个无任何人证（只有被告人口供）、物证、书证和鉴定结论的“四无”冤案，虽然存在重大疑问，一审法院还是判决被告人有罪并处以死刑。正是在制度环境没有得到根本改变的前提下，舆论对死刑误判案件的抨击才促使提高量刑证明标准，以回应民众对死刑裁判正当性的需求。由于量刑标准根本不具有可操作性，是一个乌托邦式的空中楼阁，而定罪标准却屡屡被降格适用，一个“高不上去”，另一个却“低得下来”，这种证明标准的搭配必然会在实践中发生错位。一旦遇到更为重大的外部压力，必然会进一步降低定罪标准以回应体制外的要求，从而进一步加剧错误定罪的倾向。我们不禁要问这样一个问题：难道为了防止死刑滥用，我们就应当容忍对定罪权的滥用吗？

四、如何防止死刑滥用（代结语）

其实，保持定罪标准不变而提高量刑标准的做法在实践中早已出现，近年来发生的重大误判案件几乎都是在定罪证据不充分的情况下做出的留有余地的判决。但它多多少少反映了中国司法机构在定罪问题上贯彻无罪推定的“骑墙”态度。在刑事司法第一道防线的定罪环节放松要求的情况下，即使有再高的量刑标准，也不可能有效减少死刑误判的发生。但遗憾的是，最高人民法院的规范性文件竟然默许了这种做法，学界提出的改革建议也有意无意地迎合了实践中的这种逻辑。既然如此，死刑案件证明标准真的就如“乌托邦”一样无法构建了吗？学界在提高证明标准问题上所做的上述努力是不是都没有意义了呢？答案当然不是如此悲观。事实上，提高死刑案件证明标准已经被列为和收回死刑复核权、死刑案件强制上诉等制度并列的死刑程序控制的手段之一并取得了初步的成效。那么，我们应当在死刑案件甚至是所有刑事案件的证明标准设置上注意哪些方面的问题，才能保证这一努力取得更加理想的效果呢？笔者认为，大体有以下几点：

首先，应该在定罪环节严格贯彻无罪推定和证据标准的要求，严守刑事司法的第一道防线，而不应本末倒置地提高量刑标准。大量死刑案件的误判都是由于定罪阶段未能严格贯彻严格证明要求导致的。其一，对证据能力没有实质性的限制，大量传闻证据、意见证据、品格证据都得以进入定罪审理程序，降低了法官事实认定的准确性；其二，在证据调查方式上，证人不出庭作证，鉴定人、侦查人员不出庭接受询问，笔录证据大行其道，辩方无法就控诉证据进行有效反驳，也在客观上降低了事实认定的准确性；其三，法律规定的证明标准由于缺乏可操作的手段而在实践中被屡屡降格适用，更是从根本上导致了死刑误判案件的发生。因此，改革的重心应当围绕定罪环节展开，严格贯彻严格证明的要求，严守刑事司法的第一道防线。具体措施如下：其一，设置严格的证据能力规则，限制定罪环节证据信息的范围，尤其注意不能将酌定情节的量刑证据提前在法庭上出示。这就要求我们建立起相对独立的量刑程序。其二，建立传闻证据规则，剥夺笔录证据的证据资格，建立起证人出庭作证的程序机制。其三，在法律中明确规定对印证和补强证据的要求，从而防止实践中对法定证明标准的降格适用，同时要求在死刑案件的评议中必须一致通过，才能判处死罪成立，以最大限度地发挥定罪环节的屏障作用，将冤假错案消灭在萌芽阶段。

其次，在定罪阶段严格掌握证明标准的前提下，应结合情理推断机制的制度优势，制定若干消极法定证据规则，从反面规定不得判处死刑的具体情形，而不是从正面规定死刑案件的量刑标准。根据上文分析，排斥运用推定定案，甚至排斥运用间接证据通过推论定案，是一种过于理想化的证明标准设置，根本无法在实践中加以贯彻。死刑案件的证明标准必须能够允许一定的推定机制的存在。实际上，现有的证明标准已经能够很好地结合客观证明机制和情理推断机制各自的优点。其一，现有证明标准允许运用推定的方法将“案件事实清楚”的证明标准转化成“要件事实清楚”，将主观要件中的“明知”转化成对外部客观行为的证明，而并未降低“证据确实充分”的要求，从而通过转化证明对象降低了证明难度；其二，尽管运用间接证据推论案情存在着或然性，但是由于我国司法同时强调证据之间的相互印证，从而在较大程度上保留了客观证明机制的优点，保证了事实认定的准确性。因此，我国的证明标准在客观证明机制和情理推断机制之间搭建了一个极为隐蔽却又十分有效的桥梁。实践中的死刑误判现象并非法定证明标准过低的结果，而是未能严格贯彻印证证明要求的结果。因此，改革的途径就不应是盲目提高法定证明标准，而是应当设置相应的证据规则，严格贯彻印证的证明要求。基于此，有必要在死刑案件的证据规则中明确规定具体的印证要求，同时从反面规定，不符合印证要求以及运用推定方法认定的案件，一般不得判处死刑。在这一点上，江西的做法值得借鉴。江西省高级人民法院颁布了《关于规范故意杀人死刑案件证据工作的意见（试行）》，对一些常见的死刑案件提出了非常具体的印证要求，比如投毒杀人案件，明确规定应当查明毒物的性质和来源，犯罪嫌疑人对毒物的认知程度以及有无购买、保管、持有、使用毒物的条件；应当提取盛放毒物的器皿、包装物、食物残渣残液、呕吐物、排泄物以及上述容器、包装物表面指纹、特殊痕迹等，并及时进行鉴定。不符合这些证据要求的案件一般不得判处死刑。另外，还可以考虑在目的犯的量刑标准中规定，以推定方式认定其犯罪目的的案件，一般不得判处死刑。

最后，应当将可能判处死刑的法定加重情节具体化，并为其构建出相对独立的程序空间，从而适用和定罪阶段相同的证明标准，而不是适用高于定罪阶段的证明标准。在量刑事实的证明上，由于刑法分则对很多适用死刑立即执行的情节都规定得极为模糊，因此可以将这些死刑概括情节明确化、客观化，为量刑阶段的证明标准提供客观的指引。实际上，《刑法》分则的某些罪名对总则第 48 条规定的“罪行极其严重”可以适用死刑的条款已经作了客观化的规定，比如第240条就对拐卖妇女、儿童罪适用死刑的情形作了细化：造成被拐卖的妇女、儿童或者其亲属重伤、死亡或者其他严重后果的，将妇女、儿童卖往境外的等八种情形可以判处死刑。但是，更多的死刑罪名仍然保留着概括式的情节，建议通过量刑指南的方式将更多死刑的概括情节具体化。此外，还应当在上述基础上，在量刑阶段为法定加重情节构建出与定罪阶段类似的程序空间，从而适用和定罪阶段相同的证明标准。笔者认为，对于量刑情节与定罪情节存在重叠或交叉的情形，可以将加重情节放入定罪阶段加以证明，从而适用和定罪情节相同的证明标准，如数额犯。但对于除此之外的其他情形，则可以借鉴美国的做法，将死刑案件量刑程序进一步划分为适格判断和选择判断两个阶段。在前一个阶段，仍然由公诉方承担证明责任，实行非死刑推定，如果检察官不能证明法定加重情节达到“排除合理怀疑”的要求的话，就不能给被告判处死刑，如果这一证明成立，则案件进入选择判断阶段。只有在这一阶段，陪审团才会考虑所有的加重证据和减轻证据，进行综合性的事实、价值和政策评断以决定是否需要判处死刑。〔1〕显然，这一两分式的量刑程序专门针对特定的加重情节设定了专门的证明方法、证明责任及证明标

---

〔1〕 在这一阶段实行死刑推定和辩方举证，如果辩方不能举出减轻证据的话，则被告必须被判处死刑，在这一阶段，证明标准则放松为优势证据标准。参见［美］琳达·E. 卡特、埃伦·S. 克赖斯伯格、斯科特·W. 豪尔：《美国死刑法精解》，王秀梅、邱陵、曾赛刚译，北京大学出版社2009年版，第100~105页。联邦最高法院在一系列案件中甚至认为要求只有一致同意才能认定减轻情节的规定是违宪的；只需要证明到优势证据的程度即可。See 18 U. S. C. A. 3595.

准，从而在量刑程序内部构建出了一个类似于定罪程序的空间：首先，适格判断阶段的证明对象较为单一，即加重情节的成立与否，而不允许提出减轻刑罚事由并进行证明，因此属于单纯的事实判断而无需进行价值与政策的衡量，政策和民意只能影响之后的选择判断程序；其次，适格判断阶段的证明对象是不利于被告的刑罚事实，仍然可以沿用严格证明的程序要求和疑点有利于被告人的证明责任分配机理，因此可以对控方科加较高的证明标准。〔1〕只有在这样的程序空间之内，提高量刑证明标准的做法才具有正当性。

分析至此，本章的任务似乎可以暂时告一段落了，但是仅仅停留于此，难以避免此后在相关或不相关的问题上再出现这样似是而非的改革建议和以直觉论证的学术态度，从而在意识形态化的程序正义的诉求当中导致对社会而言极不可欲的后果。其实，本章进行的论证并非什么难以洞察的玄妙理论，只要动用一下细致的思维方式就可以发现上述问题。也许，面对独特的中国问题，我们需要的是一种后果主义的分析方式。在为司法改革献言献策的过程中，我们不能仅仅注意观点的新颖和理论的融贯，更应该投入心力的是考察社会的整体利益是否因为这些改革建议而受到实质性的损害。更进一步说，在研究具体问题时，我们应该更加清楚地了解我们自身的制度逻辑，并在此基础之上为我们的改革寻找理论基础和改革路径，而绝对不能直接按照西方的制度逻辑

---

〔1〕 程进飞："死刑案件量刑标准及量刑程序"，载《广西政法管理干部学院学报》2008 年第 5 期。

照搬一些似是而非的改革措施。面对改革逻辑的混乱与不察，笔者深深感到厘清一项制度逻辑要远比提出“看上去很美”的改革建议更为重要，须知：对改革理论基础和实际诉求的理解偏差极易导致某一制度的功能错位，并最终在学界集体失察的情况下对实践产生极其有害的结果。这种责任是任何人都无力承担的。因此，笔者一贯坚持的学术立场就是放弃大而化之的理念论证（对于法学尤其是对于程序法学而言，很多的研究还远远没有上升到真正的理论论证层面，而仍然在理念论证的低层次水平上踌躕徘徊，这正是诉讼法学迟迟无法出现学术批评的研究方法上的原因，而这也正是我们应当予以深刻检讨和反思的)，而对制度逻辑进行深层次的追究。我们应当避免和克服片面追求成果，而置后果于不顾的学术态度。“否则，我们与现代法治国家相比，很可能就只是表面上理论一致，实际上却是司法后果的重大差异。”〔1〕惟愿人同此心，心同此理。

---

〔1〕 左卫民、周洪波：“证明标准与刑事政策”，载《比较法研究》2006 年第 2 期。

第五章

死刑案件证明标准改革之理论误区

一、死刑案件证明标准的程序功能：传统假设

我国死刑案件证明标准并没有独立的表现形式，而是和一般刑事案件共享同一个证明标准。但是，一系列死刑误判案件的发生使得这种一元化的证明标准面临着司法实践的巨大挑战。学界普遍建议提高死刑案件的证明标准，〔1〕并和收回死刑复核权、死刑案件强制上诉等制度一起作为从程序上控制死刑的手段。

〔1〕 具体的证明标准，每个学者表述都有细微差异，但总体上可以概括为“确定无疑”的证明标准。相关论述参见黄芳：“论死刑适用的国际标准与国内法的协调”，载《法学评论》2003 年第 6 期；张绍谦：“论我国死刑正当程序的十大缺陷”，载《上海交通大学学报》2005 年第 1 期；杨宇冠：“死刑案件的程序控制若干问题”，载《比较法研究》2006 年第 5 期；刘梅湘：“死刑案件证明标准检讨——以高攀死刑案为范例”，载《人民检察》2006 年第 7 期；张远煌：“我国死刑案件证明标准的反思”，载《政治与法律》2006 年第 6 期等。

在这种提高死刑案件证明标准的普遍呼声中，学者们几乎都将提高死刑案件证明标准的正当性建立在以下基础之上：第一，提高死刑案件证明标准有利于防止误判；第二，提高死刑案件证明标准有利于在立法尚未废除死刑的背景下通过程序控制减少死刑适用；第三，提高死刑证明标准有利于提高刑事司法体制的正当性。正是由于以上三点理由，我国学者普遍认为，通过提高证明标准的方式可以有效地对死刑案件进行程序控制。

尽管学界对提高死刑证明标准有助于实现上述目标已经形成了普遍的共识，笔者仍然对这一结论抱有审慎的怀疑态度。本章将要论证：由于相关配套制度的不协调，学界提高死刑案件证明标准的这几个理由在我国的制度环境下都是不能成立或至少是存在严重缺陷的。这些改革建议如果没有相应的制度支撑而强行移植入我国，不但无助于实现其所期望实现的程序功能，还极有可能产生难以预料的负面效果，从而与人们的改革初衷相去甚远。本章将针对上述死刑案件证明标准功能的传统假设进行逐一的检讨，继而提出从程序上控制死刑的整体思路，最后对当前的司法改革的研究方法进行总结和反思。

二、误区一：提高死刑证明标准能够避免误判

关于提高死刑证明标准是否可以避免误判，笔者的基本判断是：提高死刑证明标准只应被看作对判决质量进行总体控制的一环，其自身并不能有效避免误判，甚至还会带来更多误判的可能。

其根本原因在于：

首先，提高死刑案件证明标准会在避免错误定罪的同时增加错误释放的数量。“误判”本身是一个有着丰富内涵的概念，它不仅包括对无辜者的错误定罪，还包括对有罪者的错误释放。而学界普遍狭隘地理解了“误判”一词的含义，只注意到了较高证明标准对于避免错误定罪的正面作用，却忽略了较高的证明标准同时具有的放纵罪犯的负面后果。学界通说认为，刑事案件的证明标准仅指有罪证明标准，并不存在独立的无罪证明标准，只要没有达到有罪标准的要求，自然就符合了无罪释放的条件，这样的话，有罪和无罪就形成了此消彼长的零和关系。如果有罪证明标准设置得过高，它就会在避免对无辜者误判的基础上增加放纵有罪者的风险。正是由于这一原因，历史上各国都没有对刑事案件科以最高的绝对确定的证明标准，而是在避免误判无辜和避免错放罪犯之间寻找一个恰当的平衡点并据此设计证明标准。因此，片面强调提高死刑证明标准实际上会导致倡导者始料未及的严重后果，改革后的证明标准越高，在保护无辜和保卫社会利益之间的失衡就会越严重。被告人权利的确应当保护，但是这种保护应当在社会安全利益不至受到严重的不合理僭越的前提下实现。但是，片面提高刑事案件的证明标准只会由此失去其在被告人利益和社会利益之间最为重要的平衡功能。

其次，提高死刑案件证明标准会提高总体司法错误率。既然提高死刑案件证明标准会在减少错误定罪的同时增加错误释放的数量，那么论证是否应当提高死刑案件证明标准，就必须对以上两种司法错误进行总体的考量。较高的证明标准只有在符合下述条件时才是正当的：其所减少的错误定罪的数量要大于其所增加的错误无罪宣告的数量。美国学者曾根据现有的定罪率水平，通过假定的形式计算出证明标准提高后的错误比率，最后得出如下结论："如果在某种程度上提高证据的证明标准，……将导致被错误释放的真正罪犯的数量与被错误定罪的无辜者的数量之间的比率增加一倍左右。"〔1〕也就是说，提高死刑案件证明标准将会提高总体司法错误率。

笔者认为，保护无辜和保卫社会是刑事诉讼需要统筹兼顾的同等重要的价值目标，如果说我们的法律制度有时客观上的确保护了有罪者的利益，那也只能看作是在判决前无法准确甄别有罪无罪的一种无奈选择，有罪者所享受的只是保护无辜者的反射性利益而已。刑事司法立足的绝对不是片面地打击犯罪，也不是片面地保护人权，而是"准确地"惩罚犯罪。法律本身绝对不能把保护"罪犯"作为单一目的主动加以追求。正如梅伊诺指出的那样："公正的定罪与公正的宣告无罪共同构成了判决的公正。"〔2〕因此，证明标准的设置应寻找二者之间恰当的比例关系，而不应盲目提高死刑案件证明标准，漠视社会的整体利益。可惜的是，在死刑证明标准的改革问题上，学者却有意无意地放弃了这一基

〔1〕［美］布莱恩·福斯特：《司法错误论——性质、来源和救济》，刘静坤译，中国人民公安大学出版社2007年版。

〔2〕［意］恩里科·菲利：《犯罪社会学》，郭建安译，中国人民公安大学出版社2004年版。

本原理。提高死刑证明标准的主张实际上是一种漠视社会利益的理论诉求，其背后体现了学术研究片面甚至极端强调个人权利，以及以直觉论证假说的倾向，所有这些都让笔者感到了深深的忧虑。

三、误区二：提高死刑证明标准能够减少死刑适用

必须承认，提高证明标准是学界短时间内无法在实体法上减少甚至废除死刑适用的一种替代性努力。强制上诉、三审终审、提高证明标准、收回死刑复核权成了学界这种努力的一种释放口，多少延缓和舒解了对废除死刑的立法和政治压力，因此也获得了立法机关的格外青睐。提高死刑案件证明标准因此被看作通过程序控制实体结果的一种手段。但是这种愿望真的能够实现吗？笔者认为，这一假说至少存在以下不容忽视的问题：在理论上，现有的死刑证明标准已经足以体现慎重性。我国三大诉讼法均规定在证据达到“案件事实清楚，证据确实充分”的标准时才可下判。学理上对这一证明标准的解释是“已有的证据形成证据锁链，得出的结论具有唯一性和排他性”。应该说，这种要求排除其他一切可能性的学理解释已经蕴涵了后来学者提出的确定无疑的含义，如果能够准确地加以贯彻，应该说这一标准已经是很高的证明要求了。而现有证明标准实践状况之所以不甚理想，根源并不在于该标准设置过低，而在于其缺乏明确的可操作手段，从而导致了实践中对同一证明标准的掌握尺度有天壤之别。高标准的证据要求总是被低标准适用，有时这种降格适用甚至被官方明确许可，

司法机关往往通过降低证明要求的方式提高对被告的定罪率。在严打中甚至还出现了所谓的“基本事实清楚，基本证据确实充分”的提法，并将该标准同样适用于死刑案件，明确地将法定的证明标准予以降低。比如，在河北承德陈国清等 4 人被控抢劫杀人一案中，检察机关就曾明确表示，“尽管本案在某些证据上存在一些不足和遗憾，但基本事实清楚，基本证据确实充分”，从而足以认定犯罪的成立。董文栁“毒贩”案一开始也是一个无任何人证（只有被告人口供）、物证、书证和鉴定结论的“四无”冤案，虽然存在重大疑问，可是一审法院还是判决被告有罪并处以死刑。可见，我国司法机关对死刑案件定罪处刑所依据的证据标准明显过低，远远没有达到法定的案件事实清楚，证据确实、充分的证明标准。因此，对于我国而言，减少死刑适用的根本途径恐怕也不在于仅仅在立法上提高所谓的死刑案件证明标准，而在于如何保证贯彻落实既有的证明标准要求。如果现有的高标准都无法加以严格贯彻，即使在纸面上提出更高的证明标准，也必然落得同样的结局。不仅如此，只要我们仍然存在类似的运动式的治理，尤其是对重罪案件的法外控制，证明标准设置得再精妙也只能是一个摆设。〔1〕照此推理，即使我们规定了一个绝对确定的证明标

〔1〕 参见“无人证、无物证、无书证、无鉴定，温州一死刑犯屈坐八年大狱”，载 http://zqb.cyol.com/gb/zqb/content_ 646517.html，最后访问日期：2007 年 7 月 1 日。实际上，美国的排除合理怀疑的证明标准也经历了类似的变化。起初，排除合理怀疑是只适用于死刑案件的证明标准，但在过去的 150 年间，随着它逐步适用于所有刑事案件，其证明要求的严厉程度也逐渐下降，See Steve Sheppard，“The Metamorphoses of Reasonable Doubt：How Changes in the Burden of Proof Have Weakened the Presumption of Innocence”，78 *NOTRE DAME L. REV.* 1165，1170~73（2003）.

准，其实际执行的效果也会从根本上减少死刑的适用。

不仅如此，“排除一切怀疑”的证明标准还可能导致更多的刑讯逼供。美国著名法律史学家兰贝恩教授认为：一旦严格的证明标准开始被立法采纳，一种替代证明机制以保证对被告定罪的刑讯制度就不可避免地产生了。〔1〕例如，在法定证据制度下，证明标准规定得比以往任何历史时期都要严格，可以说，法定证据制度的本质就是严格的证明要求。〔2〕比如，刑事案件的证明标准必须达到清楚明确的高度确定性，死刑案件还必须取得嫌疑人的口供才能判处死刑。起诉方所提供的证据必须“像正午的太阳一样清晰”。但遗憾的是，这种对证明的严格要求在缺乏证人和无法适用传统证明方式的场合，却在客观上刺激了刑讯逼供的兴起，以弥补客观证明的不足。“排除一切怀疑”的证明标准排斥对犯罪主观要件事实的推定，而能够证明被告人主观心理状态的证据只有口供。为了防止无法定罪、放纵犯罪的风险，“排除一切怀疑”的证明机制必然要依靠刑讯逼供制度来弥补客观证明的不足。这种“取法乎上，却得乎其下”的结果使证明标准的改革面临“播种龙种却收获跳蚤”的尴尬局面，甚至会造成更多的冤错案件的发生。

---

〔1〕［美］米尔吉安·R. 达马斯卡：《比较法视野中的证据制度》，吴宏耀、魏晓娜等译，中国人民公安大学出版社2006年版。

〔2〕没有被告人的供述和两个目击证人的证言，是不能对重罪定罪的。如《俄罗斯帝国法规全书》第312条规定，审理强奸案件必须具备以下情况才能定罪量刑：①切实证明确有强暴行为；②证人证明被害人曾呼喊救助；③她的身上或被告人身上，或者两个人身上，显露血迹、青斑或衣服被撕破，能够证明有过抗拒；④立即或在当日报告。

四、误区三：提高死刑证明标准能够提升程序正当性

死刑案件的误判最易引起公众对刑事司法体制正当性的质疑，因此，使死刑程序正当化就是部分学者所持的提高死刑案件证明标准的理论依据。该理论认为，证明标准并不具有现实操作性，再高的证明标准也不能保证其在实践中的准确贯彻和运用，而仅仅是体现司法体制慎重程度的一种外在象征，因此，提高死刑案件证明标准的作用既非防止误判，也非减少死刑适用，它仅仅是一种对公众压力的回应方式，是一种对法律体制的正当化手段。〔1〕正因为如此，不管证明标准在实践中是否能够得到真正完全的贯彻，也不管该标准是否与现有标准有实质性的区别，只要能够在社会公众心中引发正当化效应就可以了。从这个角度而言，证明标准的可操作性问题就显得无甚意义了。证明标准即使真的只是一种乌托邦的建构，对于正当化功能而言也是必不可少的。既然这样，一种绝对确定的证明标准对于死刑案件而言就是适当的，正当化理论似乎可以为提高死刑案件证明标准的努力提供最为坚定的理论支持。〔2〕

---

〔1〕 Charles R. Nesson, "Reasonable Doubt and Permissive Inferences: The Value of Complexity", 92 *HARV. L. REV.* 1187, 1195 (1979).

〔2〕 Carol S. Steiker & Jordan M. Steiker, "Should Abolitionists Support Legislative 'Reform' of the Death Penalty?", 63 *OHIO ST. L. J.* 417, 421~24 (2002); Carol S. Steiker & Jordan M. Steiker, "Sober Second Thoughts: Reflections on Two Decades of Constitutional Regulation of Capital Punishment", 109 *HARV. L. REV.* 355, 371~403 (1995).

但是，这种正当化理论却隐藏着一个十分难以发现的致命缺陷——死刑案件证明标准的提高会在为死刑程序提供正当化机制的同时，显示出非死刑案件程序控制的弱点。死刑案件证明标准提高后，人们会认为：既然存在着更高的证明要求，而普通刑事案件又没有达到这样的证明要求，该判决自然就存在着较大的错误可能。在与死刑案件证明要求的对比当中，普通刑事案件判决的可接受性自然大打折扣。毕竟，如果我们对每一个刑事案件都能尽到百分之百的谨慎和达到百分之百的确信，还谈得上对死刑案件的格外谨慎吗？这种对死刑案件的“更加谨慎”实际上是对“普遍正义”的公然违背。提高死刑案件证明标准会使得公众认为我们对普通案件的谨慎程度和确信程度至少还是存在着可以提高的空间的。从证明标准的法律设置上来看，这种普通刑事案件的错误成本似乎是被我们的制度默认的一种合理成本。而这是无论如何都不能为公众所乐于接受的。

对此，持正当化理论的学者会有两种辩护策略。首先，他们会辩解说，死刑案件证明标准的提高只能为“死刑案件”的正当性提供说明，而无须顾及“所有”刑事案件，其他非死刑案件自然有其他手段提供正当化机制。这种辩解是成立的，但是却有十分重要的条件限定，即该国的刑事司法体制必须已经在总体上为防止各类案件的错误判决进行了尽可能完善的程序设置，普通刑事案件也已根据其牵涉利益的重要程度进行了相应的正当化设计，从而保障了所有类型案件事实认定和法律适用的准确性，因而司法体制不会在死刑案件诉讼程序得到特殊设计的场合出现正当性危机。但是，这一前提在我国却是不成立的。有研究表明，我国的刑事诉讼无论是在犯罪控制还是人权保障上，都有着严重的缺陷，[1]刑事诉讼整体正当性保障体制相当不健全。证人不出庭，控辩不平等，法官庭外调查取证，法院任意变更指控罪名等程序性缺陷在各种案件中都不同程度地存在着。在这种普通刑事案件和死刑案件的诉讼程序正当性水平都很低的背景下单方面提高死刑案件的正当性，自然会加剧与普通刑事案件的对比，从而突显出后者的正当性危机。

另一种辩解可能是，尽管提高死刑案件证明标准可能确实会引起普通刑事案件正当性的下降，但是总体而言，这种下降而带来的损失要小于死刑案件正当性提高所带来的收益。因而从总体上来讲，这仍然是一项可欲的改革措施。但是，笔者认为，事实正好相反，即由普通刑事案件正当性下降而产生的损失要远远大于避免死刑案件错误定罪所产生的正当化收益。在一个特定案件中，由死刑案件错误定罪而产生的危害可能要远远大于在非死刑案件中正当性下降所带来的危害。但是，由于死刑案件相对来说较少，总体来说，由错误的死刑定罪产生的正当性的损害可能的确要比每年不计其数的非死刑案件所产生的正当性损害要小。

显然，总体而言，证明标准的提高其实带来的并非刑事司法体制整体正当性的提高，而仅仅是死刑案件正当性的提高。如果要用正当性理论解释证明标准的提高的话，我们就必须解释清楚为什么我们可以置更多的普通刑事案件于不顾，而仅仅着眼于死

---

〔1〕 劳东燕："刑事司法政治化的背后"，载陈兴良主编：《公法》（第5卷），法律出版社2004年版。

刑案件的正当性。但是目前为止，似乎学界并未对这一问题进行深入的思考，也未对此问题提出令人满意的解答，而只是匆忙得出了应该提高死刑案件证明标准的结论。

问题还远不止于此。如果我们将视线从理论层面上移开，转向实践后果，就会发现，死刑证明标准的提高即使对死刑案件本身也会带来正当性的挑战。死刑证明标准的提高不但不会减少死刑的适用，还会增加死刑的适用，使得更多达不到死刑证明标准的案件被判以死缓，从而使我国刑事司法体制带有更加难以忍受的不正当性。我国法院并非完全纯粹的司法机关，而是带有强烈的政治色彩的机构，也要承担维护社会治安和稳定秩序的职责。相比于其他国家，我国法院更加不愿意承担错误释放带来的巨大舆论压力，所以它们在判决时必须考虑社会利益。而死刑证明标准提高后，法官没有了以往的自由裁量的空间，再加上我国并没有定罪标准和量刑标准的区分，一旦不符合修改后的高定罪标准，被告人就应被宣告无罪，立即释放。而法官根本不愿也不敢承担错误释放带来的巨大风险，其往往在法外寻找途径缓解这一压力。在对证明标准的把握上呈现出了和被告人利益导向的立法标准相背离的一面，“危险性”代替经过证明的犯罪行为成了惩罚的对象，在被告人利益之上强加了社会利益的考量。因此，一些明明不具备定罪条件的案件被告人被判处死缓。这就使得以被告人利益为导向的证明标准设置和以社会利益为导向的证明标准实践出现了严重的悖反，等于在死刑判决上有了两种层次不同的证明标准，从而实质性地将死刑这一单一刑罚变成了“程序法”上的两种刑罚。这样，死缓事实上已然拥有了一种单独的证明标准，但是这种证明标准却游离于法律规定之外，既不同于普通刑事案件适用的一般证明标准，又不同于死刑立即执行案件的证明标准，其本身就是对刑事司法体制正当性的巨大消解。

五、死刑案件程序控制的整体思路

行文至此，读者似乎认为，笔者对提高死刑案件证明标准持一种反对的立场。其实不然，笔者认为：提高死刑证明标准不但是必须的，也是可行的，但是这一改革必须结合死刑案件的诉讼程序加以整体设计，从而使由于死刑证明标准的提高而给刑事司法体制和社会带来的负面后果降到最低。笔者认为，这些措施具体包括如下几个方面：

（一）减少误判的具体做法及理由

正如著名学者大卫·弗里德曼所言："提高证据标准将减少无辜被告被定罪的可能性，但是也会提高错放罪犯的可能性。这样做是否值得取决于这两种错误的相对成本。"[1]因此，提高死刑证明标准的程序功能不应仅仅定位为减少无辜者被定罪的可能性，而应是合理地调整错误定罪和错误释放的比例关系。[2]改

---

〔1〕［美］大卫·弗里德曼：《经济学语境下的法律规则》，杨欣欣译，法律出版社2004年版。

〔2〕美国学者早在20世纪80年代就注意到了这一十分重要的理论问题，并著有大量的理论文献，感兴趣的读者可参见 Patricia G. Milanich, "Decision Theory and Standards of Proof", 5*Law and Human Behavior* (1981).

革后的证明标准应致力于平衡两种错误产生的实际损害。那么，我们究竟如何才能防止较高证明标准对避免错误释放所带来的负面影响呢?

笔者认为，应当将审判分为定罪和量刑两个相对独立的阶段，并将证明标准区分为定罪标准和量刑标准。在这一前提下，我们可以保留定罪阶段的现有证明标准不变，从而减少错误释放的风险；而将量刑阶段对法定加重情节的证明标准提高为和定罪标准相等的程度（而不能高于定罪标准——理由另文阐述），通过增加证明的难度从而实质性地减少死刑量刑的适用。这样做的好处有三：一是可以避免对无辜被告判处死刑，即使其由于相对较低的定罪标准被错误定罪，由于较高量刑证明标准的存在，也不至于被轻易地判处和执行极刑，从而可以在监禁刑的执行过程中通过各种制度途径推翻错判；二是可以通过量刑证明标准的提高防止罪不至死的被告被轻易地判处并执行死刑，从而防止单纯提高证明标准后放纵本该承担其他刑事责任的罪犯，有效解决提高证明标准后在避免错误定罪和避免错误释放之间的两难问题；三是由于在定罪阶段保留了现有的证明标准，最大限度地防止了提高证明标准后放纵罪犯的后果发生。

（二）减少死刑适用的根本途径及理由

证明标准的实施其实存在着双重的不确定性，一层不确定性是在个体判断的层次上，另一层则在合议的审判集体之中。个体心中的确信程度是任何诉讼制度都无法加以保障的，这是一种无法克服的缺憾。但是，通过要求一致裁断（或者复杂多数）的表决规则起码可以让我们在制度层面上消解集体层面上的不确定性。因为，只要有一名裁判者持有异议，就表明对被告的罪行存在着没有排除的合理怀疑，因此有罪裁决就不能成立。这种强调一致裁断的表决规则对于克服证明标准所固有的模糊性起到了极大的作用，最大限度地减少了证明标准降格适用和模糊适用的危险。[1]这样，一致裁断（或复杂多数）的表决规则不仅为证明标准提供了一种外部的判断标准和依据，还因为达到一致裁断（或复杂多数）的难度远比我国目前适用的简单多数表决规则要高，而使切实贯彻落实这一表决规则的结果必然会实质性地降低死刑的适用率。

目前我国的立法并未充分认识到表决规则的诉讼功能，仅仅在立法中规定了简单的少数服从多数原则并适用于所有的表决对象，而没有将其与证明标准的可操作性结合在一起加以研究和设计。在某个法官甚至几个法官都对定罪存在疑问时，往往由于一票的差别就会影响整个案件处理的结果，由一名法官的意见的摇摆和投票的去向来决定是否对一个涉案公民剥夺生命的刑罚是不具有多少正当性的。[2]因此，在定罪与量刑程序相分离的背景

---

〔1〕 实际上，英美等国历史上一直适用一致裁断作为刑事案件证明标准的保障手段，即使在该规则日益松动的今天，在死刑案件的表决中仍然保留了一致裁断的要求。

〔2〕 尽管有人会反驳说死刑案件都会上交审判委员会讨论决定，因此合议庭实行什么样的表决规则对死刑案件的判决结果并无实质影响，但是笔者并不同意这种观点：尽管死刑案件最终要上交审判委员会讨论决定，但是在实践中，审判委员会委员非常看重合议庭对此案的倾向性意见，大多数审判委员会委员在对案情定性等专业问题上把握不准的时候，往往会不自觉地根据合议庭占主导地位的意见做出表态。此外，合议庭的表决结果还会通过汇报技巧等方式影响到审判委员会的表决结果。

下，我们可以根据死刑案件定罪阶段的证明标准将其表决规则设定为复杂多数裁断，而将量刑阶段的表决规则设定为一致裁断，以求真正达到控制死刑适用的目的。在尚未实现定罪与量刑程序分离的前提下，则应该将死刑案件的表决规则确定为一致裁断，或者至少是绝对多数的裁断原则，以体现对死刑的谨慎态度。

（三）提高死刑案件及刑事诉讼正当性的方法及理由

如上文所述，既然死刑案件诉讼程序的正当化会因为普通刑事案件诉讼程序正当性的欠缺而带来刑事司法体制整体性的危机，而死刑案件又相对较少，刑事诉讼整体的正当性是下降而非提升的。因此，解决这一问题的办法就应当是在普通刑事案件的正当性得到最低限度保障的前提下，对刑事案件正当性保障进行整体提升，以避免低水平的均衡，然后在此前提下再进一步提高和完善死刑案件的程序保障措施。只有这样，我们才能在不损害普通案件正当性的基础上提高死刑案件的正当性，从而真正提升刑事诉讼“整体”的正当性。为了达到这一程序目的，我们必须对刑事诉讼进行实质性的修改，以更多地体现程序正义的要求，增强刑事诉讼整体的正当性。具体而言，这些正当化的措施包括：第一，设置严格的证据能力规则，限制定罪环节证据信息的范围，尤其注意不能将酌定情节的量刑证据提前在法庭上出示，这就要求我们建立起相对独立的量刑程序；第二，建立传闻证据规则，剥夺笔录证据的证据资格，建立起证人出庭作证的程序机制；第三，在法律中明确规定对印证和补强证据的要求，从而防止实践中对法定证明标准的降格适用等等。

此外，在实践中，死缓并不像理论上所说的那样是一种针对量刑情节的减轻处罚手段，而是对定罪存在疑问时的降格处理，是在对被告有罪与否无法确定情况下的一种弥补手段和“退场”方式，严重违背了立法中明确规定的所有刑事案件都适用的“案件事实清楚，证据确实充分”的统一证明标准。但由于我们只能假设有罪和无罪的被告在所有死刑案件中是正态分布的，这种本意是防止有罪者逍遥法外的做法实际上也使得很多无辜者受到冤枉。我们认为，在定罪与量刑程序分离的前提下，死缓这类留有余地的判决只能在定罪阶段严格贯彻确定无疑的证明标准前提下才可适用。而在定罪和量刑程序不分离的背景下，死缓案件必须达到和死刑立即执行案件一样的证明标准，而绝对不能在达不到定罪要求的情况下随意定罪。只有这样设计证明标准，才能防止死缓制度在顾及被告人利益的同时损害刑事司法体制的正当性。

第六章

留有余地裁判方式之异化

2005年以来，中国刑事司法面临着越来越多的正当性问题的苛责。佘祥林案、赵作海案等一系列刑事误判案件的曝光，使人们开始系统地反思造成这些冤假错案的制度性原因。其中，在死刑裁判中被法官广为采用的“留有余地的裁判方式”开始引起学界的广泛关注。广义的留有余地式的裁判方式有两种典型模式：罪名存疑时的留有余地以及量刑证据存疑时的留有余地。这两种裁判方式最终有利于被告人，因而没有任何问题。但是，如果在定罪证据不足的情况下，为了照顾其他机关的利益或由于法外压力改判死缓而非无罪释放，则严重违背了无罪推定原则，混淆了疑罪从无和罪疑唯轻这两种裁判原则适用的空间，属于留有余地裁判方式的异化。这种异化在理论界和审判实务界得到了两种截然不同的评价：学界普遍认为，这是对无罪推定原则的彻底破坏，它尽管可能避免错杀，但更可能导致冤案，是法院对司法现实无原则妥协的结果，因而应当予以彻底废除；但众多的刑事法官对这种异化的裁判方式却普遍持一种默认甚至麻木的态度，有的法官甚至认为，法院能够在政法体制的巨大压力之下坚持不判死刑，这是在中国政法体制下法院所能选择的最好的裁判结局，可以为日后可能的申诉平反创造可能。〔1〕

本章将首先结合死刑案件的递进式判断分析不同环节留有余地的裁判逻辑；其次，将梳理留有余地裁判方式发生异化的实体法和程序法的制度原因；最后，本章拟提出解决这种异化的方法——建立双层次的证明标准体系并为死刑案件设置完全独立的量刑程序，严格区分定罪疑点和量刑疑点的不同解决方案。

一、死刑的递进式判断与留有余地

在裁判一起死刑案件的时候，我们依次要经过如下几个阶段的判断：第一，被告人是否实施了犯罪行为？第二，被告人是否构成被指控的死刑罪名？第三，被告人是否具有从重情节，是否罪行极其严重，以致必须立即执行死刑？如果用更为精练的语言概括，也就是被告人的行为要先后经过“犯罪圈”“死罪圈”“死刑圈”的三重审查，最后才构成死刑认定和判罚的一个完整过程。〔2〕

---

〔1〕 陈瑞华：“留有余地的判决——一种值得反思的司法裁判方式”，载《法学论坛》2010年第4期。

〔2〕 参见白建军：“死刑适用实证研究”，载《中国社会科学》2006年第5期。

在任何一个环节的检验不合格，都将带来死刑适用的中断，从而无法适用死刑立即执行这一刑罚。

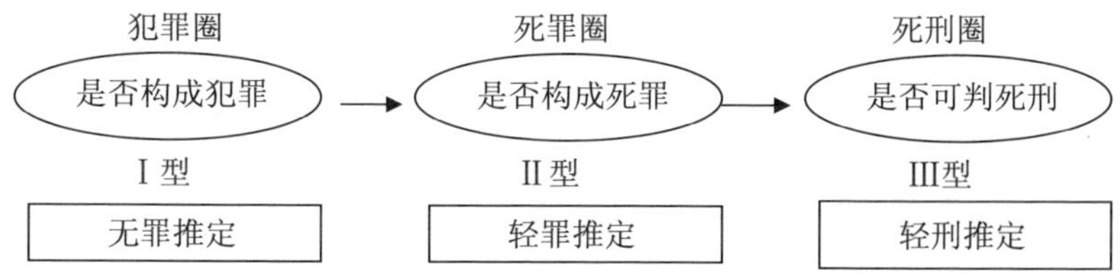

根据上图，在任何一个阶段都可能发生留有余地的裁判。第一种发生在犯罪圈环节，是“定罪环节的留有余地”（I 型）。具体而言，这种留有余地是指在定罪证据不足，无法确认被告人是否实施了犯罪行为的情况下，就直接认定其构成犯罪，并直接进入量刑环节，对其采取较轻刑罚的裁判方式。佘祥林案、赵作海案都是在定罪证据不足时被分别判处 15 年有期徒刑和无期徒刑的。

第二种发生在死罪圈环节，是“罪名选择上的留有余地”（II 型）。这种留有余地是指控方定罪证据确实充分，可以确认被告人实施了犯罪行为，但其是否构成被指控的死刑罪名，尚缺乏充分证据证明，因而选择较轻罪名加以认定的裁判方式。比如，已经可以肯定被告人至少实施了杀害被害人的行为，但究竟是故意杀人还是过失致人死亡，关于被告人主观心态的证明一直缺乏关键证据。在这种证据不足的条件下，难以认定其构成死罪，而只能认定其构成过失致人死亡罪这一较轻的罪名，从而使裁判者降格处罚。

第三种情形发生在死刑圈环节，是“量刑环节上的留有余地”（Ⅲ 型）。这种裁判方式是指控方有足够的证据证明被告人的确实施了犯罪行为，而且构成可判死刑的罪名，但是否罪行极其严重，需要判处死刑立即执行，尚需一些重要的量刑情节予以佐证，但由于同案犯尚未归案，或者重要证据无法收集或遗失，导致法定从重处罚情节无法得到充分的证明，从而认定被告人成立该死刑罪名，却不判处其死刑立即执行的裁判方式。

众所周知，在进入犯罪圈之前，发挥作用的是无罪推定原则，适用的是疑罪从无原则。而进入犯罪圈被确认有罪之后，无罪推定的前提已经不复存在，发挥作用的是刑疑唯轻原则。最为典型的例证是：在某山区，猎人甲与猎人乙几乎同时射击巡山员丙，但甲、乙事先互不知道对方开枪之情事。其中一弹射入丙之心脏，另一弹打中丙之头部，依事后之鉴定，两弹各别皆足以立即致丙于死，但却无法分辨究竟何弹先中，何弹后中，问法院能否据以判处甲、乙杀人既遂罪名？〔1〕对于此案，根据刑法，杀人行为与死亡结果之间只要存在因果关系即可下判。但在程序法上，根据证据裁判原则，无法证明甲和乙的行为与丙死亡结果之间是否具有因果关系，鉴定报告无法确定究竟是谁的子弹先打死了丙，因此自然无法建立起这种因果关系，故而无法认定甲或乙承担既遂责任。因此，只能根据罪疑唯轻原则做有利于被告人的认定，判处其杀人未遂罪。这种留有余地的判决才是正当的、可

〔1〕 林钰雄：《严格证明与刑事证据》，法律出版社 2008 年版，第 126 页。

以接受的。

很多论者认为最高人民法院认可了留有余地的裁判方式。这种概括是不准确的，实际上，最高人民法院在官方文件中只是承认了罪名选择上的留有余地和量刑环节的留有余地，而对定罪环节的留有余地一直持坚决的否定立场。2007 年 3 月，最高人民法院、最高人民检察院、公安部、司法部联合印发的《关于进一步严格依法办案确保办理死刑案件质量的意见》就明确指出："定罪的证据确实，但影响量刑的证据存有疑点，处刑时应当留有余地。"最高人民法院前任院长肖扬也曾指出：案件审理"必须始终贯穿证据裁判这条线。要做到事实清楚，证据确实、充分。如果定罪的关键证据存在疑问，不能排除合理怀疑的，应当作出证据不足、指控的犯罪不能成立的无罪判决；如果定罪证据达到了确实、充分的裁判标准，但影响量刑的事实、证据存在疑问的，则应当留有余地，尤其是死刑案件，必须做到杀者不疑，疑者不杀"。2013 年 10 月，最高人民法院颁布了《关于建立健全防范刑事冤假错案工作机制的意见》，其中第 6 条就区分了这两种留有余地的裁判方式："定罪证据不足的案件，应当坚持疑罪从无原则，依法宣告被告人无罪，不得降格作出留有余地的判决。定罪证据确实、充分，但影响量刑的证据存疑的，应当在量刑时作出有利于被告人的处理。死刑案件，认定对被告人适用死刑的事实证据不足的，不得判处死刑。"

显然，至少在我国最高裁判机构看来，留有余地的裁判方式也应当严格限制在后两个领域。[1]定罪环节的留有余地属于留有余地裁判方式的异化，不具有正当性，理由如下：第一，在定罪证明不足时作出留有余地的判决违背了定罪量刑的逻辑顺序。众所周知，刑罚的启动包括定罪和量刑两个环节，相应地，证明对象也就包括定罪事实和量刑事实两个方面。只有在定罪事实查明无误的情况下才会启动量刑情节的查明，前者是后者的前提；如果定罪事实都无法确定，量刑事实也就失去了存在的意义。而在定罪证据不足时从轻处理实际上颠倒了这一逻辑顺序，将第一个阶段（定罪）有和无的问题转化成了第二个阶段（量刑）多和少的问题，严重违背了刑事司法的逻辑。第二，与程序性制裁的从轻量刑不同的是，前者是在犯罪证明达到证明标准之后的处理，是对控方非法行为的一种制裁手段，是由高到低的减刑，容易得到公众甚至是被告本人的理解；而第二种则是在控方未能履行责任的情况下，由低（无）到高的一种加刑，是对控方的无故加赏，必将实质性地降低控方的举证动机，并将证明疑点的利益统统分配给控诉方。这不但是对无罪原则的巨大破坏，也是对诉讼基本结构和利益分配的严重背离，因而不具有合理性。易言之，此阶

---

[1] 值得注意的是，著名学者陈瑞华教授在谈到留有余地判决的时候，也将其限定在第二种情形上：“留有余地这种书本上的‘留有余地’，大体包含着三个方面的要素：一是在定罪问题上没有形成‘疑案’，案件定罪事实清楚、定罪证据确实、充分，达到了法定的证明标准；二是案件在是否应当判处死刑问题上尚未达到法定的证明标准，或者影响量刑的证据存有疑点；三是宣告有罪，但量刑从轻处罚，也就是不判处死刑立即执行，而改判死缓，或者其他更为轻缓的自由刑。”陈瑞华：“留有余地的判决——一种值得反思的裁判方式”，载《法学论坛》2010 年第 4 期。

段应适用无罪推定原则，在证据不足时应坚持疑罪从无原则，而不得作出留有余地的裁判。

二、留有余地裁判模式的异化及成因

尽管官方立场一直非常鲜明，学界态度也十分坚决，但实践中法官裁判案件时仍会大量适用第一种类型的留有余地，即在定罪证据不足时对被告人从轻量刑，而非无罪释放。为什么在理论上如此清晰的问题一旦落实到实践层面就会出现异化？既然疑罪从无原则如此难以贯彻，我们是否有更为务实的做法，可以保障在做出留有余地判决的同时不会冤枉无辜？

笔者认为，实践中之所以出现大量定罪阶段就做出留有余地判决的异化现象，其根本原因在于刑法与刑事诉讼法的立法设置问题。

首先，刑事立法的细密化趋势带来定罪难度的增大，各种法外因素的压力导致留有余地裁判模式的异化。由于刑法罪刑法定原则和保障人权机能的加强，在立法上呈现出日益严密的趋势。但是，刑法上的每一次细致化的努力都导致证明困难的加大，从而严重影响了检察机关打击犯罪的效能。在这一背景下，一旦严格按照法定证明标准裁判案件，大量案件都将面临证据不足的尴尬境地。而如果法官一味选择无罪释放，必然带来放纵犯罪的巨大隐患。以毒品犯罪为例，由于毒品犯罪处刑极高，为了控制国家刑罚权的滥用，并体现刑法主客观相统一的原则，刑法为毒品犯罪设置了大量主观要件——要求犯罪嫌疑人、被告人必须明知是毒品而实施该犯罪行为。但是，这一初衷是保护被追诉人的立法规定却给控方带来了极大的证明困境。不仅仅是毒品犯罪，现代刑法均以过错责任为主要责任形式，而很少规定严格责任。以我国《刑法》为例，在17种典型的法定目的犯中，没有一种目的犯的目的属于刑罚加减事由，而全为主观构成要件。被告人的主观心理状态因此成为绝大部分案件中的证明对象，[1]而主观要素的内在性和隐蔽性决定了对其的证明必然是十分困难的。[2]更何况，有些犯罪的主观构成要件并不要求存在相对应的客观事实，比如目的犯中的目的，并不需要客观上实现其目的。对于这种犯罪，即使是根据基础事实进行推定也变得困难重重，而如果一味排斥情理推断，则根本无法实现定罪任务。[3]只要犯罪嫌疑人、被告人拒不供认，控方几乎就没有任何办法完成所有构成要件的证明，从而要么选择终结诉讼程序，要么选择给法院施加压力，在证据不足的情况下勉强定罪。[4]作为法官，面对一些外部证据

---

〔1〕 付立庆：《主观违法要素理论》，中国人民大学出版社2008年版，第200页。

〔2〕 在美国，刑法禁止将近7000种行为，如果对每种行为实施者当时的形态加以分别规定并要求证明，也将是不切实际且代价高昂的。参见李立丰：《美国刑法犯意研究》，中国政法大学出版社2009年版，第229页。

〔3〕 张明楷：《诈骗罪与金融诈骗罪研究》，清华大学出版社2006年版，第263页。

〔4〕 褚福民："证明困难的解决模式——以毒品犯罪明知为例的分析"，载《当代法学》2010年第2期。另可参见沈丙友："诉讼证明的困境与金融诈骗罪之重构"，载《法学研究》2003年第3期；付立庆：《主观违法要素理论》，中国人民大学出版社2008年版。

十分充分，只是因为没有拿到口供从而无法判断其主观心态的案件，直接作出无罪判决显然也不可取。一方面心里断定其实施了犯罪“行为”，另一方面又无法在法律上确认其实施了“犯罪”行为，因而往往选择从轻量刑的做法来缓解定罪证据不充分而带来的心理焦灼。另外，一旦被害人家属或社会舆论对法院施加压力，这种无罪判决就更加难以作出。〔1〕

其次，刑事诉讼法规定的定罪与量刑程序合二为一的审理程序，决定了定罪证据和量刑证据必然交互适用，法官难以单独对量刑证明标准作出评价，从而导致留有余地裁判模式的异化。与英美法系不同的是，我国实行的是定罪与量刑程序合二为一的审理模式，即便在最高人民法院所推动的量刑程序改革中，所谓的量刑程序也只是“相对独立”于定罪程序，先由法庭进行定罪调查，再进行量刑调查，然后进行定罪辩论，最后进行量刑辩论。这种定罪量刑程序犬牙交错的制度设置，必然导致定罪证据和量刑证据交叉举证和交叉质证；再加上有些证据本身兼具定罪证据和量刑证据两种属性，要想将其截然分开加以不同证明标准的评价，几乎是一件不可能的事情。因而，有学者对那种先考虑定罪证据是否达到证明标准，然后审查量刑证据是否达到适用死刑的

---

〔1〕 在佘祥林案件被证明属于误判案件之后，湖北省高级人民法院新闻发言人曾向社会公开声称：“省高院二审期间，承受了来自外界的巨大压力，‘死者’的亲属上访并组织220名群众签名上书，要求对杀人犯佘祥林从速处决。省高院不为‘民愤’所左右，于1995年1月10日作出（1995）鄂刑一终字第20号刑事裁定，坚决撤销一审判决，将该案发回重审，避免了冤杀无辜，维护了司法审判的独立性和法律的严肃性。”雷宇等：“湖北高院严把死刑复核关 佘祥林没被错杀成典型”，载《楚天金报》2005年4月1日。

程度的做法的可操作性，就提出了强烈的质疑。该学者甚至明确指出："那些将定罪权与量刑权集于一身的合议庭，在定罪时不可能不考虑量刑证据的情况，而在量刑时也不可能不考虑定罪证据的情况。这种将定罪证据与量刑证据交互适用的情况，可能在大多数案件中都是存在的。正因为如此，强调量刑证据存在疑问时可以慎用死刑，势必在实践中走向在定罪证据存在疑问时也可以留有余地。"〔1〕这样，一个没有达到定罪证明标准的案件，可以不经过第一道关口的检验直接进入量刑情节的证明，法官可以堂而皇之地运用量刑上的折扣来抵销其对定罪不确定性的恐惧，这种定罪疑点用量刑解决的实践做法就是定罪和量刑程序没有完全独立的恶果之一。

三、留有余地裁判方式异化之消解

如何解决留有余地裁判模式异化的问题？学界曾经有过各种不同层面的思考。本章立论的基点在于：如何在首先承认外部司法环境和法院承受的政治压力的这一现实前提之下，在法律层面尤其是立法层面缓解这一异化问题。

首先，在刑法上，应采纳双层次犯罪论体系，将构成要件区分为罪体和罪责两个部分，并对其适用不同的证明要求，只有在罪体达到排除一切怀疑的程度而对罪责有疑问时，才可以适用留

〔1〕 陈瑞华："留有余地的判决——一种值得反思的司法裁判方式"，载《法学论坛》2010年第4期。

有余地的判决，从而在打击犯罪和保障人权之间取得平衡。如上文所述，控方之所以出现证明困难，很大程度上是因为法律对所有犯罪构成要件科加了同等程度的证明要求。而事实上，构成要件分为客观行为层面和主观心理层面，两者在可证明性上存在着天然的区别。前者在外部世界留下的证据线索相对较多，收集证据一般难度较小，也很容易达到法定证明标准。后者主要是指被告人的主观心理状态，它往往只存在于当事人的内心世界，除非刑讯逼供，否则很难获取，即使获取，也难以找到其他证据相互印证。我们可以将前者称为罪体，后者称为罪责。所谓罪体，大体上对应于犯罪构成的客观方面，主要包括两个要素：被告人与犯罪人是否具有同一性，以及犯罪行为和犯罪结果事实。所谓罪责，大体上对应于犯罪构成的主观方面，主要包括以下几个方面的内容：故意、过失、明知要素、目的要素等等。笔者认为，在死刑案件中，罪体部分的证明至关重要，如果这一部分不能成立，则该行为根本无法进入犯罪圈，应该彻底宣告无罪，而绝对不能留有余地，否则极易造成冤假错案。〔1〕但罪责部分如果无法确定，则可能仅仅是无法进入死罪圈，因此对其定罪并在量刑上予以一定程度的减轻是可以接受的。正因为这样的逻辑，笔者主张，应该针对不同的犯罪构成要件建立层次性的证明标准体系，以实质性地缓解控方证明压力。具体设想是：在死刑案件中，罪体部分的证明必须达到法定最高证明要求，在这一环节严格贯彻无罪

〔1〕 比如，无确切证据证明被告人就是犯罪人，或者犯罪行为是否发生仍然存疑，则绝对不能判决被告人有罪。

推定原则，以防止冤枉无辜的悲剧发生。但是，罪责部分的证明则可以降低证明要求，控方只需要达到优势证据的程度，即完成证明任务，而将证明责任转嫁给被告方。如果在罪责认定上存在疑问，法官可以谨慎作出留有余地的判决。〔1〕将留有余地的判决严格限定在罪责认定上存疑的案件之中，一方面结合我国司法制度对证据理论作出了适度的变通，另一方面又守住了不冤枉无辜的法治底线。〔2〕事实上，早在2002年，陈光中先生在一篇文章中就曾提出过构建层次性证明标准的设想。按照他的思路，死刑案件并不要求所有要件都证明到确实充分的地步，但对案件主要事实（大体相当于我们所说之罪体）的证明必须达到排除一切怀疑的程度。〔3〕

其次，在诉讼程序的设计上，应为死刑案件设置完全独立的量刑程序，并区分为加重情节的量刑审理程序和量刑情节综合评价的量刑审理程序，严格区分定罪疑点和量刑疑点的不同解决方案，不得混淆两种留有余地的判决。在定罪和量刑程序合二为一

---

〔1〕之所以说应谨慎判决，是因为有些罪责因素对定罪影响重大，比如有些犯罪如果不能证明是故意，就无法进入犯罪圈。这是一个非常复杂的问题，需要另文详细阐述。

〔2〕应该说，这一做法在诉讼理论上是能够找到支撑的。以口供补强规则为例。证据理论认为，只有被告人供述，没有其他证据相互印证的，不能作为定案的根据。这等于确定了口供补强规则，而对于需要补强的口供范围，理论界普遍采纳了罪体说而非实质说，即需要补强的仅仅限于口供中有关罪体的部分（犯罪行为事实、被告人与犯罪人是否具有同一性），而不应该对全部犯罪构成要件事实均予以补强。这就等于承认了犯罪构成要件事实中证明要求的层次性。参见党建军、杨立新："死刑案件适用补强证据规则若干理论问题研究"，载《政法论坛》2011年第5期。

〔3〕陈光中："构建层次性的刑事证明标准"，载《诉讼法论丛》（第7卷），法律出版社2002年版。

的情况下，量刑信息也必须在定罪裁决之前提交法庭。这就必然导致法官的先入为主，在目前判决文书并不说理的情况下，更会增加裁判者量刑信息作为定罪根据的概率，从而在定罪根据不足的情况下草率下判，降低了证明标准。因此，应当将定罪与量刑程序予以分离，将量刑信息与定罪根据隔绝开来，保障定罪信息的纯化。实际上，定罪程序的自治是程序自治的关键和核心，只有定罪过程实现了自治，程序正义才有可能摆脱实质正义，实现真正的自治。在死刑案件中，这一危害尤甚。因此，在死刑案件中构建一套独立的量刑程序，并为死刑案件的量刑证明标准的运作提供一个独立的制度空间就显得尤为重要。不仅如此，在死刑案件的量刑程序中还应进一步区分加重情节的量刑审理程序和量刑情节综合评价的量刑审理程序。之所以如此规定，是因为加重情节具有和定罪情节同样的性质。对那些会加重被告刑罚，尤其是剥夺被告生命权的死刑加重情节的证明则仍然应当严格按照定罪阶段的要求进行。在此阶段，只允许就法定加重情节展开法庭调查和辩论，而不允许提出减轻刑罚事由，属于单纯的事实判断而无须进行价值与政策的衡量，因此必须由公诉方以排除合理怀疑的方式承担证明责任。[1]而在之后的综合评价的量刑审理程序之中，则采取自由证明的方式，适用较低的证明标准。这一两分

---

〔1〕 美国联邦最高法院1976年在Gregg v. Georgia案中确立了死刑案件的两步式审理结构（The Bifurcated Trial），将死刑案件量刑程序进一步划分为适格判断和选择判断两个阶段。该案判决认为，在一个单一的审判程序中陪审团量刑会产生很多问题，主要是与量刑有关的许多信息与定罪都没有关系，或者会对定罪产生强有力的偏见。

式的量刑程序用一句形象的话加以概括，死刑案件的定罪阶段相当于判断罪行符合进入犯罪圈和死罪圈的标准；而加重情节的量刑审理阶段则相当于判断罪行是否符合进入死刑圈的标准；最后的综合评价的量刑审理阶段则相当于判断罪行是否符合进入死缓圈的标准。通过犯罪圈、死罪圈、死刑圈和死缓圈这几个层次的层层过滤，将死刑控制在最小范围之内。一旦死刑案件审理程序得以如此构建，在定罪阶段就无法接触量刑信息。由于定罪是一个独立的审理阶段，必须先给出定罪结论才能进入量刑环节。因此，定罪如果存在疑点就无法进入量刑审理程序，从而必须在有罪和无罪之间做出充分的说理和选择，避免用量刑折扣掩盖定罪疑点的留有余地的裁判方式的异化。同样，在加重情节的量刑审理环节也无法接触任何从轻减轻情节，只要加重情节的证明存在任何疑点，就不得进入综合评价的量刑审理程序，而必须根据轻刑推定或者非死刑推定的原则从轻或者减轻处罚，做出留有余地的判决。我们认为，只有死刑审理程序得以如此构建，才能将留有余地的判决限制在加重情节的量刑审理阶段，而这种留有余地的判决才是我们所主张和可接受的裁判方式。

被害人权利理论

第七章

被害人权利与刑事诉讼模式

——以肯特·罗奇教授模式理论为中心

作为一门在传统上以技术性为主要特征的学科门类，模式学说的出现使得刑事诉讼法学首次呈现出理论法学的品质，然而，此项研究近年来却有停顿不前的迹象。学界所普遍谈论和使用的仍然是美国20世纪六七十年代盛行的模式理论，其中尤以哈伯特·L. 帕克（Herbert L. Packer）提出的犯罪控制和正当程序模式理论影响最大，“尽管也有许多学者曾试图取代或是修正他的学说，但仍无人能够提出像他那样成功而具有生命力的模式理论。当然，在对其学说进行重构方面批评者们却颇有建树”。[1]比如，约

〔1〕 See Andrew Sanders & Richard Young, *Criminal Justice*, Oxford University Press, 1994, p. 3; Abraham Goldstein, “Reflections on Two Models: Inquisitorial Themes in American Criminal Procedure”, 26 *Stan. L. Rev.* 1009 (1974). See generally Peter Arnella, “Rethinking the Functions of Criminal Procedure: The Warren and Burger Courts' Competing Ideologies”, 72 *Geo. L. J.* 185 (1983); Mirjan Damaska, “Evidentiary Barriers to Conviction and Two Models of Criminal Procedure: A Comparative Study”, 121*U. Pa. L.*

翰·格里菲斯（John Griffiths）教授认为，帕克模式只关注到了国家与被告人争斗的一面，而忘记了其间接抚慰性和教育性的一面，因而提出了“争斗模式”和“家庭模式”的修正。国内著名学者陈瑞华教授则认为，帕克模式仅仅着眼于国家与被告人对抗的一面，而忽略了逐渐兴起的恢复性司法等制度中合作的一面，因而提出了“对抗模式”与“合作模式”的划分。〔1〕这些研究无疑作出了重大的理论创新和突破，但平心而论，新的模式理论都只不过是对帕克理论或简单或复杂的修正而已。近年来西方模式理论最新的研究进展有意无意地被国内学者普遍忽视。笔者不禁要问，造成这一现象的原因何在？究竟是这些模式理论具有了终极的真理性而成为一种“终结的理论形态”，还是因为它们已经足以解释和引导既存的诉讼制度而没有新的理论探寻的必要？加拿大著名刑事法学者肯特·罗奇（Kent Roach）教授在美国《刑事法与犯罪学杂志》上发表了一篇题为“刑事诉讼的四个模式”的文章，提出了关于被害人权利的两种新的模式理论，被认为是西方刑事诉讼模式理论的最新进展。〔2〕本章拟对该学说进行简要的述评，以期推动我国学界对诉讼模式理论的研究。

（接上页）*Rev.* 506（1973）；Malcolm Feeley，“Two Models of the Criminal Process：An Organizational Perspective”，7 *L. & Soc'y Rev.* 407（1973），Doreen McBarnet，*Conviction：Law，the State and the Construction of Justice*，Palgrave MacMillan，1981.

〔1〕 陈瑞华：《刑事诉讼的中国模式》，法律出版社 2008 年版，第 35 页。

〔2〕 See Kent Roach，“Four Models of Criminal Procedure”，*Journal of Criminal Law & Criminology*，Vol. 89，2（1999）. 该文中文译本请参见陈兴良主编：《刑事法评论》（第 23 卷），北京大学出版社 2008 年版，第 232~261 页。

一、帕克模式理论的局限性

20 世纪 60 年代，由首席大法官艾尔·沃伦（Earl Warren）领导的正当程序革命使得美国整个刑事诉讼的理论和实践呈现出一派自由主义的面貌，与宪法紧密相连的“正当程序”概念成为当时使用频率最高的专门术语。正是在这样一个背景之下，帕克于 1964 年出版了《刑事制裁的限度》一书，并首次提出了犯罪控制和正当程序这一刑事诉讼模式理论。[1]该理论一经提出，立即因为其强大的解释力而成为该领域的主流学说，此后有关刑事司法的诸多研究都受到了该模式理论的影响。但是，以今天的眼光来看，帕克的模式理论显然已经不能很好地概括当下刑事司法体制的最新发展和可能趋势，因而受到了越来越多的理论挑战。按照罗奇教授的分析，帕克模式学说存在着两大不容忽视的局限性：

首先，帕克模式理论以国家和被告人的利益对抗为理论前提，而忽视了被害人这一程序主体的存在。正如格里菲斯教授指出的那样，帕克模式理论本质上是以国家和被告人利益对抗为前提的“斗争模式”，无论是“犯罪控制”还是“正当程序”，其实都不过是同一诉讼模式中的两个侧面而已。这一点，就连帕克本人也

〔1〕 Herbert L. Packer, “Two Models of the Criminal Process”, *University of Pennsylvania Law Review*, Vol. 113, 1 (1964). 应该注意到帕克提出该模式理论的时代背景，正是犯罪控制与正当程序两种思想对比中最为强烈的环境。因此，帕克将刑事诉讼概括为两种极端模式之对立的做法就可以理解了。

并不否认。正是这种强调二元对抗的诉讼理念将被害人这一重要的诉讼主体排斥在模式理论之外，造成了其解释力的缺乏，主要表现在以下两个方面：第一，犯罪控制模式对被害人的忽视。犯罪控制模式视国家为最大的被害人，强调通过对已然犯罪的制裁，达到维护国家整体秩序与安全的目的。而被害人尽管在追求对被告人进行惩罚这一框架内与国家利益大体一致，但被害人的个体利益诉求往往被国家安全和秩序利益所压制，难以得到有效的表达，而处于被忽视和贬低的境地。该模式往往注重判处被告人向国家支付的罚金，而并不强调对被害人的赔偿责任，也不关注被害人在犯罪中受到伤害的补偿和慰藉。不仅如此，由于司法资源有限等原因而处于犯罪控制核心地位的辩诉交易程序也从根本上无视被害人的存在。在这样一个关系到被害人切身利益的处理程序中，只要检察官和被告方达成协议，就可以违背被害人意志终结案件，被害人从一个事实上的当事人沦为了事实上的旁观者，在诉讼程序中再次“受害”。第二，正当程序模式对被害人的忽视。在帕克提出模式理论的年代，美国的被害人学研究还没有得到重视和广泛开展，帕克理论将刑事诉讼中国家利益和个人利益的对立和冲突简化为国家和被告之间的利益对立和冲突。这就在突出和夸大个人与国家利益对立的同时悄悄地置换了个人权利的主体范围，将被害人这一庞大群体从其应该保护的弱势群体中排除出去，从而造成片面关注被告人权利保护，而对被害人权利视而不见的理论缺陷。正因如此，罗奇教授认为，帕克理论中的正当程序充其量只能称为被告人的正当程序，而并非被害人的正当程序。

其次，帕克所提出的犯罪控制与正当程序模式本质上都是“惩罚导向”的，并无本质的区别，因此无力解释刑事司法领域内正在兴起的恢复性司法现象。肯特·罗奇教授认为：在程序功能上，正当程序与犯罪控制并非互相排斥，相反却具有一定的同构性，因而并不构成两个相互对立的模式。原因在于：第一，正当程序权利作为公平的神圣象征充其量只是重大、疑难以及特别复杂案件所需要的奢侈品或备用品，为判决的可接受性增加一份砝码而已。而在大量的轻微案件中，正当程序却并不符合实际，只具有极为有限的观念和象征意义。甚至连被告人本人也很少援用正当程序权利，因为主张权利的代价比丧失权利的代价更大，这就是如此之多的被告人都愿意选择辩诉交易的原因。第二，与一般学者观点不同的是，罗奇教授认为，正当程序模式缺乏贯彻落实的切实动力，即使是对公平对抗起到重要作用的正当程序的代理人——法官和辩护律师群体——也并非是天然的正当程序的捍卫者。实际上，许多实证研究都表明，警察、检察官、法官、辩护律师在抵制犯罪控制和正当程序这两组相对的观念体系方面具有共同的团体利益，“他们总是通过惯性合作来使其团体利益最大化，而非天然地犯罪控制或正当程序的斗士”。〔1〕辩护律师甚至时常建议选择辩诉交易，以为其委托人争取最为高效和最为宽大的处置，而很少就证据的可采性和上诉程序的启动提出质疑，

〔1〕 See Kent Roach, “Four Models of Criminal Procedure”, *Journal of Criminal Law & Criminology*, Vol. 89, 2 (1999).

罗奇教授甚至认为连辩护律师都是犯罪控制模式的执行者。第三，正当程序并非如一般人所想象的那样容易放纵罪犯，和犯罪控制模式在功能上相互对立。实际上，帕克的关于犯罪控制模式与正当程序模式相冲突的假说首先遇到了美国经验，继之以加拿大经验的挑战。〔1〕"不论是在加拿大还是在美国，正当程序的保护都没有减少罪犯数量。" 在此基础上，罗奇教授提出了令人惊异的观点，即正当程序实际上正是为犯罪控制服务的，它往往是以一种人道主义的外衣使得对犯罪分子的刑事制裁更易为公众所接受。〔2〕一系列实证研究结果都表明，加害者如果受到了公正的对待，会比一般民众更加守法。〔3〕尽管这些观念很难马上让人信服，但是所有这些论断都是从实证研究中得出的结论，而非根据原则价值体系作出的形而上的推理。因此，罗奇教授坚信：在大多数案件中，刑事诉讼都是按犯罪控制流水线的方式运作的，而正当程序模式只是为犯罪控制模式的恶劣现状披上了一件鲜亮的外衣，他们在本质上都属于惩罚性模式的不同分支。〔4〕

罗奇教授在论证了帕克的两模式理论及目前学界提出的诸种

---

〔1〕 See generally Michael Tonry, Malign Neglect, *Race, Crime, and Punishment in America*, Oxford University Press, 1995. See also generally Michael Mandel, *The Charter of Rights and Freedoms and the Legalization of Politics in Canada*, Thompson Educational Publishing, Inc., 1994.

〔2〕 正当程序在更多的时候是为犯罪控制服务的，它经常采取这样一种修辞性的表述方式——"牺牲个案的公正是为了实现更为普遍的公正"。

〔3〕 See generally Tom Tyler, *Why People Obey the Law*, Princeton University Press, 1990.

〔4〕 See Patricia Carlen, *Magistrates' Justice*, Maritin Robertson, 1976.

被害人权利模式都属于惩罚性模式的分支之后，继而论证了惩罚性模式所存在的诸种缺陷。第一，惩罚性模式以刑事制裁可以控制犯罪为其理论预设，但实际上这一预设并不成立。[1]由于帕克的理论是建立在已举报的犯罪统计数字基础之上的，所以他认为提高破案率即可有效控制犯罪。[2]但被害研究已经指出：仅仅依靠刑事司法这一正式的犯罪控制行为对绝大部分犯罪是无能为力的。因为刑事法律最多只能控制进入诉讼程序的犯罪，而对未被发现或并未进入诉讼程序的犯罪来说，刑事诉讼则根本无法发挥其对犯罪的遏制作用。帕克认为，只要对已向警察举报的小部分犯罪进行高效率的处理，就足以控制犯罪，该观念没有注意到实践中广泛存在的犯罪黑数现象。第二，仅仅依靠制裁并不能够有效地达到控制犯罪的目的，相反，对罪犯公正的处遇却是有效的犯罪控制所必需的。在许多案件中，正是由于被害人怀疑刑事司法体制控制犯罪的能力和效率，甚至害怕会在报案后的诉讼过程中再次受害，所以才会选择运用犯罪前预防的措施或犯罪后非正式惩罚的方式。而这一犯罪黑数现象的产生实际上揭示了国家对绝大部分犯罪所采取的犯罪控制措施的失败，以及被害人对惩罚性模式信任和利用的限度。而新的研究表明，加害者如果受到了

---

〔1〕 See Hans Zeisel, *The Limits of Law Enforcement*, University of Chicago Press, 1982, p. 15.

〔2〕 Robert Elias, *The Politics of Victimization: Victims, Victimology, and human rights*, Oxford University Press, 1986, p. 20; see generally Paul Rock, *A View from the Shadows: the Ministry of the Solicitor General of Canada and the making of the Justice for Victims of Crime Initiative*, Clarendon Press, 1986.

公正的对待，会比一般民众更加守法。因此，相对于帕克的假说而言，对罪犯公正的处遇可能是有效的犯罪控制所必需的，而惩罚则恰恰相反。第三，无被害人犯罪的存在使得刑事司法体制对这一部分犯罪的控制能力大打折扣。各个国家的刑事司法体制都无一例外地依赖于被害人的合作才能正常运作，这种合作体现为报案、作证等环节的参与。而犯罪学的研究成果却表明由于警察力量的不足或其他原因而导致大量的无被害人犯罪被忽视，从而无法启动针对这些犯罪的诉讼程序，而使得刑事司法体制对犯罪的控制作用大打折扣，甚至往往无法发挥其控制犯罪的作用。第四，许多实证研究结果表明，惩罚性模式往往造成犯罪率增长的后果，而不是相反，[1]而且有些诉讼程序本身的激励机制也会产生犯罪。因此诉讼程序在某种意义上非但不能控制犯罪，甚至还会制造犯罪。第五，惩罚性模式会导致被害人权利和被告人权利冲突进一步恶化。罗奇教授认为，在 80 年代以前，政治案件的斗争就在国家和个人之间展开。保守派站在国家立场上，而像帕克这样的自由派则站在被告人的立场与其斗争。而最近兴起的新型政治案件则与旧的政治案件有着根本的不同。被告仍会要求自主和自由，但是新型政治案件却十分重视保障被害人的权利，同时又继续坚持犯罪控制模式关于刑事制裁可以控制犯罪的理论假设，这就导致被害人权利和被告人权利之间的冲突进一步恶化。

---

〔1〕 See Raymond A. Atkins, Paul H. Rubin, "Effects of Criminal Procudure On Crime Rates: Mapping Out the Consequences of The Exclusionary Rule", *The Journal of Law and Economics*, Vol. 46, 1 (2003), pp. 157~179.

既然如此，我们可以知道，即使提出一个被害人权利的模式理论，如果这种模式仍然着眼于强调通过刑事制裁获得被害人个人利益的满足这一惩罚维度的话，那么这种模式理论就必然会面临与惩罚性模式同样的理论困境。首先，强调对被告人进行惩罚的单一模式会将改革的视野局限在通过改革激励被害人举报犯罪、防止在诉讼过程中再度被害和建立对高被害率的良好反应机制方面，而仅仅靠对已举报犯罪的高破案率和高定罪率是远远不够的。其次，单纯强调被害人权利的新模式理论必然会产生和被告人权利保护如何协调的问题。而这种笼统的模式理论往往只能得出有利于犯罪控制或者是有利于被告人的正当程序的结果，而没有自身功能的独立性，使得新模式理论最终又回归到既有的模式理论的窠臼里去。再次，惩罚对于控制已然犯罪固然是必需的，然而在整体控制和预防方面却收效甚微，相反，还会因为对加害者的非难和蔑视而使其与被害人的权利更加对立，从而使情况变得更糟。最后，强调惩罚的被害人权利的单一模式并不能够解释刑事司法领域内的最新进展，如非犯罪化与恢复性司法这些明显带有非惩罚和反报应特征的司法制度和观念形态。

二、被害人权利模式的提出：惩罚与非惩罚

如前文所述，如果帕克模式理论的缺陷仅仅体现为对被害人权利的忽视的话，那么对其进行的修正则只需要将被害人权利考虑在内就可以了。同样地，如果帕克模式理论只是过于强调惩罚

对控制犯罪的作用而忽视了其他更为有效的社会控制手段的话，那么提出一种新的以和解和协商为主导的模式理论也同样可以解决问题。[1]但问题是，帕克模式理论忽视被害人的存在以及惩罚性模式的局限这两种缺陷的并存，使得任何一个单独解决某一缺陷的理论努力都会面临来自另一缺陷的质问，所以必须提出一种能够同时克服帕克理论两种局限的新模式理论。[2]罗奇教授的过人之处就在于，他并没有止步于仅仅提出概括的被害人权利保护模式或是一种刑事诉讼的非惩罚性模式，而是在提出被害人权利模式之后又将其进一步细分为被害人权利的惩罚模式和被害人权利的非惩罚模式，有效地解决了上述理论困境。新增加的两种刑事诉讼模式——被害人权利的惩罚性模式和被害人权利的非惩罚性模式——前者着眼于刑事制裁和惩罚，而后者则强调犯罪预防和恢复性司法。下文分而述之。

（一）被害人权利的惩罚性模式

被害人权利的惩罚性模式结合了犯罪控制模式和正当程序模式的双重特点，保留了犯罪控制和正当程序的总体方向，并在被

---

〔1〕 格里菲斯提出的家庭模式理论就已经暗含了非惩罚性思想的萌芽。该模式认为帕克关于个人和国家利益在根本上对立的假定是错误的，惩罚之后，国家与被告仍要继续一起生活，所以他们正如父母与子女一样有着共同的利益。通过使加害人对其罪行感到耻辱的非正式、非惩罚和非对抗的干预，家庭和社会为加害人提供援助和重返社会的机会。在该模式中，被告被认为是大家庭中的一分子，司法人员努力搜集证据只是为了证明其是无辜的。如果被告果真有罪，那么审判就着眼于加害人与被害人和社会关系的恢复过程，而非对加害人的孤立与惩罚。

〔2〕 一种可能的质疑是：被害人权利保护模式本身就是非惩罚性的。但犯罪控制模式与被害人权利惩罚模式不可能同时并存，所以必须专门提出一个被害人权利的惩罚模式和非惩罚模式。

害人权利的立场之上对二者价值进行了一定的整合。因此，罗奇教授将此种模式称为过山车模式，用以形容刑事司法采取的如过山车轨道一样曲折的新策略——既不是没有任何障碍地直达目的，也不是过分注重正当权利的保护而使得诉讼程序裹足不前。该模式最初是针对既有模式理论忽视被害人权利的缺陷而提出的，因而在总体方向上与既有模式理论保持了一致。例如，它同样认可刑法可以控制犯罪的理论预设，[1]仍然寄希望于刑事司法体制以控制犯罪，并期望通过改革诉讼制度来提高报案率和破案率，认为通过对刑法、起诉以及惩戒的修订与完善就可以控制犯罪，希望在诉讼制度内部解决被害人权利保护的问题。被害人的呼吁往往局限于通过立法即制定新的刑法预防将来再度被害，有关被害人所受影响的陈述和判决、假释听证中被害人的参与不仅仅在于保护被害人的程序主体地位，还为了使得对罪犯定罪更为容易，为了对罪犯施以更加严厉的惩罚。与正当程序相比，被害人权利模式可以更为直接地为犯罪控制模式的成立和合法化提供理由。

（二）被害人权利的非惩罚性模式

由于对被害人学所揭示的大量犯罪黑数现象原因的深入探究，促使学者开始思考被害人对犯罪隐瞒不报的深层原因，被害人权利的非惩罚性模式由此得以建立。它从本质上体现了对惩罚性模

〔1〕 但也不完全相同：帕克只是将制裁看成控制犯罪的有效手段，而并未将刑事制裁看成要求尊重被害人及潜在被害人权利的救济方式。刑事制裁可以控制犯罪，如今亦可控制被害风险。犯罪风险的新研究成果产生了对刑事制裁和刑事司法的无穷需求。

式“刑事制裁有效性”这一理论预设的怀疑和否定。与被害人权利的惩罚性模式试图通过完善立案程序的输入功能和诉讼制度的科学重构来解决对犯罪隐瞒不报问题的方法不同，被害人权利的非惩罚性模式将视野拓展到了诉讼制度之外，是通过家庭和社会的共同努力而达成的犯罪预防和犯罪发生后被害人和加害者自愿参加的恢复性司法等新兴司法模式来解决这一问题的。这两种新兴方法均可使孤立的个人结合成一个群体。它犹如一个封闭的社区，一旦犯罪发生，这个圈形就代表着恢复、赔偿和恢复性正义的过程，所以这一模式又可称为圈形模式。圈形模式不需任何外部干预即可自洽，它更为强调被害人的实际需要而非他们的程序权利，同时试图使被害人和罪犯所受到的被害和惩罚的痛苦都能降到最低限度。在非惩罚性模式中，最主要的角色是被害人、加害人以及他们的家庭和支持者，而不是警察、检察官、辩护律师和法官。所有程序中的参与者都是平等的，其中被害人的作用最为明显。与被害人权利的惩罚性模式只能向那些享有施加惩罚的最终决定权的立法者、法官和执法者提出申请不同的是，他们从这些程序中又重新获得了被犯罪夺走的部分力量和自治的能力。他们有权决定是否接受道歉和补偿计划。与犯罪控制模式和正当程序模式不同的是，被害人权利的非惩罚性模式关注的是事实上有罪，而非法律上有罪，因此它并不致力于对罪犯定罪并施加法定的惩罚，相反，它较为注重探究罪犯犯罪的原因，以期从根本上减少犯罪。这一非惩罚性模式鼓励加害者主动参与而不是强迫其参与恢复性司法等修复过程。很多人认为这一点既不可能，也不现实，但是实际上，许多加害者就是主动选择辩诉交易程序的，因此有理由认为只要程序符合他们的利益，加害者完全有理由在这样一个更少强调惩罚的体制下参与其中。

三、被害人的正当程序：罗奇模式理论的简要述评

罗奇教授非常清醒地指出，他所提出的模式学说“并不试图排斥其他模式理论或期望成为用以指导刑事司法唯一合法的、确切的、规范的或可以推而广之的理论指导。相反，确定每种模式起支配作用的界域并弄清其全部趋势却是非常有价值的。由于模式学说可以为主导刑事法律的价值选择提供某种规范性指导，所以在刑事诉讼中的不同价值中进行取舍以及判断何种模式将在何时、何领域起主导作用将是十分重要的。”〔1〕

被害人权利的惩罚性模式相对于犯罪控制模式的巨大改进之处在于：

1. 被害人权利的惩罚性模式不再围绕着警察和检察官的组织利益运转，而是极为重视被害人对诉讼过程的不满；以被害人为中心构建刑事诉讼制度，并将被害人的满意度和安全感看作评价刑事司法制度优劣的标准。这可以使刑事司法制度变得自我完善。这更进一步地引发了深层的变化：与犯罪控制模式中司法机关的至高地位不同的是，被害人权利惩罚模式极少见到对警察、检察

〔1〕［美］虞平、郭志媛编译：《争鸣与思辨——刑事诉讼模式经典论文选译》，北京大学出版社 2013 年版。

官的绝对服从，而是关注于推动有关被害人权利的立法进程，甚至更为激进地主张被害人能享有和被告人的权利相对应的权利并具有一样的宪法位阶的效力，[1] 因而有更为注重立法过程、推崇立法机关的意蕴。

2. 犯罪控制模式尽管在很多方面保障了被害人利益，但是并不能简单地作为被害人权利模式的替代（否则就不会出现犯罪黑数现象了）。二者尽管在很多方面存在一致性，但却更多地体现为对立。犯罪控制模式将国家看作最大的被害人。但是在犯罪控制模式之下，被害人的权利在国家利益之名下处于被职业化利益压制的状态，而被害人权利的惩罚性模式则在犯罪控制这一模式之中有机地结合了国家利益和被害人的个人利益。

3. 被害人权利的惩罚性模式由于运用了被害风险和被害人权利的概念，十分关注被害人和潜在被害人这一弱势群体，因此为逮捕、监禁等陈旧的犯罪控制方式提供了具有新的象征意义和合法化的话语，部分替代了以往正当程序才能起到的象征和美化作用。

而在被害人权利的惩罚性模式与正当程序模式的关系方面，则更多地体现为一种紧张关系。因为着眼于对罪犯的惩罚，必然与代表加害者利益的正当程序诉求发生矛盾。正如罗奇教授所言："在犯罪控制模式中，一直有人反对在对真正有罪的被告人进行的

---

〔1〕 See Sue Anna Moss Cellini, "The Proposed Victim's Rights Amendment To The Constitution of The United States: Opening The Door of The Criminal Justice System To The Victim", 14 *Ariz. J. Int'l &Comp. Law* 839 (1998).

刑事审判当中去维护被告人的正当程序权利。然而，由于这种维护是在被告人权利的名义下进行的，所以反对的声音在被害人权利的惩罚性模式中尤为激烈。”显然，犯罪控制模式是建立在安全与秩序的社会利益基础之上的模式理论，而正当程序模式则建立在与国家对立的公民个人权利的基础之上。因此，这两种模式的对立其实就是两种利益的对立，模式的选择往往就会转换成利益的权衡与抉择，而这种利益的权衡与抉择又与一国刑事司法体制的意识形态特征紧密相关。与利维坦式的国家机器相对照，被告人的权利自然容易得到社会的同情与认可，并取得天然的正当性，但是如今在被害人权利的名义下对被告人权利进行适当的限制，就回避了国家与个人这种二元对立范式，使得对被告人程序权利的限制师出有名。毕竟，因为警察和检察官一点极小的过错就放纵罪犯、排除证据，对被害人是极为不利的。“正当程序也成了对社会秩序的一种威胁”，过分强调自由优先于秩序，“会让权利法案成为一个民族的自杀协议”。[1]因此，在加利福尼亚和其他一些州，被害人权利法案当中就已包括了限制排除规则适用范围的规定。妇女团体和其他追求平等的人士也担心依正当程序作出的判决会减少对犯罪的举报和起诉率。而被害人权利的惩罚性模式则分别结合了犯罪控制和正当程序模式的部分内涵，并试图将正当程序从单纯对被告人权利的保护扩展到被害人身上，形成所谓的“被害人的正当程序”。正如卡多佐大法官说的那样：“正义，

〔1〕［美］阿希尔·里德·阿马：《宪法与刑事诉讼：基本原理》，房保国译，中国政法大学出版社 2006 年版。

尽管应适用于被追诉人，也应适用于追诉者……我们应该保持好它们之间的平衡。"[1]

以上只是被害人权利的惩罚性模式对既有模式的推进和完善之处的总结，该模式也有很多缺陷无法通过自身加以克服，这些缺陷除了上文已经论述的惩罚性模式的共同弊端之外，还存在一些其特有的问题：其一，被害人权利的惩罚性模式仅仅在惩罚的语境中强调被害人权利，这必然会导致被害人权利与被告人权利又陷入到了新的矛盾之中而无法自拔。[2]其二，之所以仅仅提出被害人补偿或惩罚模式，是因为人们普遍认为只有强调惩罚的模式才是刑事诉讼法的领域，而犯罪预防和恢复性司法这些并不依靠正规的诉讼程序的模式已经超越了刑事诉讼而迈向了更为广泛的社会控制领域。也就是说，非惩罚性模式会打破刑事职业的垄断，降低刑事司法人员的地位（下文将详细论述）。由于存在着这种职业利益因素，既有的模式理论总是在以司法机关为实效性权威的惩罚性模式的圈子里打转，而这种模式理论势必无法反映刑事诉讼的发展趋势和全貌。其三，被害人权利的惩罚性模式与犯罪控制模式具有很强的亲缘关系，但由于强调了被害人这一群体的利益而为犯罪控制模式披上了尊重权利的外衣，因此，被害人权利的惩罚性模式可以比正当程序模式更为直接地使惩罚结果得以成立和合理化。所以在被害人权利惩罚性模式之下的犯罪控

---

〔1〕 Snyder v. Commonwealth of Mass., 291 U. S. 97, 122 (1934).

〔2〕 于20世纪80年代末兴起的美国被害人权利宪法化运动就始终伴随着对这一问题的争论。

制行为要比犯罪控制模式本身更具说服力。被害人权利模式会以一种犯罪控制模式的崭新的和改良的形象继续存在下去。在这一点上，被害人权利的惩罚性模式在使犯罪控制合理化方面比正当程序更为有效。[1]因此，从总体上而言，被害人权利惩罚性模式的提出并未突破既有的惩罚性模式的框架，从而无力克服惩罚性模式的总体缺陷。

四、对中国的启示

必须承认，我国学者在西方模式理论研究的基础上已经作出了重大的理论创新和突破，尤其是以陈瑞华教授为代表的模式理论研究，已经达到了一个相当的高度。其提出的“对抗模式”和“合作模式”也克服了帕克模式理论解释力的缺陷，为新兴的刑事和解等运动提供了理论支撑。但是，毋庸讳言，现有的研究都没有将被害人置于中心地位来构建其模式理论，即使是所谓的“合作模式”，也是以国家机关为中心而形成的理论模型。比如，“协商性的公力合作模式”就是指被告方与刑事追诉机构通过协商、妥协来决定被告人刑事责任的诉讼模式。而所谓的“私力合

---

[1] “被害人权利可以比正当程序更为直接和感性地使刑事制裁合法化。尽管一些被害人权利模式的初级形式极易受到司法审查的非难，但是总体来说却比正当程序模式的初级形式要稳固得多，因为这些权利来自于民粹主义者的倡导并会引发立法与行政改革。正当程序模式偶然、不稳定以及充满争议的本质使得它很难被看作是一种很精细的正规技术，尤其是相对于被害人权利模式而言。”[美]虞平、郭志媛编译：《争鸣与思辨：刑事诉讼模式经典论文选译》，北京大学出版社 2013 年版，第 231 页。

作模式”尽管强调被告人与被害人之间的和解，但更多地还是将这种和解作为司法机关从轻处罚的依据，其着眼点仍然是国家司法机关，而并非被害人的权利。[1]因此，一种以被害人为中心的诉讼模式理论在中国仍然尚付阙如。正是在这个意义上，罗奇教授的研究对中国具有极大的启发意义。可以说，被害人的非惩罚性模式理论是罗奇教授模式理论中最富有原创性的组成部分，超越了正当程序模式只关注被追诉人权利的局限。然而我们有必要进一步追问：作为一种对现存制度进行解释的理论工具，它又在多大程度上代表着刑事诉讼的发展趋势？其生命力和解释力存在着哪些局限？这些都是值得进行深入思考的重大课题。

谈起刑事诉讼中被害人权利非惩罚性模式的前景时，罗奇教授指出了人们可能普遍存在的一种直觉性的印象：犯罪控制模式代表着我们的过去；而当前正当程序模式和被害人权利的惩罚性模式则同时并存；至于将来，则由被害人权利的惩罚性模式和非惩罚性模式的其中之一占据主导地位。而从现在各国法制改革的发展趋势来看，似乎后者又更有可能在将来成为主导性模式。就连罗奇教授本人也曾断言：“刑事司法的未来主要取决于被害人权利模式将如何发展。”可见，这一印象的得出并非完全没有依据，笔者认为至少在以下几个方面，这种直觉判断能够得到理论上的支持：

1. 惩罚性模式过于强调国家社会利益与被追诉人个人利益的

〔1〕 陈瑞华：《刑事诉讼的中国模式》，法律出版社2008年版，第64、81页。

对立，是以两种利益的对抗为其理论前提的，[1]并不能够解释以和解和协商为主要特征的诉讼制度；往往在对抗式的思维图景中将各种主体简单化为相互冲突的利益主体，从而在一种政治思维定式中将相互冲突利益之间的解决办法局限在利益取舍而非利益的权衡上。惩罚性模式这种政治上和程序上的限定使得其理论的解释力受到了很大的局限，也使这种模式遭到了日益激烈的批评。而非惩罚性模式则超越了对抗的图景，并不依赖惩罚来控制犯罪，而是吸收了一些学者（如家庭模式）对帕克学说批判的主导思想，强调利益的协调与权衡；通过将涉案人员看成是非对抗制诉讼中一个理性的公民而加以公平的处遇，通过恢复性司法和犯罪预防对加害人、被害人以及社会三者利益加以协调而避免了帕克所犯的错误，从而开辟了新的理论空间，突破了帕克模式学说为后来学者预设并被很多学者无意中分享的理论前提，拓展了其理论的解释力，并为惩罚性模式的改造提供了一条重要的思路。

2. 惩罚性模式寄希望于通过惩罚来控制犯罪，为了达到维护社会秩序的目的，这种诉讼模式所依附的必然是犯罪化的立法思路，以扩大刑法适用的范围；通过增加惩罚适用的概率来弥补报案概率的低下所造成的惩罚不全的问题。而非惩罚性模式并不认同传统的犯罪控制策略和手段，它致力于全方位地探究犯罪原因，

---

〔1〕 1970年，格里菲斯就批评帕克以自由的美国法律思维的流行观念来构建他的学说，帕克的两个模式学说都认为个人利益与国家利益、社会利益是相冲突的，它们之间唯一的不同就在于究竟何种利益应被优先考虑。

因而倾向于社会整体的犯罪控制观；更加强调整体论的解决思路，并不单纯地依靠刑事司法体制解决犯罪问题，认为刑事制裁在效用上是有限的。因此，其主张对大量犯罪进行非犯罪化的处理，与福利国家的趋势相吻合，也适应了非犯罪化的国际潮流。并且，由于是通过釜底抽薪的立法方式进行的非犯罪化，比起在司法环节通过非法证据排除等程序制度设置对罪犯非犯罪化，非惩罚性模式具有比正当程序更为巨大的潜力。

3. 惩罚性模式过分依赖于正式的国家机关和执法人员的作用，比如正当程序模式就极为依赖具有司法能动主义传统的法院（尤其是最高法院）的作用。[1]但是法院的作用和地位经常处于变化之中，连帕克本人也认为由美国最高法院推动的正当程序革命是不稳定的，因为它要求最高法院要对正当程序给予持续不断的关注，而法官队伍或观念的任何一点细微的变化都会使情况变得大不一样。立法机关更加不会支持正当程序，因为它们对刑事诉讼改革没有任何的政治兴趣。“任何一个正当程序化的刑事诉讼

---

〔1〕 See generally Liva Baker, *Miranda: Crime, Law and Politics*, Atheneum, 1983, pp. 111~217; Craig Bradley, *The Failure of the Criminal Procedure Revolution*, University of Pennsylvania Press, 1993; Fred Graham, *The Due Process Revolution: The Warren Court's Impact on Criminal Law*, New York: Hayden Book Co., 1970. 在其他国家，如加拿大、以色列和南非，都允许立法机关证明对被告人权利的限制是正当的，在法院和立法机关之间会展开广泛的对话，而立法机关往往享有最后的决定权。See also Kent Roach, “Institutional Choice, Co-operation and Struggle in the Age of the Charter”, in Jamie Cameron ed., *The Charter's Impact on the Criminal Justice System*, Carswell, 1996; Guido Calabresi, “Foreword: Anti-Discrimination and Constitutional Accountability”, 105 *Harv. L. Rev.* 80, 91 (1991).

改革都会伴随着刑事诉讼制度行将崩溃的可怕预言。”[1]而犯罪控制模式和被害人权利的惩罚性模式则由于对犯罪化的强调和政治家对该模式情有独钟而依赖于立法机关，[2]但是随着全球范围内的非犯罪化潮流的影响，立法机关也很难坚持扩大犯罪圈的思想。相比之下，被害人权利非惩罚性模式下的责任回归到个人和社团，而不依赖于动荡不安的立法或司法机关，因而不会产生此类关于制度稳定性的问题。

4. 惩罚性模式过于强调权利之间的对抗和冲突，特别是被害人权利的惩罚性模式由于强调了被害人在重要诉讼环节的参与以谋求给被告人惩罚，而使得其与被告人之间的权利冲突达到了十分尖锐的地步。非惩罚性模式则很少对加害人和被害人加以谴责，而是更多地把目光投向了犯罪预防和恢复性司法，强调加害人和被害人的和解与赔偿。将二者视为来自不同程度地受到某些犯罪的侵害的类似群体的成员，而非截然对立的两个阵营，与之前将加害者和被害人截然对立起来的理论有很大的区别，有效地解决了惩罚性模式不可避免的权利冲突问题。

5. 非惩罚性模式代表了一种从强调事后惩戒的犯罪控制到事

---

〔1〕 但是帕克却充满信心，因为“正当程序革命是建立在高阶位的宪法基础之上的，所以它们不会被立法机关轻易否决。就在帕克最重要的著作出版的当年，国会修订了《联邦综合犯罪控制与街道安全法》，以试图推翻米兰达规则。其修订的目的与其说是为了完善法律，还不如说是为了还最高法院以颜色。法院大都忽视了这部法律中声明废除沃伦法院所做的宪法性判例的部分，但确实表明大众情感指向是与正当程序模式相背离的”。

〔2〕 See generally, John Hagan, *The Disreputable Pleasures: Crime and Deviance in Canada*, McGraw-Hill Ryerson, 1991.

前预防的犯罪控制观的转变。诸多团体和弱势群体已为犯罪预防投入甚多，而不再依赖国家施以的刑罚。这些弱势群体不能再信赖犯罪控制的美丽谎言，也不能为维护在控制犯罪方面无能为力的刑事制裁而与新型政治案件不懈争斗。新的犯罪预防方式承认犯罪的早期决定性因素和犯罪与社会、经济状况的低下之间的关联而坚持将政治问题刑法化。犯罪一旦发生，家庭会议、当地居民司法以及被害人和加害人的和解都会充分考虑被害人的权利，而不是单纯依赖刑罚或者在被害人权利和正当程序之间制造分裂和象征性冲突。

6. 众所周知，对抗制所赖以建立的政治前提是只关注独立解决纠纷的应激性国家权力的假定，而非对抗制诉讼（纠问制）则代表着试图全面控制社会和人民生活的能动性国家权力。惩罚性模式以应激性的国家权力为其赖以存在的制度背景。由于这种权力的被动性，所以惩罚性模式十分强调立案程序的吸入功能，将法制改革的措施局限在诉讼制度的内在完善和如何提高报案率和破案率的修修补补上，而面对被害人不愿或不敢举报的犯罪，尤其是无被害人犯罪时，则往往无力顾及。但是非惩罚性模式则由于关注犯罪黑数现象并对犯罪预防现象投入了更多的关注，从而可以使政府摆脱无所作为的状态，尽力控制被害风险与犯罪损害，矫正被害人和潜在被害人中存在的不安全感、疏远感和不受尊重感等。

如果不是篇幅限制的话，理由还可以继续开列下去。当然，毋庸讳言，非惩罚性模式并非全无弱点。笔者认为，非惩罚性模式至少存在着以下局限：首先，非惩罚性模式极有可能取代那些主导犯罪控制和正当程序模式的刑事司法人员的地位，打破刑事司法职业的垄断，颠覆刑法控制犯罪功能的传统假说。其次，其理论在解决了被害人权利保护与非惩罚性模式相结合的问题之后，忽视了无被害人犯罪中的非惩罚性模式的存在，仍然存在着理论真空。最后，非惩罚性模式将恢复性司法及对犯罪的社会控制都纳入刑事诉讼模式领域进行研究，而这些程序更多的是发生在程序以外。非惩罚性模式作为被害人权利保护的模式可以，作为诉讼模式学说则未免有些名不符实。非惩罚性模式的提出改变了传统上对刑事诉讼定义的方式，而没有作出足够的理论论证，显得较为牵强，说服力不够。

尽管有如上缺陷，笔者仍然坚持认为，非惩罚性模式因为具有以上诸种优势而代表了刑事诉讼的总体发展趋势，也将因为其巨大的解释力和广泛的涵盖性而成为一种十分具有生命力的学说，并在刑事诉讼模式学说中占据主导地位。当然，非惩罚性模式将在将来占据主导地位的预言并不等于其他模式理论的存在没有意义。根据帕克早先的告诫，刑事司法的任何一种实存制度实际上都对应着一种模式理论，但却没有任何一种模式理论可以概括所有实存制度。在一些性质十分严重的案件中，惩罚性模式的存在仍然十分必要。政治家可能永远不会轻易放弃犯罪控制和维护社会秩序的思想；而只要这一思想不被政治家摈弃，正当程序模式就有其继续存在并发挥控制犯罪控制这一制衡作用的价值。因此可以肯定地说，将来的刑事诉讼模式理论很难出现一种模式一统天下的局面，而一定是多元共治的。这并非坏事。诚如罗奇教授所言，多元模式之所以重要，原因就在于："对现行事物不同理论解释的并存可以从迥异的角度来合理地解释制度运作的不同方面。"〔1〕

最后，笔者愿意引用罗奇教授一段让我动容的文字结束本文："被害人不应再被忽视。在起诉和惩罚的过程中，他们享有被告知和征求意见的权利，但是只具有极为有限的决定权。虽然一些被害人权利已被承认，但是往往与被告人的正当程序权利发生冲突。而在犯罪预防和恢复性司法之中，被害人和潜在被害人则会享有更多的决定权，而很少遭到反对。希望他们——最终也必将是我们——能够为其身处的社会感到安全，能为其面对的制度感到满意。"〔2〕

---

〔1〕 *See* Kent Roach, "Four Models of Criminal Procedure", *Journal of Criminal Law & Criminology*, Vol. 89, 2 (1999).

〔2〕 *See* Kent Roach, "Four Models of Criminal Procedure", *Journal of Criminal Law & Criminology*, Vol. 89, 2 (1999).

第八章

美国被害人权利宪法化运动及启示

> 正义，尽管属于被告人，但也同样属于追诉人……我们应该在这两者之间保持平衡。
>
> ——卡多佐

一直以来，宪法都被称为“被告人权利的大宪章”，各国宪法由于直接规定了许多刑事被告人的基本程序权利而成为刑事诉讼最为重要的法源，尤其是美国宪法关于被告人权利的修正案更是以被告人的“权利法案”而闻名于世。以被告人基本权利为纽带而形成的宪法性刑事诉讼也由此成为宪法学界和刑事诉讼法学界最为热门的研究领域之一。但是，在宪法与刑事诉讼法之关联的问题上，有一个十分重要的问题却被普遍地忽视了，即刑事被害人的权利保护问题。各国宪法几乎都只是片面地强调了被告人的权利，而没有规定被害人的程序权利。但是，随着世界上被害人权利保护运动的日益高涨，被害人权利宪法化的问题正日益受到广泛的关注和重视。美国就是其中最具代表性的国家之一。本章拟对美国近年来被害人权利宪法化运动及其争论进行初步的评介，从而尝试从不同于被告人的另一视角透视宪法与刑事诉讼法的内在关联，并为我国刑事被害人权利保障提供可资借鉴的理论资源。

一、缘起与运作：美国被害人权利宪法化运动概述

众所周知，美国宪法修正案对被告人权利进行了极为细致的规定，以致人们干脆将第一到第十修正案直接称为被告人的“权利法案”。但是，有一个十分令人疑惑的问题：既然制宪时存在犯罪，也一定存在着犯罪被害人，为什么美国宪法及其修正案对被害人的权利却未置一词呢？关于这一问题，美国革命之前的历史可以为我们提供合理的解释。美国学者认为，造成美国宪法及修正案未对被害人权利给予特殊关注的原因主要有以下两个方面：首先，在宪法制定的时候，制宪者认为没有将被害人权利宪法化的必要。在美国殖民地的司法体制之中，被害人可以提起私人起诉。对被害人的损害赔偿是刑事诉讼的主要目标之一，被害人是当然的程序主体，其权利受到立法和司法过程足够的尊重。因此相比于在“权利法案”制定时刑事被告人常常受到英国殖民者不公正对待的情况而言，制宪者没有感觉到有对刑事诉讼中被害人权利加以特殊保护的任何必要。应该说，宪法制定者也承认被害

人权利应得到体面的保护。因为制宪者身处十分重视被害人的司法体制下，其日常经历并没有对被害人权利保护的力度和效率提出任何挑战，因此当时没有在宪法修正案中对被害人权利加以特殊关注就可以理解了。其次，在1789年4月美国第一届国会召开制定宪法修正案时，被害人权利尽管由于被告人权利的入宪而受到了一定程度的忽视，面对被害人权利保护的问题，“权利法案”的制定者声称被害人权利已经被第九修正案包括，从而回避了当时对被害人权利入宪问题的挑战，使得被害人权利宪法化的问题通过一种隐蔽的方式被“合理”地规避了。正是在宪法史上对被害人权利的这两次“合理”的忽视导致美国宪法文本一直缺乏对被害人权利的特殊保护，使得其参与刑事诉讼的权利相对于刑事被告人而言日益边缘化。美国被害人权利保护及宪法化运动正是在这一背景下展开的。笔者将美国肇始于20世纪70年代末80年代初的这场被害人宪法化运动大致分为三个阶段：酝酿阶段、被害人权利入各州宪法阶段及被害人权利入联邦宪法阶段。

（一）美国被害人权利宪法化运动酝酿阶段

联邦最高法院已经表明，“在刑事司法过程中，法院不应忽视被害人的诉求”。但不幸的是，这种高贵的情感并未成为美国法院的日常实践。与其他国家一样，美国刑事诉讼中被害人逐渐从诉讼的主导者变为对犯罪分子定罪的一个工具和证据来源。而对诉讼过程和结果的影响力呈现逐步缩小的趋势，应有的权利也受到了忽视。甚至由于缺乏法定权利和救济途径，被害人往往还在诉讼过程中受到第二次伤害。正是这种被害人权利的普遍忽视和日益边缘化促成了美国被害人保护运动的产生，并最终推动了被害人权利宪法化的运动。从整体背景上看，被害人权利宪法修正案的提出是20世纪后40年间美国社会关于如何对待被害人和被告人的政治争论的一个产物。而现代被害人运动的政治动力则在20世纪70年代突然加剧。在这一背景下，联邦和州两级立法机关通过了大量关于被害人权利的法案。这些法律规定了被害人获得金钱赔偿的权利，并增加了其在对被告人起诉、量刑和假释环节的参与机会。如1965年，美国加州率先制定了《暴力犯罪被害人补偿法》。此后17年间，34个州及哥伦比亚特区与维尔京群岛地区纷纷制定了犯罪被害人补偿制度。1982年，国会通过了《联邦被害人与证人保护法》，极大地提升了被害人的法律地位。1884年，国会又通过了《犯罪被害人法》，就补偿对象、补偿数额和补偿程序作了规定。1990年，联邦又制定了《被害人权利及损害恢复法》，赋予了被害人7项重要的程序性权利。

（二）美国被害人权利入各州宪法阶段

1982年，里根总统当政期间，时任联邦总检察长的埃德温·米斯（Edwin Meese）经里根批准成立了总统特别工作组，专门研究了当时美国刑事司法体制对被害人权利的保障情况。该工作组所发表的报告后来经常作为被害人权利运动的标准文献而被广泛引用。这些报告也直接促成国会在司法部内创立了被害人权利的专门保护机构。在1982年12月发表的最后一份报告中，该工作组这样描述了他们所观察到的刑事被害人在刑事司法体制中的处遇："曾几何时，刑事司法体制开始为律师、法官和被告人服务，而对被害人的态度却充满了制度性的漠视。”为改变这一现状，工作组拟定了 67 项建议，其中就包括修改美国联邦宪法第六修正案以使其成为对被害人权利加以保护的宪法条款，该工作组建议在第六修正案后加上以下一段文字：“同样地，被害人在诉讼程序的所有关键阶段都应享有到场并被听取意见的权利。”该报告认为，只有通过宪法修正案加以规定，才能够保证被害人真正享有这些权利，并得到其应得的待遇。尽管作为被害人权利宪法化运动的最早先声，这一修改建议还只是将保护的被害人权利局限在被害人的程序参与权利上，但是这一建议却成了美国被害人权利宪法化运动的真正开端。特别工作组的这一系列研究成果对于现代被害人运动起到了至关重要的推动作用，但是修改联邦宪法并没有马上启动。相反，那些支持被害人权利入宪的人们却采取了如下策略：先努力促成首先在州一级宪法中增加被害人权利保护的修正案，然后以此为政治动力，反过来促成联邦宪法的相应改变。事实证明这一策略是成功的。这一努力从 1985 年正式开始，到 1994 年底，已经有 21 个州采纳了被害人权利的修正案，其他州也开始了积极的磋商和讨论。到了 1996 年底，又有 8 个州批准了被害人权利的宪法修正案，使得批准被害人权利修正案的州的总数达到了 29 个。而到了 2001 年，则已有 31 个州将被害人权利写进了它们各自的宪法。即使是暂时没有将被害人权利写入宪法的州，也都制定了许多法律来保障被害人的权利。被害人权利入宪运动在各州都赢得了社会各界的普遍支持。

（三）美国被害人权利入联邦宪法阶段

考虑到这一有利因素，1995 年 9 月，全国被害人宪法修正案团体——一个维护被害人所有主要权利的保护组织，确定了对联邦宪法第六修正案进行修改的特定措辞，并由此启动了修改联邦宪法的工作。此时距里根总统特别工作组发布其最后一份报告已经过去了 13 年。1996 年，在美国总统选举年召开的第 104 次国会上，被害人权利法案同时在美国参议院和众议院提出。美国众议院和参议院司法委员会之后还对其各自提供的被害人权利宪法修正案草案举行了公开听证。当时共和党总统候选人罗伯特 · J. 多尔（Robert J. Dole）和比尔 · 克林顿（Bill Clinton）总统都表示支持此议案。克林顿甚至在一次公开演讲中明确表示："在仔细研究了所有的可能方法之后，我确信保护被害人权利的唯一有效办法就是修改我们的宪法以保证其基本权利。"但遗憾的是，第 104 次国会在当年 10 月休会，其间并未对修正案的任何一个版本采取行动。此后几乎每次国会开会期间，联邦宪法修正案都会有新的版本被提交和讨论，并取得两个党派共同的支持。1997 年 4 月 15 日，议员亨利 · 海德（Henry Hyde）在美国众议院再次提出该修正案的众议院版本。1998 年 1 月 21 日第 105 次国会开会期间，参议员琼 · 凯尔（Jon Kyl）和戴安娜 · 范斯坦（Dianne Feinstein）也相继提出被害人权利法案的宪法修正案。此后，参议员凯尔和范斯坦又在 1998 年 4 月 1 日提交了一份新的版本。1998 年 7 月 7 日，参议院司法委员会以 11 比 7 的表决结果批准了参议院 44 号联合方案（Senate Joint Resolution 44），并将其提交参议院讨论。

应该说，这次表决意义十分重大，它使得将被害人权利修正案写入联邦宪法的提议向成功迈出了最为重要的一步。1999 年，参议院司法委员会采纳的被害人权利修正案版本在第 106 次国会上被再次提交审议，并举行公开听证。1999 年 9 月 30 日，参议院司法委员会以 12:5 的投票结果建议通过将会给美国宪法创设被害人权利保护条款的参议院联合方案。1999 年 8 月 4 日，众议院俄亥俄州的众议员史蒂芬·沙博（Steven Chabot）也提出了一个联邦宪法被害人权利保护条款的新版本以供立法参考。在美国立法机构围绕着被害人权利入宪的问题进行政治努力的同时，在美国社会发生的两起事件促使了被害人权利宪法化运动的持续和深入开展。其一是由于辛普森案件中被告人无罪释放而产生的风起云涌的被害人权利保护运动，这场运动和反对醉酒驾车母亲协会和被害儿童父母组织推动的被害人保护运动相互呼应，为被害人权利宪法化创造了极具威力的舆论氛围。其二是于 2001 年发生的 9·11 事件，这一事件客观上促使美国加快和加强了被害人理论的研究。美国整个国家在感受到作为恐怖犯罪“被害人”的极度痛苦之后，开始在国外和世界战场上积极寻求“国家被害人正义”的同时，也致力于在国内实现“个体被害人的正义”。9·11 事件后，美国总统布什就发表了如下演说：“正义是美国对世人的承诺之一。在我们的反恐战争中，我不停地告诉我的同胞我们是在寻求正义，而非报复。我们在寻求属于被害人的正义，寻求属于他们家人的正义……我们将继续在国内实现正义，包括实现暴力犯罪被害人的正义。”这又进一步推动了被害人权利宪法化的运动，并将毫无疑问地取得更大的政治支持。但是被害人权利入宪，尤其是入联邦宪法并不容易，它要求国会先予批准修正案，并有至少3/4的州立法机关在7年内批准该修正案。但是尽管如此，美国联邦层次的被害人权利宪法化运动一直以来都在紧锣密鼓地进行着。

二、反对被害人权利入宪的主要观点

毫无疑问，被害人权利宪法化运动对于提升被害人权利和诉讼地位，对于保障公民生存的安全感和幸福感都有极为现实而迫切的意义，因而这场运动拥有极为广泛而坚实的民意基础，并赢得了社会各阶层的广泛支持，尤其是共和党和民主党两党的共同支持。这在美国历史上也是极为罕见的。但是在这场运动开展过程中，尤其是在联邦众议院和参议院辩论过程中，却时常有各种反对意见出现。正是这些反对意见的出现，使得联邦宪法关于《被害人权利保护修正案》的表决迟迟无法通过，联邦立法机构对被害人权利的修正案采取了极为谨慎的立法态度。直到现在，关于被害人权利宪法化的问题还在激烈的争论之中。笔者认为，对反对派意见和理由的梳理将有助于我们深入理解美国被害人权利宪法化运动背后的深层意涵。总体而言，反对派将攻击的矛头主要指向了以下几个方面：

1. 被害人权利入宪会对被告人权利造成不合理的侵害。反对派认为，被告人一直是刑事诉讼的中心人物，被告人权利所承载的诉讼理念也一直是刑事诉讼核心价值的集中体现，现代诉讼法的原则和理念几乎都是围绕着被告人权利而发展起来的。实际上，单纯的被害人权利保护并不存在任何操作上的困难。但问题的关键在于：一旦被害人权利和被告人权利可能发生冲突时，单纯强调被害人权利保障的正当性就会面临极大的挑战。比如，量刑阶段是否应给予被害人影响陈述的权利就是一个很棘手的问题。被害人有权使自己关于量刑的意见能够被法官听取，被告人也有权得到一个无偏见的裁判者的审判。在被告人的正当程序和被害人权利法案之间，法官很难作出取舍和决断。正是由于被害人权利入宪后会给被告人权利的保护带来根本的冲击，反对派才认为应当维护现有的诉讼体制，不应过分强调被害人权利的价值，刑事诉讼仍应顾及权利最易受侵犯的被告人群体的利益并赋予其优先地位。

2. 被害人权利入宪并不能真正改善被害人权利的保护状况。反对派认为，自被害人运动开展以来，美国国会和各州立法机构已经通过很多法律来保护被害人的权利，然而研究报告却表明这些措施大多未起到应有的效果。未对这些立法的低效性进行细致研究就草率地认为宪法化可以解决一切问题是不负责任的，已有的法律未能得到很好的贯彻并不一定是这些法律效力等级不高所导致的结果。恰恰相反，其他法律之所以未能取得预期的效果，正是因为法律执行和救济机制本身的不完善。如果联邦宪法仍然不考虑可行的执行和救济机制的话，那么被害人权利的规定也会和州宪法一样陷入困境，成为纸面上的权利，徒然成为以“权利话语”粉饰的政治面具。因此，被害人权利宪法化运动并不能扩展被害人在现行法律中已经享有的权利，至多只具有象征意义，也不能从根本上改变被害人的境遇。

3. 被害人权利入宪的政治目的要远远大于法律目的。应该说，民间兴起的被害人权利运动的真正目的自然在于加强被害人的权利保护，其发起者和积极参与者几乎都是深受刑事程序之害的当事人这一点就是最好的证明。但是被害人权利的成功入宪必须依赖于政治人物的推动才可能实现，而政治人物并无保护被害人的强烈动机，他们考虑最多的是政治利益。而被害人权利入宪运动之所以能够取得民主和共和两党的共同支持，也正是因为这场运动符合两个党派争取民心的共同利益，因此它们才会竞争性地推动被害人权利入宪。此外，由于民主社会权利话语的正当性赋予功能，相比于修改宪法以扩张政府权力而言，以保护弱势群体的名义而进行的宪法修改更容易获得广泛的民意支持，也更容易获得通过。因此，试图增强政府控制犯罪力度和效果的政治人物一定也善于利用这一方式和手段来间接达到自己的政治目的。这种政治目的也直接影响到了建议稿的措辞和被害人权利的范围。被害人权利宪法修正案的建议稿一直都以对政府影响最小化的方式进行不断地修改，就足见建议者对该修正案的真实态度。

4. 被害人权利入宪将会对既有的诉讼原则和制度造成根本的冲击。反对派认为，被害人权利宪法化将与我们刑事诉讼的核心原则——无罪推定原则相冲突，因为允许被害人在查明真正罪犯之前的刑事诉讼的任何阶段参与诉讼，会增加司法不公的危险。尤其是在由陪审团决定被告人是否有罪的司法制度之中，如果允许被害人在诉讼的任何阶段听审并发表控诉意见的话，裁判者难免会被被害人痛苦的情绪和复仇的氛围感染，从而混淆理智与感情，抛弃证据规则而作出对被告人不利的认定。正如美国学者所言，法庭并非一个适合发泄愤怒和宣泄情感的地方，法律有义务在真正的罪犯和仅仅被指控为罪犯的人之间作出明智的区分。此外，赋予被害人以诸如在诉讼程序的任何阶段参与诉讼和其意见被听取的权利将会大量增加司法成本，给司法体制造成过重的负担，甚至可能使司法制度无法正常运转。

5. 被害人权利入宪是为了维护公诉方利益，被害人利益仍然处于附庸地位。美国学者敏锐地发现，在先后提交的美国联邦宪法修正案的若干版本中有一些细微的措辞上的变化，这些细微的变化显示出被害人权利的宪法修正案正从早期单纯强调被害人权利的方面转向实质上有利于控方指控成功的方面。这些措辞的变化实际上正反映了建议者对立法者心态的揣摩。也就是说，被害人权利的宪法化实际上受益最大的仍然是政府，立法机关只有在被害人权利入宪有利于控制犯罪的情况下才会通过保障被害人权利的幌子而达到治理社会的公共目的，被害人利益在这场宪法化运动之中和之后实际上都没有取得独立的地位，而是仍然处于公诉方利益的附庸地位。也就是说，被害人权利只有和政府利益不相冲突的场合才会得到真正的尊重和保护。而一旦这种权利不利于政府目的的实现，入宪的机会也就会微乎其微。这种立法背后的立场和利益关系使得被害人不可能通过这场权利宪法化运动使自己成为诉讼的第四级，赢得真正的主体地位。

6. 已有大量法律规定了被害人权利，因而被害人权利入宪没有必要。业已提出的被害人权利修正案中许多的权利和保护措施实际上都已经存在于早先制定的各种法律之中。比如 1982 年《被害人和证人保护法》就赋予了被害人十分重要的发表被害人状态陈述的权利。1990 年制定的《被害人权利及损害恢复法》又赋予了被害人 7 项重要的程序权利：受到公平对待、被尊重任何利益及隐私的权利；受到保护，免受他人侵犯的权利；得到有关程序通知的权利；有在公开审判时到场的权利；有就有关案件情况向检察官咨询的权利；有恢复损害的权利；有得知判决结果的权利。到目前为止，各党派和组织所提出的被害人权利修正案列举的被害人权利都没有超出既有的法定权利的范围。因此，被害人权利入宪并没有扩大被害人权利保护的范围，没有创设任何新的被害人权利，因而其实际意义就在于提升被害人权利的效力阶位，以和被告人的宪法基本权利相对应。但是这也是没有必要的，因为宪法第九修正案早已通过概括式的语言暗示了被害人权利的存在，被害人权利完全可以通过宪法解释的方式获得宪法位阶的效力。如若每一个概括权利都要以修正案的形式进入权利法案，那么宪法也就不成其为宪法了。况且，既然绝大部分州已经在州宪法中规定了被害人权利条款，而绝大部分刑事犯罪又都是在州法院系统解决的，那么联邦宪法就更加没有必要再作如此重大而繁杂的修改了。

7. 被害人权利入宪是一种本末倒置的改革，无助于解决被害人保护真正的问题。反对者认为，被害人权利入宪转移了刑事审判真正的焦点问题——对有罪和无辜的认定。真正的改革措施，正如美国全国刑事辩护律师协会（NACDL）主席罗伯特·福格尔奈斯特（Robert Fogelnest）所说的那样，应该致力于减少被害人的数量，而不是对法院和检察官，甚至是对立法者寄予过多过高的期望。被害人权利保护真正需要的是给予贫穷被害人更多的教育机会、更多的戒毒措施和更为有效的犯罪预防政策。将被害人权利保护的工作重心放在宪法化上并非完全没有意义，但至少是一种本末倒置的改革措施。如果我们不能在根本的层次上减少犯罪，就不能最大数量地减少被害人的数量，也就只能在犯罪发生后像救火队员一样不停地奔向出事地点。只有将被害人的数量减少到最小程度，我们才能够最有效率地保护那些已经受害的被害人。因此，真正根本的改革应该是加强被害预防的研究，制定更好的犯罪预防的政策。

三、美国各州被害人权利宪法化的特点

尽管联邦层次的被害人权利宪法化仍然处于激烈的争议之中，但是许多州已经成功地实现了被害人权利的宪法化。而在这些州的宪法中，对被害人权利保护的范围与模式却各不相同，反映了各州被害人权利入宪的不同立场和诉求。值得注意的是，即使是反对制定被害人权利宪法修正案的美国参议员也认为，在探讨被害人权利宪法化的意义和效果之前，至少应该考察一下各州类似工作的实际效果以及它们在此问题上所采取的方法和标准。因此，对

各州宪法关于被害人权利保护的范围与模式的考察就显得十分必要。

1. 美国各州宪法对被害人权利的规定呈现出逐渐扩大权利保护种类的总体趋势。1982 年，最早将被害人权利宪法化的加利福尼亚州仅仅赋予了被害人获取赔偿的宪法权利，并规定与案情相关的证据不应在刑事诉讼中被排除。此规定默示了被害人在量刑阶段的最后陈述权，但被害人权利的入宪范围也仅此而已。1986 年，第二个通过被害人权利宪法修正案的罗德岛在此两项权利的基础之上又进一步规定了被害人享有在诉讼程序中被尊重和有尊严对待的权利。此后，80 年代，另外 4 个州又在各自的修正案中相继增加了被害人新的宪法性权利。其中最为典型的是密歇根州宪法，其规定了被害人多达 9 项的宪法权利，这些权利分别是：①被公平和有尊严对待的权利；②迅速及时处理案件的权利；③获得合理的保护，免遭被告人报复的权利；④被告知程序事项的权利；⑤参与诉讼程序的权利；⑥与检察官进行协商讨论的权利；⑦在量刑阶段进行陈述的权利；⑧获得赔偿的权利；⑨获得有关被告人定罪、量刑、监禁和释放信息的权利。90 年代通过的各州宪法修正案总体上仍然延续了扩大被害人权利保护的趋势，但是在措辞和范围方面则呈现出比较复杂的态势，没有统一的规律可循。但其共同点是，各州宪法修正案基本上都规定了被害人获得程序告知和参与诉讼程序的权利，尽管在这两项权利的范围上也存在着细微的差异。比如，有的州规定被害人的宪法性权利不能与被告人的宪法性权利相冲突；有的州规定被害人尽管有权参与诉讼程序，但却被限制在被害人并非关键证人的案件之中。一个十分值得注意的问题是：阿拉斯加州、爱达荷州、密苏里州、南卡罗来纳州和犹他州都特别规定了若干项权利，以及授权立法机关在未成年被害人的层次上扩充被害人的权利。亚利桑那州、爱达荷州和路易斯安那州则规定被害人有权拒绝由辩护律师进行的关于犯罪的询问。新墨西哥州还规定被害人有权要求控方律师应被害人要求向其雇主说明证人出庭作证的必要性。

2. 尽管美国各州被害人权利宪法化的范围在逐渐扩大，但是对被害人权利的救济和执行问题则关注不够，从而影响了这场被害人权利保护运动的实质效果。有半数以上的州对被害人权利的救济和执行问题未置一词，甚至有的州宪法还规定对被害人宪法权利的侵犯不会成为民事赔偿的诉由，即使在规定了被害人权利救济和执行方式的州中，具体救济和执行方法也不相同，呈现出多元化的趋势。如得克萨斯州被害人权利修正案就拒绝承认被害人对起诉裁量的异议权。马里兰州修正案则禁止被害人拖延刑事诉讼进程，俄亥俄州修正案则以一般化的措辞否定任何个人对刑事诉讼的裁决进行上诉或修改的权利。爱达荷州、伊利诺伊州、堪萨斯州、密苏里州和新墨西哥州的被害人权利修正案对被害人诉权的问题也未作出任何规定。

3. 被害人权利尽管在各州都已入宪，但被害人权利保护的范围几乎都受到了各种程度不同的限制。有的州规定被害人的宪法性权利不能与被告人的宪法性权利相冲突，如佛罗里达州的修正案就规定被害人在刑事诉讼的各个阶段，在不与被告人权利相冲突的情况下享有被告知、在场和意见被听取的权利。有的州规定被害人尽管有权参与诉讼程序，但却被限制在被害人并非关键证人的案件中。有的州把被害人的主体范围限制为暴力犯罪的被害人，有的则限制在被害人本人，有的则认为可以包括其近亲属。爱达荷州、伊利诺伊州、堪萨斯州、密苏里州和新墨西哥州的被害人权利修正案甚至以明确的语言限制了被害人权利修正案对具体案件处理的影响。此外，即使是宪法修正案已经赋予被害人的权利，在司法过程中也往往被法官限缩。面对被告人中心的传统诉讼观念和长期经由宪法性解释而形成的正当程序的权利话语的压制，法官往往不敢做出过于有悖被告人权利的判决，往往在被害人与被告人权利冲突时不自觉地偏向被告人一方。

4. 被害人权利入宪尽管表面上是为了维护被害人的基本程序权利，但其实质却在于转移政府责任和追求政府控诉利益。由于政府没有办法在被害人和被告人之间保护一个群体而不使另一群体的利益受损，因此政府干脆通过将被害人权利入宪的方式使得被害人拥有和被告人权利对抗的手段和资源，而使刑事诉讼的主要图景从政府与被告人的对抗变为被害人和被告人两个个体之间的对抗。这一对抗表面上似乎是公平的，但实际上却由于被害人和控诉利益的高度重合，而使在这场入宪运动中，政府的控诉利益在保护被害人权利的幌子下得到了最大限度的扩张。最典型者莫过于各州几乎全都规定了有利于控诉成功的被害人权利，比如在量刑阶段被害人享有的被害人影响陈述权等。

5. 各州在立法语言和立法技术方面不尽相同，呈现出多元化的对待被害人权利的立场和态度。对被害人权利的规定，各州采取了不同的立法技术，这主要表现在修正案本身的繁简程度以及权利范围的细微差别上。如佛罗里达州的修正案就仅仅规定被害人有权在刑事诉讼的各个阶段在不与被告人权利相冲突的情况下享有被告知、在场和意见被听取的权利。同样地，科罗拉多州修正案则表明被害人有权在刑事诉讼的重要阶段享有被告知和在场的权利。而另一个极端则以亚利桑那州和南卡罗来纳州为代表，它们都赋予了被害人多达 12 项的程序权利，是目前为止赋予被害人权利最为全面和具体的州。

四、借鉴与启示

被害人在世界各国诉讼地位的变迁大体遵循了同一个模式，我国现阶段被害人权利保护的问题也与美国大同小异。如美国和其他国家一样，我国也试图在立法和司法两个层面积极推进对被害人权利的有效保护。1996 年《刑事诉讼法修正案》将被害人的诉讼地位定位为当事人就是最为重要的一处改革。但是不容忽视的问题是，在确立了一系列的改革措施之后，被害人权利的保护状况似乎并没有好转。在这种情况下，借鉴国外被害人权利保护的新模式、新途径就显得十分必要。笔者认为，以上对美国被害人权利宪法化运动的分析对于构建我国有效的被害人权利保障机制具有十分重要的启发意义。这种启发意义主要表现在以下几个方面：

1. 在将刑事诉讼基本权利宪法化时不应片面强调被告人的程序性权利，也应将被害人基本程序权利宪法化，以体现被害人与被告人平等的程序主体地位。在我国，被告人权利的宪法化问题随着宪法性刑事诉讼的研究逐步深入而逐渐为学界所关注。第十届全国人大第二次会议所通过的宪法“人权入宪”修正案条款也提高了社会各界对此问题的关注程度。但是在“国家尊重和保障人权”的宪法条款之下，却遗漏了另一个十分重要的人权主体，也是刑事诉讼中相当重要的一个主体——被害人群体。首先，通观宪法条文，没有任何一项权利专为被害人而设，但是关于被告人的权利却随处可见（尽管与国外宪法条文相比，我们对被告人权利的规定仍然相对较少）。如果说很多被告人的程序权利由于缺乏宪法的明文规定而缺乏明确的宪法性支撑的话，那么毫无疑问，更容易在诉讼程序中受到忽视的被害人权利的宪法保护则显得更为迫切。其次，在现代法治话语中，被告人权利具有天然的正当性。被害人权利本来在与被告人权利相冲突时就往往处于被忽视和抛弃的境地，如果被告人权利进一步提升效力阶位，实现基本权利的宪法化，那么没有任何宪法基础的被害人权利的保护势必面临更为尴尬的境地。再者，如果说宪法的本义是用来防止国家权力的扩张对于个体权利的不当侵害，因而格外强调个体权利的话，那么极易受到国家追诉权力二次伤害的被害人自然也应在宪法权利体系之中享有一定的基本权利，以作为其最具效力的制度性防护。因此，宪法性刑事诉讼的研究不应只关注被告人基本权利与宪法的关系问题，还应扩展理论视野，将被害人的基本权利和基本程序问题纳入宪法性刑事诉讼的研究范围。

2. 权利入宪并非对被害人权利保护的根本性解决办法，加强对其权利的救济才是问题之关键。尽管被害人权利入宪确有必要，但这并不意味着在宪法中增列被害人权利就可以解决一切问题。相反，在将被害人权利宪法化的同时，我们仍应清醒地意识到被害人保护的最佳途径并非仅仅将权利入宪。宪法化只是问题的第一个步骤，但却并不是最关键的步骤。相比于增列当事人的权利，加强对既有权利（哪怕并不是宪法权利）的救济才是根本的解决问题之道。将被害人的基本权利宪法化绝不仅仅是对这些权利的宣示，而是为了给予这些权利以宪法权利的地位并予以宪法性的侵权救济。只有以权利-救济的模式构建宪法和程序法之关系，才能使宪法成为真正的人权大宪章。而我国还缺乏对宪法性权利予以特殊救济的手段和方法，因此只有对现有的制度条件进行必要的改造，才能将被害人权利宪法化的意义空间充分释放出来。

3. 最高法院应能动地解释宪法，通过个案发展出一套宪法权利的宪法性救济机制。宪法作为国家的根本大法，规定的都是最基本的国家政体和组织原则，以及公民的基本权利和义务。其根本大法的性质决定了宪法不可能事无巨细地规定所有问题。世界各国对侵犯公民宪法性权利的行为如何加以救济，都是通过立法或判例的方式加以补充和完善的。比如美国宪法“权利法案”所规定的诸项宪法性权利几乎从其诞生之日起就伴随着特定的救济方式。刑事诉讼法中的很多制度尤其是程序性制裁制度都与宪法权利有着密切的联系，比如宪法性的有害错误、排除非法证据、撤销起诉等，这些救济手段通过联邦最高法院的解释而成为对宪法性权利的特定救济方式。正是由于这些宪法性救济方式的存在，才使得宪法性权利具有了实际的效力，也才会使这些权利的保护不至成为一纸空文。但是我国并没有在刑事诉讼法中确立比例原则，也没有将权利分为宪法性权利、基本程序权利和一般程序权利并在救济方式上对其加以区分，从而使宪法所规定的权利仅仅是具有宪法权利的名称而已，并不会对诉讼程序和权利保护产生实质性的影响。因此，吸取美国被害人权利保护运动的经验和教训，我们在加强被害人权利保护尤其是将其基本权利宪法化后，更应重视通过最高法院能动地解释宪法而发展出一套专门的宪法性权利的救济机制，让违反被害人宪法权利的行为受到更为严厉的制裁。这样才会使已经在普通立法当中存在的被害人权利入宪具有现实的意义，也才不会面临美国学者所提出的“权利已有规定，入宪实无必要”的质疑。

4. 被害人权利保护不应在政府利益主导下进行，其权利入宪应将被害人视为独立的利益主体。美国宪法修正案的经验告诉我们，被害人作为和被告人对立的控诉一方，自然和政府公诉的利益具有极大的一致性，但是在保护被害人权利方面，却不能以政府公诉的利益为主导来对被害人的权利进行任意的裁减和压制，而应将被害人视为独立的利益主体。但是我国十分注重国家和社会整体利益，又强调打击犯罪的诉讼目的。由于宪法修正的门槛极高，随意扩大政府权力的修正案更加不具有通过的可能性，期望通过修改宪法达到增加控制犯罪的能力几乎不可能实现。因此，我国的被害人权利宪法化就更需要防止这样一种暗度陈仓的倾向：通过将被害人权利宪法化而实际增强控诉力量。实际上，我国一些既有的被害人权利立法就已经带有十分明显的控方利益导向，这会产生两个后果：首先，在将被害人权利宪法化后，必将面临被告人权利被压制的问题；其次，在与控方利益相冲突时，被害人的权利就会被剥夺，比如被害人虽然已经成为当事人，但始终没有赋予其上诉权。由于被害人和控方利益有着千丝万缕的联系，因此学者常常将被害人概括为诉讼的第四级，并以此重构诉讼构造理论。这是控方利益导向的立法造成的必然结果，这种立法模式不但使被害人权利得不到实质性的保护，被告人权利也会受到压制，而最终受益的只是政府。这种政策性修宪的政治目的要大于法律目的，必然会使被害人无法成为独立的利益主体，将哪些权利宪法化也并不取决于被害人利益的考量。这就必然使被害人权利保护的质与量，权利入宪的范围和程度都受到种种不合理的限制和一些非相关因素的制约。因此笔者主张，在将被害人权利宪法化的时候，不应在政府利益主导下进行，而应将被害人视为独立的利益主体来确定入宪权利的范围和保护的程度。

5. 应当适当控制被害人参诉的范围和方式，弱化被害人作为大控诉方的倾向，以最大可能地平衡被害人与被告人的权利和利益。被害人和被告人立场和利益的对立性决定了无论如何设计制度，都无法完全避免二者之间的利益冲突。但是如若处理得当，二者利益可以得到最大程度的兼顾。我国 1996 年修改《刑事诉讼法》时将被害人的诉讼地位定位为当事人，被世人普遍认为是对被害人权利保护的一次重大修改，但是也因为被害人由此可以在庭审不同阶段多次作证和加剧控辩失衡等弊端而招致了侵犯被告人利益的严厉批评。美国被害人权利宪法化运动提醒我们：如果被害人权利入宪仍然遵循控方利益模式进行的话，势必会使被害人的诸项程序权利都会按照有利于公诉成功的方向设计。在很多制度设计上，被害人与公诉方的利益会人为地绑在一起（如被害人影响最后陈述就会极大地增加控方指控和量刑的成功概率），其真正的落脚点并非被害人基本权利的保障，这样就会导致被告人在本来就无法与控方取得诉讼均势的情况下，由于被害人权利的宪法化而面对另一个更为强大的对立面，从而使被告人的利益受到更大的压制，本来期望将被告人权利宪法化以提高其诉讼地位的努力又会无功而返。因此，最好的解决办法应该是：控制被害人参诉的范围和方式，弱化被害人作为大控诉方的倾向。首先，将被害人对等性权利（与被告对等享有的权利，如贫穷被害人有权获得政府指派的律师援助等）和参与性权利（如重要诉讼阶段和结果被告知的权利）宪法化，而尽量不将其压制性权利（如被害人最后影响陈述权）入宪；其次，被害人作证应在庭审开始阶段即讯问被告人之后进行，这样可以避免其多次作证和听取证言后改变证词，避免在裁判者心证形成之时发表最后陈述造成偏见和情绪性裁判，也可以通过增加在庭审中对被害人陈述的交叉询问程序而降低其主观色彩浓厚的证言的负面影响；最后，可以考虑赋予被害人以在重大暴力犯罪案件中的最后陈述权，这样可以保证程序所保护的利益与所压制的利益之间能够取得合理的平衡。

司法理论

第九章

逻辑与后果：法官错案责任终身制的理论反思

早在20世纪90年代，我国就曾在全国范围内大力推广过错案责任追究制，但随即遇到了理论和实践两方面的质疑和阻力，因此曾一度被搁置和淡化。但是，中共十八大在新一轮司法改革背景下又重提错案责任追究并强调办案质量终身负责制。其改革逻辑与之前的错案责任追究有何区别？这种办案质量终身负责制究竟能否避免之前改革所面对的种种理论误区和实践困境？是否会导致与改革目标相悖的非意图后果？我们应该建立一个什么样的法官责任制度体系？这些都是本章所要回答的问题。

一、错案责任制的历史沿革

错案责任追究制并非一个新鲜事物，自从我国于70年代末恢复审判制度以来，对法官错案责任的追究就一直处在不断地摸索过程之中。大体说来，可以粗略地将其分为如下几个历史阶段：

（一）法院监察制度阶段

我国对法官最早的错案追究，可以追溯到80年代中期建立的法院监察制度。但是，这种由各级法院内部的监察部门进行责任追究的方式至少存在如下几个方面的问题：第一，行政化色彩浓厚。监察部门人员多由非法官的行政人员组成，处理程序多遵循行政权运作逻辑而非司法逻辑。第二，作为法院的内设机构，缺乏中立性。法院本身并不希望监察部门发挥太大作用，使得监督流于形式。有的法院会采用内部“劝辞”或“劝退”的暧昧方式处理“问题”法官，以免影响法院整体形象。第三，监察部门在惩戒工作中并无有效的调查手段。大部分对法官的投诉，猜测多于真凭实据，没有明确的证据规则和证明标准，使得监察工作很难真正发挥作用。

（二）错案责任追究制度阶段

鉴于法院监察制度存在的上述问题，1990年，河北省秦皇岛市海港区法院探索确立了错案责任追究制度。1992年，河北省法院系统全面推行了该制度。1993年春，最高人民法院在全国法院工作会议上将该制度在全国范围内进行推广。截至1993年10月底，已经在河南、河北、海南、甘肃、宁夏、天津、山东、湖南、江苏、江西等省、市、自治区的三级法院全面推开，其余省市也开始试点或在部分地区试行。[1]这一时期的错案责任追究主要采

〔1〕张绳祖：“执行错案追究制度，提高人民法院办案质量”，载《人民日报》1994年2月22日，第2版。

取结果导向的错案认定标准。但是，在该制度运作过程中，逐渐开始显示出其在理论和实践两方面的困境，主要表现为错案标准混乱、错案范围模糊，权力的集体行使与责任的个体承担之间难以协调。这些问题导致司法官员怠于行使职权，并强化了法院系统内部的行政化倾向等。

（三）违法审判责任追究制度阶段

1995 年颁布的《法官法》没有明确使用“错案追究”这一说法，而是在第 32 条中规定了法官禁止从事的 13 项行为。最高人民法院 1998 年 8 月和 9 月又分别颁布了《人民法院审判人员违法审判责任追究办法（试行）》和《人民法院审判纪律处分办法（试行）》，前者将“错案追究制”从单一的结果导向转变为结果与程序并重的“违法审判责任追究制”，而后者则将“违法受理案件”“违法回避制度”“违反证据制度”“擅自干涉下级法院”等程序性违法事项作为法官责任追究的重点。而后，上海、广东、安徽、海南等地司法机关纷纷根据各自的实际情况规定了实施细则，明确了法官“违法审判责任追究制”的具体适用问题。上述规定主要侧重于从程序和执行两方面对法官承担责任的范围进行规定，而对实体错案的追究范围则只是做了原则性规定，甚至还列举了法官不承担实体错案责任的几种情况。这一阶段法官责任制度改革从关注结果责任转向关注程序责任，开启了以“违法审判”而非“错案”作为责任追究标准的新阶段。

（四）多元化审判责任追究制度阶段

2002 年，中共十六大报告中没有提及“错案责任追究制度”，高层立法已经出现了向违法审判责任制过渡的倾向。但很多地方实行错案责任追究的惯性依然强大，不少地方背离改革初衷，制定了更为严格的惩戒制度。不但标准不尽同一，在惩罚力度和处罚范围上也开始层层加码，导致追责扩大化。很多地方甚至突破最高人民法院的规定，更为强调对实体错案的追究，而忽略了对法官行为和职业道德的监督。〔1〕但同时，也有部分法院开始认识到错案责任追究制的内在困境，开始尝试探索多元化的审判责任制度。如江苏宿迁中院在2002年宣布废除在全市法院施行3年多的错案追究办法，将最高人民法院规定的是否违法审判、是否应当承担违法责任作为错案责任追究的唯一依据和标准。2003年，吉林省磐石市法院出台了《对干警实施不信任弹劾暂行办法》，建立了法官弹劾制度。〔2〕2004年，重庆市合川区法院全面推行严

---

〔1〕 河南省南阳市西峡县法院一名工作人员撰文透露，2008至2011年间，该市两级法院因为案件审判问题受到处理的法官229人次，其中通报批评178人次，警告29人次，记过和记大过16人次，调离审判岗位4人次，被追究刑事责任2人次。对法官追责范围的扩大导致部分法官不堪重压而辞职，也有一些法官主动要求调离审判岗位，到办案压力相对较小的行政、后勤等事务性部门工作。李光敏："大陆司法过错追责困局"，载 http://news.ifeng.com/opinion/special/faguanzhuize/detail_2012_03/05/12979149_0.shtml，最后访问日期：2015年11月28日。

〔2〕 根据该暂行办法的规定，利用职务便利，办人情案、关系案、金钱案，问题表象明显，合理怀疑难以排除的；思想品德不佳、行为不端、违反社会公德、公信度较低、社会反响不好、受到投诉举报的等9种情形可以启动弹劾程序。《对干警实施不信任弹劾暂行办法》出台后，磐石市人民法院民事审判一庭副庭长王某，因在审案后判案前接受被告人宴请，被磐石市人民法院弹劾委员会弹劾，随后免去现有职务、待岗，成为第一个以身试法的法官。参见"磐石市法院启动不信任弹劾程序"，载 http://news.sina.com.cn/c/2003-05-29/0418165860s.shtml，最后访问日期：2015年11月28日。

格的案件质量评查制度。[1]2005年，北京市第一中级人民法院也取消了错案追究制，并代之以法官不规范行为认定制度。[2]至此，一种结果责任模式、程序责任模式和职业伦理责任模式并存的多元化审判责任局面开始形成。

（五）错案责任终身制阶段

2008年，云南省率先出台《关于法院审判人员违法审判责任追究办法实施细则（试行）》，第17条明确规定："违法审判情节恶劣、后果严重的，对有关责任人实行终身责任追究。"该省在全国首创法官办案责任终身制。2012年4月，河南省高级人民法院发布《错案责任终身追究办法（试行）》，再次将错案责任终身制引入公众视野。不过，与云南省相关规定不同的是，河南省在法官责任终身追究的范围上并不限于"情节恶劣、后果严重的"违法审判案件，而是扩大到所有违法审判案件。[3]由于媒体的争相报道，错案责任终身制引起全社会的广泛关注，并在新一轮司法改革之中被写进中央文件。中国共产党十八届四中全会指出，要"推进以审判为中心的诉讼制度改革，实行办案质量终身负责

---

〔1〕根据该制度，仅仅因为裁判文书出现错别字，该法院6名法官受到纪律和经济方面的双重处罚。

〔2〕法官不规范行为认定制度着眼于规范法官行为，更加注重法官在审理中有无违法违纪现象而非实体裁判结果是否存在错误，是一种过程本位而非结果本位的责任制度，从而回避了难以解决的错案标准的问题。

〔3〕《河南省高级人民法院错案责任终身追究办法（试行）》规定，该省各级法院的院长、审判长、审判员、执行人员、书记员、司法警察等群体，即便是错案责任人已经提拔升职、调离原单位、辞职、退休等，仍旧应当予以追责。对负有错案责任的法院工作人员的处罚包括降级、撤职、开除，涉嫌构成犯罪的移送司法机关等。

制和错案责任倒查问责制。”[1]2013 年 8 月，中央政法委出台了首个关于切实防止冤假错案的指导意见，要求法官、检察官、人民警察在职责范围内对办案质量要终身负责，并建立健全冤假错案的责任追究机制。至此，错案责任终身制作为系统改革的一部分从地方推广至全国，在国家层面得以最终确立。

二、司法公正与司法独立的双重倒逼

在梳理了错案责任追究制度的历史沿革之后，我们需要进一步回答的问题是：为何在错案责任制存在诸多问题尚未得到解决，并曾一度淡化该制度的背景下，中共十八大又在全国层面重提该制度，并强调对错案责任的终身追究？这一次的改革与兴起于 20 世纪 90 年代的错案责任追究，在改革环境、改革目标和改革逻辑方面都有哪些不同？要回答这些问题，就必须以第一轮错案责任制改革为参照，在新一轮司法改革的宏观背景下，从各项改革措施互动的角度去定位错案责任终身制，这样才能深刻理解其在这次司法改革中的体系性地位。

（一）错案责任终身制的改革环境

第一轮错案责任制改革是自下而上的自发性改革，而此轮错案责任制改革是自上而下的顶层设计式改革，这种改革环境的区

---

〔1〕 有学者指出，办案质量终身负责制是案件质量责任制的实体性规范，而错案责任倒查问责制则是案件质量责任制的程序性规范。参见宗会霞：“办案质量终身负责制的价值证成与规范运行”，载《政治与法律》2015 年第 3 期。

别直接导致其改革目标的差异。在自下而上的改革路径下，改革目标往往比较单一，只是为了实现司法公正，防止冤假错案。但在自上而下的改革设计中，错案责任制就是改革链条中的一环，其改革目标必须配合其他改革措施，以形成统一合力。如果说上一轮错案责任制的改革目标是通过倒逼实现司法公正的话（通过错案责任督促法官谨慎行使司法权力），那么，这一次的改革同时还具有促进司法独立的功用。如果说制度层面的审判不独立现象可以通过废除院庭长审批案件制度加以部分解决的话，那些利用人情关系、领导关系对案件进行的非正式干预则几乎难以通过制度变革的方式加以解决。十八届四中全会通过的《中共中央关于全面推进依法治国若干重大问题的决定》还明确要求建立领导干部干预司法活动、插手具体案件处理的记录、通报和责任追究制度。通过错案责任终身制这一制度的威慑作用，并和这一改革措施彼此呼应，旨在调动法官个体的积极性，主动自觉地抵御人情关系，从领导干部和裁判者这两大主体的角度杜绝对独立司法的不当干扰，从而保障独立司法。可以说，错案责任终身制正是在这种整体的改革设计之中才取得了一种体系性的地位，与其他改革目标互相促进，彼此保障。本轮办案责任制的改革旨在配合其他改革举措，共同实现司法改革的根本目标：确保实现独立、公正的司法运作，诸多微观制度的改革都是为了从整体上实现司法官员权能、资源和责任的新的均衡而加以统筹设计的产物。

（二）错案责任终身制的改革目标

在当年的制度环境下，由于统一司法考试制度尚未推行，法官选拔制度尚不完善，法官队伍整体素质不高。加上相关法律均处于初创阶段，本着宜粗不宜细的立法思想，导致很多法律非常粗放，法官拥有较大的自由裁量权。法官对案件的自由判断往往能够左右案件的胜诉结果，而缺乏有效的制约，结果导致错案频发。因而，当初错案责任追究制的制度设计初衷就是希望在立法短期内无法改变的前提下，通过错案责任的追究加强法官的自我约束意识，以责促权，提升办案质量。概言之，错案责任追究制初期所要解决的其实就是法官自由裁量权过大导致的错案问题。〔1〕〔2〕但是新一轮错案责任制改革除了解决错案问题，实现司法公正的目标之外，还隐藏着司法独立和去行政化的改革目标。比如，中国共产党十八届三中全会通过的《中共中央关于全面深化改革若干重大问题的决定》明确指出，要“完善主审法官、合议庭办案责任制，让审理者裁判，由裁判者负责”，以及“确保依法独立公正行使审判权”。这里的“让审理者裁判，由裁判者负责”显然具有内在的因果关系：只有让法官独立司法，才能在逻辑上由法官承担错案责任。显然，这里对办案责任制的强调已经不再突出其和办案质量的关系，其指向的改革对象其实就是审判委员会和

〔1〕 需要指出的是，即便是2012年河南省出台的错案责任终身制也没有在促进独立司法上着意过多，其内容仍然是在承认现有审批机制的前提下的责任终身制，甚至还规定了领导责任，尽管这可能进一步加剧司法活动的行政化倾向。

〔2〕 郑淑淼：“错案责任追究制度之历史回顾与创新探索”，载《法制博览》2015年第1期。

院庭长审批案件等违反亲历性原则的现有制度；而且，改革目标明确把“独立”和“公正”并列，“去行政化”是此轮错案责任追究制和之前错案责任改革的根本区别。正如王亚新教授所言：“为什么要从微观主体切入，为什么要给予法官职业保障？当然还是为了实现《决定》中提出的司法改革根本目标，即要确保依法独立公正行使审判权。我觉得不能只看到要提高法官的准入门槛、改善法官待遇、序列单列分类管理等职业保障的改革内容，还需要特别注意本轮司法改革对于法官承担审判责任这部分的强调。”〔1〕

（三）错案责任终身制的改革逻辑

新一轮错案责任终身制着眼于公正与独立这两大改革目标，这种改革目标的实现明显采取了一种“倒逼”的改革逻辑。所谓“倒逼”改革，又可以称为“逆向推进式”的改革。这一术语最早见于陈瑞华教授对死刑复核程序改革的分析之中。在死刑诉讼程序中，为了提高死刑案件质量，最高人民法院先是正式收回死刑复核权，并为此专门构建了五大刑事审判庭，然后，又明确规定死刑二审案件必须开庭审理。在死刑复核和死刑二审程序陆续进行了较大幅度的改革之后，死刑案件一审程序又开始成为新一轮改革的重要对象。2007 年 3 月 9 日，最高人民法院会同最高人民检察院、公安部和司法部一起发布了《关于进一步严格依法办案确保办理死刑案件质量的意见》，进一步对死刑案件的侦查、起

〔1〕 王亚新、李谦：“解读司法改革”，载《清华法学》2014 年第 5 期。

诉和一审提出了更为严格的要求。显然，我国死刑程序的改革呈现出由死刑复核往之前的诉讼程序延伸和推进的态势，整个改革呈现出一种“逆向推进”的特征，因而被概括为“逆向推进式的改革”。这种改革逻辑在新一轮司法改革中体现得非常明显，比如通过对司法公正的强调倒逼司法公正，通过对错案责任倒查问责和终身制的强调倒逼司法独立。〔1〕由于司法改革已经进入深水区，在很多改革阻力较大的领域，正向改革往往很难取得制度性突破，因而选择改革阻力最小的领域和环节入手进行逆向推进，从而推动改革目标在事实层面的实现，并最终在实践已经松动的基础上推动制度层面的改革。这种改革模式往往可以取得正面推进难以取得的改革效果。比如，由于各种历史原因，涉及公检法三机关关系和权力分配的制度总是难以取得实质性的改革进展，最高人民法院就着眼于内部工作机制的变化来间接影响公安机关的工作模式的转变。〔2〕同理，由于我们暂时很难在制度层面对司法独立问题进行大刀阔斧的改革，因此，通过对法官个体责任的强调，促使其在实践层面保证自身裁判权不受外部不当干扰，在事实上促进司法独立的实现，从而配合其他改革措施营造一个司法独立和去行政化的实践空间，并最终为在制度层面彻底实现去行政化创造条件，就是一个无奈的改革路径选择。而且这种改革思路还具有一个优势，就是采取一种反向思维，回避对于司法公

〔1〕 陈瑞华：《刑事诉讼的中国模式》，法律出版社2008年版，第223页。

〔2〕 比如通过死刑证明标准的改革促进公安侦查工作的标准化，通过非法证据排除规则的改革促进公安证据收集活动的合法化。

正和司法独立无谓的学理争论。既然无法从正面界定司法公正，那就从反面解决司法不公正的问题；既然无法解决法官自由裁量权所带来的腐败问题，那就从错案责任终身追究入手，促使法官自己合理约束自由裁量权的运用。这样不但节省了监督成本，还能够减少改革阻力，在不回避改革真正问题的前提下推动改革向纵深发展。这就是本轮错案责任终身制的改革逻辑所在。正是在这个意义上，我们认为，此轮司法改革中的错案责任终身制改革，是一种对司法公正和司法独立的双重倒逼机制。

三、错案责任终身制的非意图后果

根据相关学者的研究，这一轮司法改革至少具有以下几个特征：第一，采取了自上而下的宏观顶层设计方式。第二，选择了法官、检察官职业保障、序列管理、办案责任等制度作为切入口的微观改革路径。[1]错案责任终身制正是在这一改革背景下通过逆向推进式的改革方案倒逼司法公正和司法独立的实现，但问题是，“改革从来都是为了追求好的结果，而不是追求符合某个理念”。[2]换句话说，任何一项改革措施的成功与否都从来不取决于其良好的愿望，而是取决于其所产生的实际后果。倒逼式改革也存在自身的局限性，如果操作不当，将可能大大影响这一轮司法改革目标的实现，甚至取得与预期相反的改革结果。我们不禁

---

〔1〕 王亚新、李谦：“解读司法改革”，载《清华法学》2014 年第 5 期。

〔2〕 苏力：《道路通向城市》，法律出版社 2004 年版。

要问，这种改革路径的设置初衷真的能够完全实现吗？错案责任终身制是否会产生一些与改革预期目标完全相反的非意图后果？我们如何避免“播种龙种而收获跳蚤”的尴尬结局？

首先，各项改革措施顺位不清，导致改革效果自相抵消。此轮司法改革最大的特点就是希望通过顶层设计的系统工程解决法官办案“责权利”的统一问题。[1]办案员额制、高薪制、司法责任终身制等改革措施都要放在这个统一的视角下才能获得全面而深刻的理解。具体而言，此次系统改革的逻辑应当是：首先，通过员额制改革严格限制办案人员的数量和比例；其次，通过司法去行政化的改革赋予合议庭和法官更多独立裁判案件的权力；最后，通过高薪制改革对法官形成利益的正向激励。然后在此前提之下，通过错案责任终身追究实现本轮司法改革最为核心的目标——法官“权责利”的高度统一。但遗憾的是，从目前司法改革陆续和即将出台的方案情况来看，似乎违背了这一良性改革逻辑，并没有形成渐进有序的改革顺位，几项改革措施之间的关系也不甚明朗，甚至有些混乱。比如，在司法独立方面，仅仅明确建立领导干部干预司法活动、插手具体案件处理的记录、通报和责任追究制度，而对于涉及司法独立的核心问题，却并无多少实质性措施。在高薪问题上，由于种种体制性原因，提薪幅度不可能过高。以经济最为发达的上海地区为例，2015 年 4 月 23 日，上

〔1〕《人民法院第四个五年改革纲要（2014~2018）》中提到要“紧紧抓住健全审判责任制这一关键点”，“完善主审法官办案机制和办案责任制”，“健全完善权责明晰、权责统一、监督有序、配套齐全的审判权力运行机制”。

海全面推进司法体制改革试点工作会议首次提出，全市试点法院、检察院进入员额内的法官、检察官收入暂按高于普通公务员 43% 的比例安排，[1]这几乎已经是法官可以看到的高薪制改革的调薪上限。可以说，由于传统体制的局限性，这两项改革都不可能有很大的突破。相反，在这种奖励性规范模糊不清、甚至改革上限已经形成预期的情况下，更为严厉的错案责任追究制度却十分明确而且日趋严厉。这无疑加剧了办案人员的焦虑，在权责利两相权衡之后，作为司法改革关键环节的员额制改革甚至因此在某种程度上陷入了困境。在员额制入额的时候，部分有经验的办案人员就会主动放弃，有人甚至借故放弃参加面试。有的基层法官为了回避风险，甚至主动申请从办案一线调至信访局工作或者下乡扶贫。可以说，如果我们的业绩考评和薪资待遇仍然沿袭之前的做法，业务岗位和综合岗位工资待遇相近，而且评优一般都是综合部门优先的话，势必会吸引更多优秀的人才进入综合部门，从而在整体上降低办案队伍的专业化水准。[2]责任大，风险大，待遇提升幅度不高，待遇非终身但责任终身，这种权责利明显不平

---

〔1〕 肖欣欣："司法改革看上海"，载 http://www.aiweibang.com/yuedu/23546231.html，最后访问日期：2015 年 11 月 27 日。

〔2〕 目前，我国法官的职级呈现"双轨制"的格局，一类是与普通公务员相同的从副国级到副科级的行政级别序列，另一类是 2001 年《法官法》修改后实行的从首席大法官到五级法官的十二级法官等级序列。决定法官薪资待遇水平的往往是其行政级别，一些终日疲于奔命、忙于审理案件的法官收入远不如不参与审案的行政政工干部，在缺少激励的境况下，再向法官施加审案和责任制压力，出现反弹也就不难理解了。秦前红、苏绍龙："深化司法体制改革需要正确处理的多重关系——以十八届四中全会为框架"，载 http://www.aisixiang.com/data/82643-5.html，最后访问日期：2015 年 11 月 26 日。

衡的状态势必会导致司法队伍的人心浮动和人才流失。[1]所以，既然各项改革措施是一个系统工程，就应该厘清改革之间的顺位关系和互动激励关系，否则，倒逼式改革就会遇到瓶颈和困境，难以实现其预期目标。[2]

其次，倒逼式改革以承认现有制度为前提，从而可能强化现行司法体制，使改革效果大打折扣。错案责任追究究竟应该是先实现“让审理者裁判”，然后“让裁判者负责”，还是通过“让裁判者负责”来倒逼“让审理者裁判”？[3]如果采取前一种逻辑，则司法改革必须在司法去行政化上进行具体的制度设计，而如果采取后一种逻辑，实际上等于放弃了此轮司法改革在去行政化方

---

〔1〕 在责任风险的问题上，笔者一直认为，并不存在绝对的高风险职业，所谓的高风险一定是在风险和收益比较后的判断。也就是说，只有在低收益的时候，人们才会去强调高风险。因为收益往往不便成为公开表达的对象。另外，错案责任终身制还会进一步加剧司法活动的保守型特征。在笔者调研过程中，法官普遍认为，“多办案就多出错，少办案就少出错，不办案就不出错，法官因为害怕承担责任而尽量少办案，审判工作的积极性锐减”。

〔2〕 当前司法体制改革在强调落实终审和诉讼终结制度的同时，却又以建立“涉法涉诉信访依法终结制度”的方式保留了信访机制，只不过突出了信访的“法治化”。实则二者相互矛盾，信访机制的存续必然还会以行政权消解司法权的终局权威。再如，《领导干部干预司法活动、插手具体案件处理的记录、通报和责任追究规定》扩大了以往党内法规对“领导干部”的界定，为其划定了干预司法活动、插手具体案件处理的红线，虽有助于排除对司法的非法干扰，但因在制度设计上想当然地将各级司法机关和党委政法委置于一个超然于各种利益羁绊和人情世故的地位，该规定在实施过程中可能出现的困境亦不难预见。秦前红：“当前司法体制改革的五大隐忧”，载 http://chuansong.me/n/1323316，最后访问日期：2015 年 11 月 27 日。

〔3〕 原温州市中级人民法院法官、现北京盈科律师事务所合伙人钟锦化说得更为直接：“法院执法过错以及冤假错案现象屡禁不绝的根本原因，不是没有所谓追究机制，而是司法审判没有真正独立。”李光敏：“大陆司法过错追责困局”，载 http://news.ifeng.com/opinion/special/faguanzhuize/detail_2012_03/05/12979149_0.shtml，最后访问日期：2015 年 11 月 28 日。

面进行制度设计的责任，而把抵制领导干预和法外干扰的义务强加给了法官本人。这是一种非制度性的进路，是对现有的审判委员会制度和院庭长审批制度默许的逻辑结果。之所以采取后一种改革逻辑，原因正如前文已述，由于司法体制的强大惯性和改革阻力的存在，使得短时期内集中解决司法独立问题的条件尚不成熟。但是在改革深层次的问题又不容回避的情况下，改革者便采取了一种倒逼式的改革逻辑，期望通过裁判者责任心的增强，形成以法官个体为中心的原子式的独立模式。这是一种非制度层面的独立，可以说是无奈之举，它必然会在改革初期回避诸如审判委员会、院庭长审批等体制性问题，从而默许影响司法独立的相关制度的客观存在，并承认其有效性。比如，《河南省高级人民法院错案责任终身追究办法（试行）》第 7 条在对错案进行界定时就将“向合议庭、审判委员会报告案情时故意隐瞒主要证据、重要情节，或者提供虚假材料，导致裁判错误的”作为错案标准之一。该条文实际上就承认了院庭长及审判委员会审批案件制度的合法性。第 13 条规定：“主管领导、部门负责人故意违反法律规定或者严重不负责任，利用职权指示独任审判员或合议庭改变原来正确意见导致错案的，主管领导、部门负责人承担主要责任，案件承办人承担次要责任。”这一条文更是承认主管领导和部门负责人有权指示法官，而只有在导致错案的情况下，才需要承担错案责任。此外，根据《办法》所确定的错案责任承担原则，“谁有决定权，谁负主要责任；其他参与者负次要责任；下属出错案，主管领导有责任”。对于经过认定属于错案的案件，不仅要追究直接承办人的责任，还要追究同意错误意见的合议庭其他成员、庭长直至院领导的责任，这在一定程度上反而强化了法院的行政化色彩。因此，错案责任追究制固然能够解决一些领导干部对案件非正式干预的问题，但是，现行制度默许的正式审批制度却恰好成了法官推卸错案责任的最佳途径。法官往往会通过将案件上交给院庭长和审判委员会，甚至是请示上级法院等方式，让案件从个体决策变为集体决策，从而使责任扩散化。这实际上等于通过倒逼强化了现有的司法行政化因素，使得改革效果大打折扣。正如著名学者陈瑞华教授所言："这种以结果为导向的责任模式会造成各项去行政化改革措施之间的矛盾，并最终抵消改革者为推进审判独立所做的积极努力。由于错误裁判没有客观的标准，各级地方法院约定俗成地将上级法院改判或者发回重审视为发现案件错误裁判的线索，这势必会造成下级法院根据上级法院的裁判来追究法官的责任。这种做法将对上下级法院之间的审级独立造成严重的冲击，造成上下级法院之间形成事实上的垂直领导关系。可以说，本来是为了去行政化而推行的司法责任制，却由于继续采取结果责任的追责模式，反而带来了法院上下级之间更为严重的司法行政化，进而给司法人员分类管理、法官员额制等诸项改革带来消极影响。"〔1〕

最后，错案责任终身追究会加剧办案人员之间的利益绑定，加大错案平反的难度。众所周知，错案的形成分为两个环节，一

---

〔1〕 陈瑞华："法官责任制度的三种模式"，载《法学研究》2015年第4期。

是司法裁判环节的错案，[1]二是司法救济环节的错案。如果说第一个环节的错案是任何诉讼制度都无法有效避免的话，那么，只要制度设计得当，错案在第二个环节被发现和平反就是可以努力的方向。但是，过于严厉的错案责任追究制不仅无助于解决第一个阶段的错案问题，还可能造成第二个环节的平反工作变得愈发困难。一个案件历经侦查、起诉到审判，所有环节的办案人员都要对最后的错案承担办案责任和领导责任，这势必会加剧公检法之间的利益绑定，而强化目前的流水作业的诉讼构造。这并不仅仅是一个理论上的推演。为了更好地说明这一问题，我们可以先看一个真实的案例。

2003 年，湖南祁东县匡增武以抢劫罪名被押上法庭，判处 6 年有期徒刑。在服刑 5 年之后，却突然发现，公安机关把发案日期弄错了。发案当天，他因故被拘留在拘留所，根本没有作案时间。匡增武恨透了因为跟计生干部发生冲突而导致的那次拘留。6 年之后，已经步入而立之年的他却异常感激拘留所的那些日子。因为，如果不是那次拘留，后来他莫名卷进去的抢劫罪名，恐怕一辈子也无法洗脱。其父获得了没有作案时间的申冤铁证。在如此明显的错误被曝光之后，公安机关主动向人大代表承认办错了案件。但是让人意想不到的是，负责审判的中级人民法院却不敢

---

〔1〕 某种程度上，错案责任终身制甚至也会加大这一环节的错案发生比率。有法官在调研时表示，为了不承担错案责任，在合议庭讨论案件时，会始终做少数派。案件判对了，没人追究；判错了，你是正确的，不仅不会被追究，还会大大的表扬。

认错，一直抵制，不纠正错案。“当时衡阳市中级人民法院负责人竟然当场批评祁东县公安局长不该承认此案是错误的。”“直到2006年12月，在衡阳市人大会议上，衡阳市中级人民法院的工作报告第一次没有被通过，而衡山代表团又提出了要尽快纠正匡增武案的议案。在这种情况下，纠错程序才真正启动。”来自法院的阻力导致案件从2003年开始申诉，直到2009年才得到平反。〔1〕

这个案例形象地说明了错案责任与平反阻力之间的正相关关系。不仅如此，在我国司法尚不独立的情况下，很多案件的处理过程都要经过层层领导的审批，对错案应当承担责任的必然是一个群体，而非某个个体。因此，一旦启动错案责任追究，势必会导致追责扩大化，而促使其结成利益共同体。如果一方面惩罚十分严厉，另一方面错案责任追究又由办案机关启动，在主要办案人员已经升至主要领导岗位的前提下，强调错案责任的终身制相比于之前只会增加冤案平反的体制性障碍。可以说，惩罚严厉性和惩罚主体的非中立性导致我国错案责任终身制必然产生冤案平反难度加大这一非意图后果。

综上，错案责任终身追究制并没有克服错案责任制本身的弊病，相反，却可能因为处罚力度的加大、与其它改革措施逻辑关系定位混乱而使这一弊病得以放大，从而产生一系列非意图后果，阻碍改革目标的实现。

---

〔1〕 洪克非：“公安机关弄错发案日期致男子蒙冤入狱五年”，载 http://news.sina.com.cn/s/2009-01-08/062117000447.shtml，最后访问日期：2015年11月26日。

四、法官责任制度的模式选择：一种体系性思路（代结语）

错案责任终身制沿袭于90年代兴起的错案责任制，旨在通过倒逼的方式促进独立和公正司法的实现。错案责任制本身所固有的一些弊端在错案责任终身制中并没有得到根本性的克服，后者本可以在系统改革措施之间寻找到自身的体系性定位并与其它改革措施形成良性互动。但由于改革举措的顺位不清、司法体制性障碍等因素的存在，使得错案责任终身制很难实现预期的改革目标，甚至会放大当年错案责任制的弊端，倒逼式改革成效有限。有鉴于此，我们需要构建一套适合中国国情，尤其是适合当下司法改革现状和逻辑的法官责任制度。在此，笔者尝试提出一种体系性的改革思路。我们认为，改革方案必须紧密围绕这一轮司法改革所确立的"权责利相统一"的改革思路进行设计，谨防在法官责任制度的改革之中陷入"钱穆制度陷阱"。一个制度出了毛病，再设计另一套同样存在问题的制度来纠正前者，久而久之，病上加病。〔1〕

首先，在"权"的问题上，必须认清倒逼式改革的限度，在法官错案责任的问题上建立"权责利统一"的改革思路。中国共产党十八届三中全会通过的《中共中央关于全面深化改革若干重大问题的决定》明确指出，要"完善主审法官、合议庭办案责任

〔1〕 王永杰："易发生难纠正：我国错案运行机制的社会学考察"，载《犯罪研究》2010年第6期。

制，让审理者裁判，由裁判者负责”，以及“确保依法独立公正行使审判权”。不难看出，此轮司法改革的重要目标之一就是“让审理者裁判，让裁判者负责”，前者是后者的逻辑前提和基础，[1]要防止在司法独立改革举措未到位的情况下就片面强调法官的错案责任。因此，改革不能回避真正影响司法独立的体制性障碍，必须坚决正面解决审判委员会制度和院庭长审批案件制度的存废和改革问题。而在这些改革举措取得实质性进展之前，应当慎提错案责任终身追究；或者至少，在“让审理者裁判”的相应保障措施建立之前所产生的错案不宜一律适用终身责任。

其次，在“利”的问题上，应当理顺各项改革措施之间的顺位关系。作为顶层设计的系统改革工程，其优点是打破了部门改革的利益区隔，但可能产生的弊端却是各项改革措施之间的逻辑关系和先后顺序的定位模糊和混乱。任何一项改革都必须是正向激励和反向惩罚之间的动态平衡，而不能片面强调任何一个方面，否则都会影响到相关利益群体的积极性。法官错案责任制度也是如此。如果我们在法官职业保障、责任豁免、薪资待遇、职业尊荣等方面尚未建立起充分保障之前，就片面强调错案责任终身制，势必会影响到法官队伍的稳定性，加剧法官的保守性格，使其成为风险控制型的职业。因此，在改革顺序上，应当以职业保障、薪资待遇和员额制作为改革的龙头，在形成充分的改革正向激励的基础上，再进一步以权责利相统一的原理对其科加更为严厉的

[1] 陈瑞华：“法官责任制度的三种模式”，载《法学研究》2015年第4期。

错案责任。

最后，在“责”的问题上，应当建立多元化的法官责任制度体系，而摒弃以错案为惩罚标准的结果责任模式。著名学者陈瑞华教授指出：“以结果为导向的责任模式会造成各项去行政化改革措施之间的矛盾，并最终抵消改革者为推进审判独立所做的积极努力。”〔1〕因此，我们应当建立程序责任模式和职业伦理责任模式为主的“以行为为中心”的法官责任制度体系，同时建立科学的案件质量评估标准和体系，〔2〕并建立独立于法院系统的责任追究主体，〔3〕〔4〕使法官责任模式彻底摆脱结果导向的错案认定标准和对上级法院的依附关系，使司法改革措施真正在遵循司法规律的前提下得到良性运行，并实现改革的预期目标。

〔1〕 陈瑞华：“法官责任制度的三种模式”，载《法学研究》2015 年第 4 期。

〔2〕 施鹏鹏、王晨辰：“论司法质量的优化与评估——兼论中国案件质量评估体系的改革”，载《法制与社会发展》2015 年第 1 期。

〔3〕 可以借鉴英国的刑事案件复查委员会的设置，在最高人民法院巡回法庭中设立错案监督委员会，专门负责错案的认定和追责程序的监督，该委员会可以由资深法官和知名诉讼法学专家按相同比例组成。

〔4〕 宗会霞：“办案质量终身负责制的价值证成与规范运行”，载《政治与法律》2015 年第 3 期。

第十章

程序性制裁之局限性

——以非法证据排除规则为例的分析

所谓程序性制裁，是指负责案件侦查、公诉和审判的官员违反法定程序时所应承担的法律责任，其措施主要包括非法证据排除规则、撤销原判制度、终止诉讼制度、诉讼行为无效制度等。应该说，学者对程序性制裁的概念、基本构成要素及独特理论优势等基本问题进行的详尽论证，极大地拓展了程序法的理论版图，刺激了法理学理论的进步与更新。但同时，我们也应该清醒地认识到，程序性制裁措施也会产生一系列的消极后果，如无视被害人权利、漠视社会利益、放纵事实上的罪犯等等。本章的目的并不在于否定建立程序性制裁制度的必要性，而是期望在肯定其必要性的前提下准确地划定其作用的边界，以便更好地评估和发挥程序性制裁和实体性制裁各自的优势和局限，以期形成治理程序性违法的强大合力。

一、制裁之基本原理

一个完善的法律规则应当具备假定、处理和制裁三个逻辑要素。而作为法律后果的制裁应遵循一些基本的原理，才能达到最佳的威慑或激励效果。程序性制裁作为制裁方式的一种，自然也应遵循制裁的基本原理，否则就会影响到制裁效果的发挥。概括说来，科学的制裁应当遵循以下一些基本原理：

1. 在责任主体上，应以个体责任为主，集体责任或国家责任为辅。“一个人应当就其自身所犯的过错，在其理性能够预期或者应当预期的范围内承担责任，这就是所谓的罪责自负。”〔1〕相比于古代的连坐、株连等集体责任形式而言，罪责自负原则被认为是现代法治的一大进步。如刑罚具有人身不可替代性，罚金必须针对罪犯的财产而不能针对其家属的财产等规定都体现了这一原则的精神。当然，责任自负原则在某些场合也需要别的责任形式加以补充，如：对政府公务人员行使公权力过程中造成的损害进行制裁时，就需要辅之以集体责任和国家责任。其背后的理念是：公务人员行使公权力的行为一般并不会得到与其行为相当的经济奖励，但是，一旦他们热情执法的行为侵犯了个人的宪法权利，

〔1〕 张维迎、邓峰：“对中国古代连坐、保甲制度的法和经济学解释”，载《中国社会科学》2003 年第 3 期。

就必须独自承担因其错误行为而产生的所有损害。[1]因此，为了防止他们因惧怕惩罚而消极执法，立法者往往通过赋予公务人员豁免权的方式激励他们积极履行公务，并将其工作业绩和职务升迁相结合以达到正面激励的作用，尽力保证执法官员工作的热情。但是，即便是在这种情况下，也应通过诸如内部追究的方式将违法责任科加在违法者本人的身上，形成以个体责任为主、集体责任或国家责任为辅的制裁体系。毕竟，只有将法律制裁施加于违法者个人，才能发挥法律的威慑和特殊预防的作用，才有可能从根本上减少违法行为的数量。如果一项制裁措施不仅没有使违法者个人受到惩罚，还在客观上损害了那些没有实施任何违法行为的个人和机构的利益，这种制裁措施不但会在正当性上受到深刻的质疑，更加难以达到预防违法行为发生的目的。

2. 在威慑功能上，应保持恰当的威慑水平，防止过度威慑和威慑不足。由于奖励性法律规范在所有法律规范中所占比重较小，因此，法律的主要功能应该是威慑而非激励。在社会资源尤其是司法资源有限的前提下，如何发挥制裁措施的最佳威慑效果就是立法者和司法者必须考虑的问题。所有过度和不足的惩罚都必将是低效率的惩罚，也必然不是最佳的惩罚。因此，过度威慑和威慑不足都应当尽力加以避免。波斯纳法官认为，过度的制裁有两

---

〔1〕［美］理查德·A. 波斯纳："对刑事诉讼中控方非法行为的过度制裁"，载陈虎主编：《诉讼法学研究》（第12卷），中国检察出版社2007年版。

种表现形式：第一种是成本过高的制裁。他以监禁为例，认为监禁会使得罪犯放弃其合法收入，而且也需要花费一定的成本，因此会产生巨大的损耗，而且这种损耗不会成为任何主体的收益，所以相比于罚金而言是一种过度的制裁。另一种是威慑过剩的制裁。如果判处 5 年有期徒刑就足以威慑犯罪，那么对被告科刑 10 年就是一种过度制裁，徒然浪费司法资源。另一方面，如果一项制裁不能产生足够的威慑效力，则不但浪费了已经支出的制裁成本，而且没有取得任何的威慑效果，在成本和收益两个环节上都是无效率的惩罚，因而也是应当尽力加以避免的。

3. 在利益流向上，应当兼顾惩罚与救济的双重功能，在保护无辜和惩罚违法之间取得良好的平衡。制裁措施可以分为两类，即“收益导向”的制裁措施和“损失导向”的制裁措施。前者强调惩罚，着眼于加害人，而后者强调救济，着眼于被害人。“收益导向”的制裁措施据以惩罚的依据不是该非法行为给被害人造成的损失，惩罚的水平也并非根据损失的大小进行计算，而是以违法者通过违法行为取得的收益作为惩罚的根据，[1]其指导思想和理论基础是“剥夺违法者违法所得的利益”。最典型的例子如刑事制裁中针对财产型犯罪的没收财产和罚金。而“损失导向”的制裁措施据以惩罚的依据则是该非法行为给被害人造成的损失，惩罚的水平是根据损失的大小进行计算的。最典型的例子如民事制裁中的赔偿损失。一般而言，单一的制裁手段往往无法同时发

[1] 类似的惩罚措施如没收非法所得、返回不当得利等。

挥这两项功能。以刑罚为例，由于国家运用刑罚手段只是强调其惩罚的一面，而将真正的受害人排除在了诉讼程序之外，即使是罚金也必须上缴国家而不是被害人，因此人们普遍认为，刑罚根本不是一种对权利的救济方式，而只能看作是一种对犯罪进行强烈否定性评价的惩罚机制。只有民事责任承担形式才可以恢复或补偿被害人的利益，具有真正的权利救济的色彩。正因如此，现在有了在刑事诉讼中补偿被害人利益的制度趋势，以在国家公诉的制度中体现对私权益的保护。完善的制裁措施体系不应仅仅注重惩罚，更应当对权利被侵害者提供救济，使其利益得到一定程度的恢复或者补偿。也就是说，应当兼有制裁违法和保护无辜的双重功能。〔1〕

二、我国程序性制裁制度的基本缺陷——以非法证据排除规则为例

目前，我国《刑事诉讼法》并没有确立非法证据排除规则，相关的制度是在司法解释中加以确立的。《最高人民法院关于执行〈中华人民共和国刑事诉讼法〉若干问题的解释》第 61 条规定："严禁以非法的方法收集证据。凡经查证确实属于采用刑讯逼供或者威胁、引诱、欺骗等非法的方法取得的证人证言、被害人陈述、被告人供述，不能作为定案的根据。"最高人民检察院颁布的

〔1〕 陈永生："刑事诉讼的程序性制裁"，载《现代法学》2004 年第 1 期。

《人民检察院刑事诉讼规则》第 265 条也规定："严禁以非法的方法收集证据。以刑讯逼供或者威胁、引诱、欺骗等非法的方法收集的犯罪嫌疑人供述、被害人陈述、证人证言，不能作为指控犯罪的根据。"但是，上述规定在司法实践中日益暴露出一些基本缺陷，主要体现在以下几个方面：

1. 在责任主体上，我国非法证据排除规则采取集体责任和国家责任的归责原则，却并不对实施违法行为的个体施加惩罚，因而无法根本性地防止程序性违法现象的发生。首先，我国在司法解释中所确立的非法证据排除规则只是一种宣告诉讼行为无效的处理方式。一旦侦查人员、检察人员实施了非法取证的行为，就将面临非法证据被排除的制裁。但是这种制裁的适用对象却是没有实施任何违法行为的侦查机关和检察机关，直接违法者的利益并不会因此受到直接的影响，只有在违法行为达到一定的严重程度后，违法者本人才可能被追究刑讯逼供罪等实体性法律责任。可以说，对于绝大多数一般性的程序违法行为，非法证据排除规则都没有遵循责任自负的原理，与"剥夺违法者违法所得利益"的制裁原理产生了严重的背离。[1]

其次，我国的侦查模式实行的是松散型的检警关系，警察与检察官的诉讼目标并不完全一致。前者追求的是侦查的成功，其工作业绩往往以破案率等指标加以衡量；而后者追求的是控诉的成功，定罪率才是评价其工作业绩的因素。因此，案件一旦由侦

---

〔1〕 陈瑞华：《程序性制裁理论》，中国法制出版社 2005 年版，第 226 页。

查部门移送起诉后，就与警察的工作和业绩失去了关系。非法证据在审判阶段被排除的直接后果是控诉的失败，对警察机构的工作业绩并无任何实质性的影响。对诉讼结局不负任何责任的侦查机构对于证据排除而带来的指控失败根本就不会有任何的担心。在这种检警关系之下，排除非法证据对侦查机关的影响微乎其微。很难想象警察机构会因非法证据被排除而迁怒于警察个体，并在没有外界压力的情况下主动追究违法者的个人责任。[1]因此，警察机构是不可能建立起直接针对警察个体的纪律惩戒措施并真诚予以施行的。[2]作为最主要的非法取证行为主体——警察，因此逃避了程序性法律后果的制裁，从而使得非法证据排除难以产生预期的效果。

而如果没有警察机构内部针对非法取证警察个体的制裁手段，如果非法取证行为总是无法被发现或即使发现也会被警察机构公然纵容，甚至还有机会得到物质或精神奖励的话，这种奖惩的错位就必然会使得非法证据排除规则无法对警察个体产生直接的威

---

〔1〕 例如，公安部就没有在《公安机关办理刑事案件程序规定》中规定非法证据排除规则，这与最高人民检察院和最高人民法院在各自颁布的司法解释中的做法形成了鲜明的对比。

〔2〕 如2003年9月，浙江省公安厅颁布的《浙江公安民警刑讯逼供行为的处理办法》就规定："今后公安系统的警务人员在办案过程中，有刑讯逼供者，无论致人重伤或是轻伤，对直接参与和指使、授意民警刑讯逼供的领导均予以开除处分；对办案单位的当班领导和负有直接责任的领导以及主要负责人，则分别给予行政降级和行政记大过处分；情节严重的，分别予以撤职和降级处分。"该条规定追究的只是领导责任，也并没有剥夺违法者个人的利益，其在实践中造成的结果就是领导尽其可能地帮助掩盖程序性违法行为。

慑效果，从而无法真正减少非法取证行为的数量。[1]因此，本来为了刺激警察更为积极地执法而设置的豁免权和国家责任却导致了警察个体对法律规则的公然漠视。他们可以在法定豁免权的保护之下恣意妄为，而不用承担任何个人利益的损失。正是在这个问题上，非法证据排除规则及其他程序性制裁措施遭到了激烈的批判，人们认为，程序性制裁必须辅之以国家责任和个人责任的合理结合。只有让违法个体承受利益被剥夺的后果，才可能真正起到震慑违法的作用。[2]

2. 在威慑功能上，我国非法证据排除规则存在着理论上“过度威慑”和实践中“威慑不足”的悖反现象。

（1）非法证据排除规则在理论上的“过度威慑”。首先，在诉讼成本的意义上，排除规则对控方而言构成了一项过度的制裁。排除规则对社会而言产生了巨大的损耗，而且这种损耗已经远远超出了排除非法证据而给社会带来的收益。排除非法证据使得证据搜集资源投入的收益为零，因此构成了对资源的浪费；同时，排除非法证据并不等于自动撤销控罪，控方仍然有义务继续搜集被告有罪的犯罪证据，这就要在追诉成本之上额外追加投入。如果毒树之果也要加以排除的话，控方就要比原先投入更多的资源，

---

〔1〕 正是因为我们总是强调非法行为的团体责任，而忽视了个体责任，在对超期羁押问题的治理上才出现了一定程度上的尴尬。正是在多年治理效果不佳的情况下，最高检察机关才不得不通过建立办案人员的专门行政责任制度来进一步治理这一程序性违法行为。参见陈瑞华：《程序性制裁理论》，中国法制出版社 2005 年版，第 131 页。

〔2〕 Joel Samaha, *Criminal Procedure*, Wadsworth, 2012, p. 497.

而这些追诉成本最终仍然要由社会承担。其实，以上两种损耗完全可以通过罚金等其他制裁方式加以避免。[1]因此，以经济学的视角观察，排除规则是一项过度的制裁。[2]在威慑效果上，排除非法证据往往也超出了必要的限度而产生过度的威慑。实体性制裁措施，如徒刑、罚金等，都是一个数额或期限的连续体，可以根据犯罪行为的严重程度科以相适应的处罚，因而可以自由选择最佳的惩罚水平。但是非法证据排除规则等宣告诉讼行为无效的制裁措施却过于单一和僵化，只有排除或不排除两种结果可供选择，而缺乏过渡的中间形态，因而难以在程序性违法和程序性制裁的严重程度之间形成严密的对应关系。由于超出必要限度部分的惩罚并不能产生相应的威慑效果，却仍然要付出相应的惩罚成本，从而造成边际收益下降的后果，在制裁成本和制裁的威慑效果之间失去平衡，形成过度的制裁。

（2）非法证据排除规则在实践中的“威慑不足”。首先，正是由于一旦排除了重要的证据，就极易导致诸如放纵罪犯等不可欲的社会后果，法官才总是尽量避免对其频繁加以适用。一方面，法官通过各种解释方法或技巧将非法行为解释为合法行为，从而不适用排除规则；另一方面，警察也会通过作伪证等方法掩饰其

---

〔1〕［美］理查德·A. 波斯纳：“对刑事诉讼中控方非法行为的过度制裁”，载陈虎主编：《诉讼法学研究》（第12卷），中国检察出版社2007年版。

〔2〕在现有的制裁措施中，罚金是一种转移支付的惩罚措施，一方所失即为一方所得，是不用增加任何社会成本即可以从被告处获得的，即使判处更高的罚金，对于社会资源而言也没有任何的损失。所以，抛开罪刑相适应这一原则而仅从经济学视角审视的话，罚金这种制裁手段可以没有任何上限，而不存在过度制裁的问题。

取证行为的非法性。排除规则正是通过对非法行为调查和证明这一环节上的操作而弃之不用的。尤其是在我国更为强调发现真相而不是正当程序的诉讼背景下，非法证据排除规则就更多的是一种选择性的适用，而不可能成为事实裁判者的主动追求。[1]程序性制裁设置得越严厉，裁判者就越不愿意加以适用，排除规则在实践中的适用率自然就十分低下。因此对公诉机关并没有产生足够的威慑效果，以致逐渐形成一种“由于理论上的过度威慑而导致实际中威慑不足”的恶性循环，使得排除规则徒具理论上的优势，而面临“播种的是龙种，收获的却是跳蚤”的尴尬局面。可惜的是，研究者对这一问题却没有给予足够的重视，只是一味地强调实体性制裁措施适用的障碍，而对程序性制裁措施适用的障碍却视而不见。试想，如果法官不愿意以实体责任追究程序违法者的话，那么，面对可能让罪犯逍遥法外的后果和控审追诉目标一体化的独特司法制度环境，法官又怎么会积极地追究违法者的程序责任呢？

其次，非法证据排除规则的适用范围日益缩小，威慑作用也日益降低。由于排除非法证据往往会导致放纵犯罪，造成人权保障和犯罪控制的失衡，因此各国都普遍设置了许多例外来限制非

---

〔1〕 其实，即使是在高度重视正当程序的美国，更为注重发现真相的下级法院也不会十分认真地看待非法证据排除规则，他们往往通过默许警察伪证的方式规避对该规则的适用。See，P. Chevigny，*Police Power*：*Police Abuses in New York City*，Vintage Books，1969，pp. 87～88；J. Skolnick，*Justice Without Trial*：*Law Enforcement in Democratic Society*，Wiley，1966，pp. 214～215；Comment，Effect of Mapp v. Ohio on Police Search-and-Seizure Practices in Narcotics Cares，4 C-LUM. J. L. & Soc. PROB. 87，95（1968）.

法证据排除规则的适用范围，如污点稀释的例外，必然发现的例外，善意的例外和弹劾证据的例外等等。我国非法证据排除规则的适用范围非常狭窄，只排除言词证据，而不排除实物证据和毒树之果，对于通过监听、跟踪、诱惑侦查等手段获取的证据也不加以排除。不仅如此，随着我国刑事司法实践中对刑事和解的广泛运用，绝大部分案件最终都通过审判前的分流措施加以解决而没有进入传统的起诉和审判阶段。因此，在审前程序中发生的大部分非法取证行为都不会受到应有的制裁，但却在刑事和解的场合发挥了其强迫被告人认罪的作用，这种没有制裁只有收益的现象无疑在某种程度上鼓励了警察的违法取证行为。其实，即使在进入起诉或审判阶段的案件中，证据的排除也并非是一种必然的结果，而要取决于很多外在的因素。正如麦考密克教授所言："在刑事案件的辩诉交易和延期审理的情形下，排除证据的威胁可能仅具有微弱的、遥远的意义，以至于不能期望在警官的心目中能够战胜其他那些暗示他们应该采取不同行为方式的考虑因素。"〔1〕由于非法证据排除仅在数量极少的案件中使用，公诉机关仍然可以从数量众多的非法取证行为中获益。这也是公诉机关无视排除规则的规定而放松对侦查行为监管的一个重要原因。

3. 在利益流向上，我国非法证据排除规则几乎不具备任何权

〔1〕 如警察认为遵循法律的要求会威胁到他的人身安全，那么他就不太可能因为在较为遥远的将来他们的行动成果可能面临法律的质疑而无视这种危险的存在，因而选择实施取非法证行为。参见［美］约翰·W. 斯特龙主编：《麦考密克论证据》，汤维建等译，中国政法大学出版社 2004 年版，第 316 页。

利救济的功能，反而使罪犯从中获益。一项程序性制裁的制度利益不应仅仅流向罪犯，更重要的是，它还应顾及无辜者和整个社会的公共利益。排除规则的支持者普遍认为该规则是建立在“政府不应从它自己的错误中获益”这种“收益导向”的惩罚根据之上的。但是，这种根据至少存在着如下几个不容忽视的问题：第一，正如阿马教授所言，“当凶手带血的刀子被提交时，不仅是政府从中获益，而且当基于可靠的证据，那些侵犯人身和财产真正实施犯罪的人被适时定罪时，人民也会从中获益”。〔1〕将排除规则建立在剥夺违法者收益的基础之上，忽视了排除非法证据，在剥夺违法者利益的同时也剥夺了社会因此而享受到的收益，而后者却是正当的和可欲的。排除规则的支持者并没有合理地论证为什么排除规则可以在剥夺政府非法收益的同时剥夺因给罪犯定罪而给社会带来的合法利益。第二，以收益为导向的惩罚制度仅仅着眼于对政府行为的惩戒，仅仅通过剥夺违法者收益而对违法者进行惩戒和阻吓的做法并没有对刑事被告人（也就是违法行为的受害人）的权利予以制度性的尊重和维护。被告人并不是作为一个维护自身权利的主体而出现在排除程序中，而仅仅被诉讼制度当作遏制政府非法行为的一个工具和代言人。排除非法证据的利益并没有流向权利被侵害的个体。第三，如果警察非法取证行为侵犯的是无辜公民权利的话，仅仅排除非法证据而使该公民恢复到未被侵犯前的状态并不构成对其权利的救济，因为他本来就不

〔1〕［美］阿希尔·里德·阿马：《宪法与刑事诉讼：基本原理》，房保国译，中国政法大学出版社2006年版，第50页。

应该被追究；而如果非法取证行为侵犯的是真正的罪犯，则他很有可能因为关键的有罪证据被排除而被减轻处罚甚至是无罪释放。在这种情况下，排除证据的利益既没有流向无辜者，也没有流向社会，更没有流向社会上的守法公众，而恰恰是流向了应受谴责与惩罚的罪犯本身。而且，更为严重的是，由于排除证据导致罪犯受惩罚的概率变小，结果导致其罪行越严重，他从证据排除之中获取的实际利益就越大。可见，非法证据排除规则并不是以程序违法受害人的损失恢复为导向的，它往往使得遭受非法取证行为侵扰的无辜公民无法获得相应的权利救济，却总是让罪犯从中得益，结果导致无辜者的权利和罪犯的权利在排除规则的救济方式下得不到平等的保护。这种似是而非的利益流向总是让我们面对程序性制裁究竟保护何者利益的质问而无法作答。我们无法在其中发现程序性制裁研究者所宣示的权利救济的成分。这已经构成了程序性制裁最大的理论局限并直接威胁到其存在的道义基础。正如陈瑞华教授所说："排除非法证据，宣告终止诉讼和撤销原判与权利救济没有直接的关系。"〔1〕正是在这一意义上，阿马教授将非法证据排除规则称为"本末倒置（upside down）的救济手段"。

其实，诸如非法证据排除规则等程序性制裁措施绝对不是保护罪犯不被定罪的"利益"，而是保护某种特定的价值，如隐私权和财产权等。因此这些制裁措施也应该致力于对这些利益的维

〔1〕 陈瑞华：《程序性制裁理论》，中国法制出版社2005年版，第226页。

护而不能帮助罪犯逃脱法律的定罪，至少后者只能是一个附带的结果而绝对不能成为制度设计者主动的追求。诚如美国学者阿马教授所言："刑事排除模型的根本性标准，即有罪的人比无辜的人获益更多，不仅是不正当的，而且与权利法案的实体的和救济的逻辑相矛盾。"

三、程序性违法的综合治理——我国非法证据排除规则局限性之克服

积极倡导建立程序性制裁的学者往往将其论证的基础建立在实体性制裁具有先天局限的基础之上。但是，经过本章的分析，我们可以发现，非法证据排除规则和实体性制裁措施一样存在着自身难以克服的缺陷。这些缺陷也是诉讼行为无效、撤销原判制度、终止诉讼制度等其他程序性制裁措施普遍具有的局限，在程序性制裁和实体性制裁都存在严重缺陷的情况下仅仅指出实体性制裁的缺陷并不能证明其自身就是可欲的。那么，我们究竟应该如何看待这样两套都具有各自内在缺陷和独特优势的制裁体系呢？又该如何在治理程序性违法的过程中综合两者各自的优势并尽力避免各自的缺陷呢？笔者认为，上述局限主要从以下几个方面着手加以克服：

1. 建立侦查机关内部惩戒机制，将法律责任落实到违法者个人，以对绝大部分无法进行实体性制裁的程序违法行为进行有效约束。正如学者指出的那样："非法证据排除规则对于警察个体的

作用是如此的间接以至于不能被看作是对其行为的主要影响因素。该规则最好被看作是让警察机构强迫其成员服从程序规范的制度设置。”〔1〕美国著名学者阿姆斯特丹教授也曾经说过：“这些机构的奖惩措施对他而言要比将他违法所得的证据排除的威胁重要得多。”〔2〕美国芝加哥警察当局采纳了学者的建议，规定由于法官适用排除非法证据而导致证据的无效将直接影响警察的职务升迁。〔3〕这一改革在实践中取得了良好的效果，弥补了非法证据排除规则在责任承担主体方面规定的不足，将违法责任落实到违法者本人，从而有效地震慑了程序性违法行为。我国也应在这方面借鉴美国的做法，建立起侦查机关内部的惩戒机制。

2. 构建检警一体化的侦查模式，建立侦查机关与诉讼结局的直接联系，使非法证据排除规则能够真正威慑侦查行为。有学者认为，一般的程序性违法行为很难成为纪律惩戒的对象，因此，不能仅期望通过建立内部惩戒机制的方式预防程序性违法行为。〔4〕应该承认，这一分析是有一定道理的，如 2003 年 9 月 1 日，湖南省公安厅实施了《防止公安民警执法突出问题的三项禁令》，要求全省公安机关严禁刑讯逼供，“违者一律辞退；情节严重造成严重后果的，一律开除；触犯刑法的，追究刑事责任”。该规定对于

〔1〕［美］约翰·卡普兰：“非法证据排除规则的限度”，载陈虎主编：《刑事法评论》（第 22 卷），北京大学出版社 2008 年版。

〔2〕［美］约翰·卡普兰：“非法证据排除规则的限度”，载陈虎主编：《刑事法评论》（第 22 卷），北京大学出版社 2008 年版。

〔3〕 Myron W. Orfield, “The Exclusionary Rule and Deterrence: An Empirical Study of Chicago Narcotics Officers”, *University of Chicago Law Review*, Vol. 54, 1987.

〔4〕 陈瑞华：《程序性制裁理论》，中国法制出版社 2005 年版，第 226 页。

未造成严重后果的一般程序性违法行为并没有规定任何的纪律处分。其实，公安部于1998年颁布的《公安机关办理刑事案件程序规定》第51条也只规定了“严禁刑讯逼供”，而没有任何责任追究的条文。但是，该学者却并没有找准病因。纪律处分措施本身的不完善并非问题之症结所在，关键在于，我国松散型的检警体制导致了针对违法者个人的行政纪律处分措施的扭曲。可以说，只要这种松散型的检警关系没有改变，只要侦查机关仍然不会因证据排除而承担任何不利后果，侦查机关就不会有足够的动力积极追查本系统的程序违法行为。因此，只有构建检警一体的侦查模式，使警察侦查工作服从于检察官的指挥，使侦查活动服务于公诉的需要，警察作为案件具体的侦办者和控诉方才会对诉讼结局承担一定的责任；排除非法证据也才会对其职业利益产生直接的影响，警察机构才会对排除非法证据更为关注，才会真正预防和惩戒程序违法行为。因此，改革应当着眼于实体性制裁体系以及相关配套制度的完善上，而不是一味求助于同样存在严重缺陷的程序性制裁。

3. 应当增加对非法取证行为进行程序性制裁的种类，同时扩大我国非法证据排除规则的适用范围，以避免程序性制裁措施在“过度制裁”和“威慑不足”之间徘徊的怪圈。第一，增加对非法取证行为进行程序性制裁的种类，从而使得法官可以根据违法的严重程度选择适用相应的制裁手段，避免因为制裁手段单一导致的规避适用现象。如直接宣告该程序行为违法，并以此作为侦查机关内部进行惩戒的依据；赋予受害人提起民事侵权诉讼的权利；责令警察恢复原状；责令警察重新实施侦查行为等。[1]第二，扩大我国非法证据排除规则的适用范围，以使更多的程序性违法行为能够被纳入程序性制裁的视野，从而消除侦查人员非法取证的动力。应规定：第一，凡是运用刑事诉讼法规定以外的侦查行为取得的证据均应加以排除，如诱惑侦查、监听、跟踪等；第二，由非法取证行为所获得的实物证据和毒树之果也应加以排除，但严重危害国家安全和社会利益的案件除外。

4. 至于非法证据排除规则等程序性制裁措施所具有的使被告人获得额外收益的局限，则几乎无法仅仅通过完善程序性制裁措施本身的方式加以解决，甚至只有废除程序性制裁措施而完全实行实体性制裁才能够防止这一现象的发生。但是，由于实体性制裁几乎总是存在着严格的适用条件，并不能制裁所有的程序性违法行为，因此，完全不采纳程序性制裁也是不现实的，最为理想的选择是：合理确定两种制裁的作用空间并在两者之间维持恰当的平衡。因此，在程序性制裁的利益流向问题上，我们就只能采取避免被告人获得“过多”额外收益的现实主义立场，规定只在严重危害国家安全和社会利益等严重犯罪中采取宣布诉讼行为无效的程序性制裁措施。同时，增加程序性制裁的过渡形态，在一般案件中允许法官根据案件证据情况裁量选择轻重程度不同的程序性制裁措施，尽量避免因为宣布诉讼行为无效而放纵犯罪。为

---

〔1〕 陈瑞华：《程序性制裁理论》，中国法制出版社 2005 年版，第 226 页。

了解决程序性制裁总是损害被害人和社会公众利益，而让罪犯得利的弊端，可以考虑赋予被害人对程序违法者本人提起民事侵权之诉的权利，而不是一味地排除非法证据；用违法者支付的罚金建立国家被害人补偿基金，以使制裁措施的收益最终流向被害人和社会公众，以此解决程序性制裁在责任主体、威慑效果和利益流向这三重层次上的局限。〔1〕

著名学者哈耶克曾经说过："真正的困境是不存在完美的解决办法的……我们确实面对着一个真正的困境……我们的不完美迫使我们作出的选择，仍然是在不同的缺点之间的选择。因此，主要结论大概只能是，唯一的最佳方法是不存在的，我们的主要希望只能是为多样化的努力留出一席之地。"〔2〕也许，这句话可以为我们治理程序性违法的努力提供有益的借鉴。

---

〔1〕［美］阿希尔·里德·阿马：《宪法与刑事诉讼：基本原理》，房保国译，中国政法大学出版社 2006 年版，第 50 页。

〔2〕［英］弗里德里希·冯·哈耶克：《哈耶克文选》，冯克利译，江苏人民出版社 2007 年版，第 403 页。

第十一章

实用主义审判

——一种结果导向的判决理论

中国的读者对麦考密克一定不会陌生。尼尔·麦考密克教授是英国爱丁堡大学公法学和自然与国家法学资深教授、钦定讲座教授，爱丁堡皇家学会会员和不列颠学会会员，王室法律顾问，著有《法学理论家哈特传略》《法律权利与社会民主》以及《法律推理与法律理论》等专著，是当代世界法哲学领域的代表性人物之一。1986 年，他与著名学者魏因伯格尔合著的《制度法论》一书经由中国政法大学出版社颇具影响的“当代法学名著译丛”的译介而在中国学界风靡一时。2005 年 6 月，由姜峰翻译的麦考密克教授的《法律推理与法律理论》一书由法律出版社出版，再次引起了人们对麦考密克法理世界探究的兴趣。本章即是笔者的一个读书札记，也可看作笔者对实用主义审判研究的一个论纲。

一、法律人的自负：形式正义与原则裁判

在大陆法系法律推理理论浸润下的法律学人，几乎一直以来都认为判决就是三段论式的演绎推理模式，认为“依法裁判”是法官形象的最好概括。在对立法机关所确立的裁判规则严格适用的过程中，他不能也不应有任何能动性从而对该规则加以改变或抛弃，而另外寻找裁判的依据。“在‘法治’观念下强调尊重法律合理性的现代法律模式内，适用规则的逻辑就成为法律的核心逻辑”，〔1〕这种以为仅凭立法者的理性就能解决所有个案繁复情况的心态被哈耶克无情地嘲笑为“致命的自负”，并在晚近日益受到来自英美法律推理理论学者的批判。

批判主要集中在“依法裁判”这一形式正义要求的局限性上：首先，由于语言固有的局限性，法律规则在解决疑难案件时几乎总是模棱两可和含混不清的，因此无法仅仅根据规则加以裁判。其次，即使是纯粹的形式正义式的演绎推理也无法对那些其所涉及的基础性理由做出解释。也就是说，演绎推理也并非完全自足和自我支持的法律论证模式，它也时常求助于外部推理。再次，对形式正义的过分依赖导致在无法可依的案件当中法官面临过大的裁判压力，但是不得拒绝裁判的审判义务又使其必须给出法律逻辑上的裁判理由，由此形成判决理由表达与实践的悖反，

---

〔1〕［英］尼尔·麦考密克：《法律推理与法律理论》，姜峰译，法律出版社2005年版，第2页。

造成广泛存在的“判决修辞”现象。[1]最后，对形式正义过分强烈的追求也会导致对实质正义的忽视和否定。正因如此，麦考密克教授才如此感叹：“基于规则的推理活动只能带领我们走这么远了，而且推理是仅仅属于法律活动内部的一个特征，因为，规则在适用过程中经常不能够实现自身的实际功效，对于给定的一个具体情境也起不到确定无疑的规约作用。”[2]可见，正是形式正义要求的局限性催生了突破“依法裁判”模式的欲求。

解决这一问题的理论努力形成了两个学术流派，其一就是德沃金所倡导的原则裁判论，另一派则是法律现实主义。原则裁判论认为，规则与原则之间存在根本的差异，规则的特征是完全能或完全不能适用。而原则则可以进行权衡，在特定的案件情境之中，可以适用的规则是不能发生冲突的，必然只有一种规则可以适用；可以权衡的原则却是经常发生冲突的，但没有任何一项原则会仅仅因为冲突而失效。因此，德沃金主张在疑难案件当中运用原则进行推理，这样就通过将“法律”概念从规则扩充到原则的方式维护了法律的自主性，以解决严格适用规则的演绎模式的局限。原则裁判论也存在着自身难以克服的局限性，它实际上不过是“通过把法律概念扩展至包括原则在内的宽泛领地并将法律打扮为一个富有弹性的阐释性概念来做出回应，但是，这种努力终

---

〔1〕 参见洪浩、陈虎：“论判决的修辞”，载《北大法律评论》（第5卷第2辑），法律出版社2004年版。

〔2〕［英］尼尔·麦考密克：《法律推理与法律理论》，姜峰译，法律出版社2005年版，前言。

究不过是一种语词之争，很难获得成功”，〔1〕况且德沃金的原则概念和规则之间本来就界限模糊〔2〕。而法律现实主义则几乎完全否定了法律规则的意义和演绎推理模式的有效性和可欲性，犯了过分忽视规则的错误，其典型主张是：法官判决往往是基于种种政策、观念、常识等非法律规则甚至是非法律原则的因素形成的，法律规则或原则往往只是在判决形成后为了增强判决的合法性而事后搬用的判决理由，真正对判决起决定性作用的往往是法律之外的东西，“甚至是法官早上吃了什么都会影响他当天的判决结果”。法律现实主义完全打破了法律自主性的神话，完全否定了法律规则在法律推理中的核心和主导作用。

针对此种从过分倚赖演绎推理的依法裁判模式到完全否弃演绎推理的法律现实主义学派的理论观点，麦考密克教授在其著作《法律推理与法律理论》一书中做了折中调和的工作。他坚持认为：“尽管一些博学之士一直认为法律并未为演绎推理留有余地，甚至认为逻辑在法律活动中根本就没有用武之地，但是本书依然坚信，某种形式的演绎推理是法律推理的核心所在。当然，这并不意味着法律推理完全或只能借助演绎推理进行，或者完全排他性地使用一种演绎方式。”〔3〕在该书中，麦考密克教授沿着哈特

---

〔1〕［英］尼尔·麦考密克：《法律推理与法律理论》，姜峰译，法律出版社2005年版，译后。

〔2〕［英］尼尔·麦考密克：《法律推理与法律理论》，姜峰译，法律出版社2005年版，第153页。

〔3〕［英］尼尔·麦考密克：《法律推理与法律理论》，姜峰译，法律出版社2005年版，前言。

尊重规则的道路对以上两种观点进行了综合与协调，并在此基础上提出了一种新的裁判理论，即以结果为导向的后果主义式的实用主义司法哲学。〔1〕

二、对一个判例理由的解读

为了弄清什么是后果主义式的实用主义司法哲学，我们可以从一个真实的判例所蕴含的判决理由入手。

一名农场工人在清扫牛栏时，不幸被牛角抵触身亡，其遗孀和女儿起诉了农场主，理由是被告未能提供安全的工作环境，该工人的死亡是由被告的过失引起的。但是被告辩称，按照英国法上的“明知的行为”标准，家养动物对他人造成伤害的，除非能够证明这些动物先前就有为其主人所明知的伤害倾向，否则主人不承担责任。而本案中那头肇事的奶牛以前从没表现出危害迹象，而且原告也没能证明农场主明知那头奶牛一直具有伤害倾向，因此被告主张根据普通法规则主张免责。但是在本案中，法官没有采纳被告的抗辩意见，而是判定被告承担责任。

法官在本案中并没有诉诸法律规则或法律原则，而是以后果主义的考量作为判决之依据。法官认为，如果沿用普通法判例会造成恶劣的后果，则应当否弃普通法规则而拓展过错补偿责任原

〔1〕 See Torben Spaak, “Guidance and Constraint: The Action-Guiding Capacity of Neil MacCormick's Theory of Legal”, *Reasoning Law and philosphy*, Vol. 26, 4 (2007), pp. 343~376.

则的一般适用范围。法官同样也是根据后果来论证被告对既存的判例法规则所做的那种理解的不恰当性："被告提出的一个主张是，对于仆人的行为所造成的损失或者伤害，除非有证据表明主人预先知道仆人有时行为暴戾、充满危险，否则主人一概不承担责任，包括过失责任。仅从原则上来看，我找不到任何理由，可以把这样一项推卸责任的主张借用到动物伤人的情形中来。我发现以前也有与被告类似的意见出现，就体现了这种立场。"〔1〕

很明显，我们从本案的判决理由中似乎并没有找到普通法中典型的遵循先例的印记，相反，亨特法官甚至拒绝了英国法上曾经存在过的相关先例而拓展了过错补偿责任原则的一般适用范围以使被告得以承担责任。至于为何这样判决，法官则并未提供任何规则或原则上的理由和依据。麦考密特教授认为，在此案中，判决显然依据的是一种实用主义的推理方式，并以此为依据否决了被告根据判例法所确立的一般性规则提出的论辩主张。一个很有意思的现象是：在本案中，甚至连被告律师也不止一次地在答辩意见中承认其论辩意见的实际后果在某些方面可能是不公正的。可见，诉讼各方和裁判者几乎都在主动或被迫地运用实用主义的论辩方式，而并不像我们通常凭直觉设想的那样由双方当事人围绕着事实和可适用法律的解释问题展开论辩。这起码说明了实用主义的论说方式不仅仅是判决时所遵循的判决理论，在某些案件中它甚至因为这种法官的判决模式而成为控辩双方的一种论证手

〔1〕 Henderson v. John Stuart (Farms) Ltd. , 1963 S. C. 245.

段和辩论规范，并以此构成了以往对依法或依规则裁判的理解的颠覆。[1]

但是这一例证也仅仅是个案而已，可以进行“深描”却无法以此为前提提炼出一般性的理论命题。换句话说，该个案无力说明实用主义的论辩方式在裁判史上或在各司法区的实践中都是一个普遍适用的现象，人们还是可以不无道理地提出疑问，认为这种论辩方式只能适用于某类诸如重要的开创性案例和宪法性判决的特殊案件之中。[2]为了解决这一问题，麦考密克教授在其著作《法律推理与法律理论》一书中专列一节对那些包含了相关性、解释和分类问题的涉及不同的法律部门和不同的司法管辖领域的案例进行了随机的研究，结果发现这种后果主义的裁判模式广泛存在于各种案件和各司法区中，以此证明了实用主义这一以结果为导向的判决理论的确是一种普遍存在的司法哲学。[3]波斯纳法官也承认：尽管法官的话语一直以来是形式主义占据主导地位，但大多数美国法官一直是、至少在他们面对棘手案件时是实践的实用主义者。[4]如果我们肯定麦考密克教授的理论努力从而认可

---

〔1〕［英］尼尔·麦考密克：《法律推理与法律理论》，姜峰译，法律出版社2005年版，第140页。

〔2〕［英］尼尔·麦考密克：《法律推理与法律理论》，姜峰译，法律出版社2005年版，第137页。

〔3〕限于篇幅，本章不再重复麦考密克教授的论证过程，而是将以下论证都建立在此前提正确的基础之上。感兴趣者可以参见［英］麦考密克：《法律推理与法律理论》，姜峰译，法律出版社2005年版。

〔4〕［美］理查德·A. 波斯纳：《超越法律》，苏力译，中国政法大学出版社2001年版，第459页。

其这一结论的话，那么，以结果为导向的实用主义审判就很有可能由此确立其与规则裁判和原则裁判相并列的一种新的司法哲学的地位。那么接下来的问题是：究竟什么是实用主义的司法哲学？它有哪些主要特点呢？

按照波斯纳法官的定义，法律实用主义“是一种把政策判断基于事实和后果，而不是基于概念和一般原则的倾向”。〔1〕这一定义同样可以用来概括实用主义的判决理论。“我们有理由认为，在处理案件时，法官理应对摆在其面前的各种可供选择的裁判规则所可能造成的后果予以审慎考量，以权衡利弊。”〔2〕但问题是，如果认可法官可以抛开既有的法律规则而根据后果裁判具体案件，那就等于承认适用法律规则往往会产生不可欲的后果，因此才有必要确立以后果为导向而与形式主义裁判相悖的裁判哲学。但事实真的如此吗？客观地说，法律规则的确立也是考虑了适用后果的，否则立法机关就等于是在创设一批和现实生活格格不入的法律框架而无法借其调整社会生活。但是由于立法机关是在创设抽象的一般性规则，无法考虑具体情境，因此它只能在创立之时考虑法律规则的系统性后果，而无法针对具体个案考虑其个别后果，所以在系统性后果和个案后果之间可能出现的偏差就为实用主义司法哲学开辟了一个作用的空间。正因如此，我们也可以把法律

〔1〕［美］理查德·A. 波斯纳：《道德与法律理论的疑问》，苏力译，中国政法大学出版社 2001 年版。

〔2〕［英］尼尔·麦考密克：《法律推理与法律理论》，姜峰译，法律出版社 2005 年版，第 125 页。

形式主义称作广义上的实用主义司法。为了和法律形式主义有所区分，我们把严格意义上的实用主义司法界定在对个案后果的考量上。也正是在这个意义上，波斯纳法官才会认为："如果把足够的强调放在审判的系统性后果上，那么法律实用主义就同法律形式主义合二为一了。"〔1〕

三、实用主义司法哲学之辩护

如果我们承认法官也有自己的效用函数的话，我们就应该认可以结果为导向的实用主义的审判在人类裁判史上一直存在。但是由于一直以来这种司法哲学都处于一种心照不宣的状态，因此没有在理论上进行过系统的梳理。自从英美法理学界在理论上对其进行概括之后，这种实用主义的司法哲学也就因为具有了有形的理论纲领而遭到了许多持之有据的批判。我们必须认真对待这些批评意见并为实用主义审判提供新的辩护。

第一，形式主义审判的拥护者认为，实用主义审判完全抛弃了形式规则，法官在后果这一冠冕堂皇的而且十分笼统的判决理由掩护下会变得任意裁量而不受任何约束，从而使得法律判决没有任何的可预期性，法律也因此失去了"确定性"这一作为解决争端途径的最大优势。尽管形式主义者也承认仅仅根据规则裁判会导致唯唯诺诺，但是仅仅根据后果判决却会导致更为恶劣的无

〔1〕［美］理查德·A. 波斯纳：《法律、实用主义与民主》，凌斌、李国庆译，中国政法大学出版社 2005 年版，第 79 页。

法无天的后果。然而，笔者认为，这种担心或批评至少在一定程度上是过虑了。批评者过分夸张地将实用主义的推理与形式主义的推理截然对立起来，从而造成两者必取其一的态度和立场。但实际上，问题并非如此简单。形式主义者所推崇的依法裁判（依规则裁判）中其实已经蕴涵了依后果裁判的内容，二者并非截然对立。很难想象立法机关在设定法律规则时会不去考虑该规则适用所带来的后果。在这个意义上说，其实依法裁判在很多时候也就是依后果裁判，而之所以会在某些场合或个案中摈弃规则而诉诸后果，是因为立法机关确立规则时所考量的后果（系统性后果）与法官在具体个案中所考量的后果（个案后果）有着本质上的不同。

第二个批评是：社会对法官角色行为的期待也是形式主义的。因为民众或民众的代表参与了立法过程，立法所确定的规则已经反映了主流的民意，只有在法官严格适用这些法律规则的时候才能够认为民意对法律的影响真正贯彻到了实处。波斯纳法官认为，按照形式主义进行裁判至少存在以下两个好处：让公众放心和让法官不致陶醉于可以任意妄为的权力感中而无法自拔。而实用主义审判则往往使得民众有一种不确定感。笔者认为，这一批评也是无力的。只要我们认为法律规则只是达到某一社会目标的工具而其本身并非目的的时候，对此问题才能有更深入正确的理解。僵化的形式主义只能让在具体情境中裁判的法官去盲目遵循前人立法时的情境，而不管这些年代久远的法律规则是否应该有所变通以适应这一繁复多变的社会。即使我们承认抛弃既有的法律规则确实有违民主的本意，可能造成司法权对立法权的僭越，我们也可以反问：难道立法机关的法律规则就真的反映了主流民意吗？众所周知，立法机关和行政机关与司法机关不同，它们是利益的角逐场地，有着强大背景支撑的利益集团和强势群体的诉求往往可以反映在立法文本当中，而弱势群体的权利保护则往往诉诸司法过程来实现。因此，僵化的适用规则不仅不能符合民主，还会与民主的本意背道而驰。法律规则不是目的本身。因此，问题的关键不是釜底抽薪地否定法官的实用主义推理方式，而是对其实用主义推理设定必要的外部界限，并用这种后果导向的裁判理论弥补立法过程的民意表达的不足，以使其不致超出立法原意太多。

第三种意见认为，欧洲司法机构的专业属性对于其司法中的形式主义特征来说是根本性的原因，而英美法系则没有这样一个形式主义的司法机构，其司法机构从根本上说是实用主义的。“最高法院的大法官们都是实用主义者，至少是潜在的实用主义者。”因此，欧洲司法奉行严格依法裁判的裁判模式，而只有英美法系才奉行实用主义的司法哲学。实用主义司法哲学存在着诉讼制度和诉讼文化的特定背景，并不具备可以为大陆法系借鉴的普适意义。但是笔者认为，这种分析方式也是值得商榷的，它至少把问题简化了。实际上，英国和美国在法律推理上一个更多地表现为形式主义的推理，而另一个则更多地表现为实质主义的推理。“英国的趋势是认为可以相对中立地追求对规则的坚守，而不考虑规则之后的政策合理性或其他相关因素。……而美国较为实质化的方法倾向于破坏法律概念的统一性”，容许目的和政策进入考虑范围。[1]

第四，批评者认为既然实用主义审判往往是指法官以对判决后果的考量与权衡来取代对法律规则的严格适用，那么由宪法所确定的宪政秩序和权力结构，尤其是司法机关和立法机关的相对地位，就必然发生本质上的流变，从而可能会造成司法权对立法权的僭越，造成损害三权分立这一基本宪政架构的结果。笔者认为，这种担心是没有必要的，司法权对立法权的僭越实际上很难成立，理由有三：首先，即使是波斯纳法官也主张，“只有在极端的案件中，法官才有理由忽略立法的决断”。[2]然而，这种弱势表述似乎也只是说明了法官在对后果的权衡和考量之中不能忽视立法机关对后果的估算，应该把规则中所体现的对后果的评估纳入自己分析的材料范围当中，而并没有法官一定要否弃立法机关决断的意思。其次，“法律通常足够灵活，允许法官给判决的直接后果以决定性的权重，只要这些后果足够严重。”“大多数宪法规定都有足够的容纳紧急状况的回旋空间——或者，更准确地说，都可以由行使弹性解释的法官给予足够的回旋空间。”[3]因此，宪法和法律不应太过具体，甚至连美国的权利法案都十分模糊以使法官在判决案件的过程中使之逐步明确和确定。可见，立法和

---

〔1〕［美］P. S. 阿蒂亚、R. S. 萨默斯：《英美法中的形式与实质——法律推理、法律理论和法律制度的比较研究》，金敏、陈林林、王笑红译，中国政法大学出版社 2005 年版，第 24、78 页。

〔2〕［美］理查德·A. 波斯纳：《法律、实用主义与民主》，凌斌、李国庆译，中国政法大学出版社 2005 年版，第 87 页。

〔3〕［美］理查德·A. 波斯纳：《超越法律》，苏力译，中国政法大学出版社 2001 年版，第 344 页。

司法对系统性后果和个案后果的分别评估的综合是宪政秩序所默许的一种逐步完善法律体系的最好办法。最后，即使我们认为实用主义司法哲学确实可能导致司法权与立法权相对地位的改变，有可能提升司法权的宪政地位，也不会违背宪政理念，因为三权分立从来没有认为司法权应永远隶属和臣服于立法权。相反，一个真正强大的拥有诸如司法审查和司法造法权力的司法权更能实现三权分立的制衡理念，这恰恰是宪政理念的题中应有之义。

四、实用主义审判：能为中国法律提供什么?

本章的标题极易造成这样一种印象：实用主义审判只存在于英美法系的司法裁判之中，而一贯反对法官造法的大陆法系是不可能有实用主义审判存在的空间的。但实际情况却并非如此。广东莫兆军案就是典型例证。在该案中，莫兆军法官依法裁判却导致原告服毒自尽，由于民意的巨大压力，法院不得不判处本来没有任何法律责任的莫兆军法官玩忽职守罪。可见，中国实践中的法官似乎也并非只是机械的法律适用者，其判决对民意的反映方式不能不说是一种后果主义推理方式的亚形态之一。在忽视裁判者个体的诉讼制度背景下，这种实用主义的审判根本没有机会得到理论上的概括和提升。而正视并肯定这种以结果为导向的司法哲学至少可以为我国的法律提供如下借鉴：

第一，实用主义司法哲学有助于消解法律人群体中的精英主义心态和对宏观真理教条式的理解，有助于消解大词法学。实用主义的判决理论拒绝以概念和宏观真理作为思考问题的出发点，他们并不追求实践是否符合某个大写的真理，也不去追求实践是否符合他们心中的理想，而是将思考的重心放在信仰的社会基础之上，采纳某个理论或信仰某个真理并不因为其符合某个先验的观念，而在于其能够促进社会的整体福利。“要思考事物而不是思考语词。”这恐怕是实用主义法哲学给中国学人最好的提醒了。

第二，有利于在使司法机关扮演社会变迁能动角色的基础之上进一步发挥司法机关对政治的制约作用。奉行实用主义的法官群体没有任何固有的政治信条。实用主义并非自由主义一样是一个拥有特定立场的政治流派，也不像现实主义一样是一个有着特定视角的法学流派。实用主义没有一个独特的公式可以计算出任何一个法律问题的答案，一切取决于法官在个案面前对后果的权衡。实用主义的“公分母”就是“一种努力以思想为武器、使更有成效的活动成为可能，并以未来为导向的工具主义”。[1]这就使得实用主义法官摆脱了特定政治立场对法律问题的判断，而将一切委之于自身对后果的估量。

第三，实用主义的司法哲学蕴含着司法独立的契机。因为对后果的个案考量而非对系统性后果的关注使得司法与立法过程区分开来，也因为对法律后果而非社会后果的关注而使得司法与行政区分开来。在通过后果主义的考量而能动地否弃立法的同时，

---

〔1〕 Cornel West, *The American Evasion of Philosophy: A Genealogy of Pragmatism*, University of Wisconsin Press, 1989.

司法权因此而可能具备一种理论上的独立品性，蕴含着自身法理独立的契机。更进一步说，实用主义审判可以提升司法机关相对于立法机关的地位，在违宪审查机制之外又创设了一种制约立法权力的有效途径，蕴含着司法能动主义的契机，并为三权的制衡创设了条件。

第四，实用主义的司法哲学可以消解过分强调形式正义的负面作用。实用主义判决理论在当下中国的最大理论意义恐怕还在于对既往的严格适法模式的消解，是形式主义的解毒剂。长期以来对形式正义的过分强调使得我国的司法哲学忽视法官作为裁判个体的主体地位，不愿意承认事实上存在的法官独立于法律逻辑的行动逻辑，因此，审判心理学、自由心证等一切强调个体决策逻辑的视角都无法引入对判决过程的研究中。而实用主义司法哲学必然促使现状发生如下转向：法官并非司法机器上一颗没有生命和灵魂的螺丝钉，而是可能面对立法规则而发挥自身的能动作用，一切对法官个体决策逻辑的研究都有必要引入中国法学，应突出法官个体，使隐匿的个体浮出水面。

第五，实用主义司法哲学有助于确立法律工具的观念。严格奉行形式主义司法哲学的一个后果就是奉法律为万能和至上，即使在法律显然不公平时也必须严格加以适用，这在英美法系表现为遵循恶劣先例的将错就错，而在大陆法系则表现为法官的司法克制和消极无为，既定的法律规则成了不容改变的目的，社会生活应调整自身适应法律，而不是法律及时变化适应社会，颠倒了法律与社会的真实关系。实际上，“对法官来说，选择的最后原则……

就是符合目的的原则”。[1]实用主义司法哲学有助于建立如下法律工具的观念：法学概念应该建立和真实世界的关系，而不应割裂知识与观察，概念应该服务于人的需要，而不是人的需要服务于某个抽象的概念，一种更加务实的法律观有望逐渐形成。

第六，一旦确立了实用主义的司法哲学，我们便可以在司法意见中发现真正的推理理由，而非事后伪饰的法律理由，减少判决的修辞现象的发生。尽管我国的法官在判决案件时也会考虑判决的后果，但是几乎在判决书中都不会将对后果的考量作为判决依据加以表述，这与英美有很大的区别。其根本原因还是一直以来的裁判理论都要求严格适法模式的贯彻，尤其是上诉审对法律适用的审查更使得法官会在判决书中以最好的法律上的理由来掩饰实际上的后果主义的理由。这就造成了一种推理和判定之间的脱节，而使我们永远无法得知判决的形成过程，从更长远的角度来说这反而更不利于我们确立对法律的预期。而实用主义司法哲学一旦确立，法官就没有严格适法的压力而可以直接以对后果的考量作为自己判定的依据。公众和当事人都可以通过对该后果的论证来预测判决，更有助于在将来的诉讼过程中直接以后果主义的论辩方式来影响法官的裁决。

总而言之，实用主义司法哲学的产生和形成对既有的依法裁判和形式主义的司法哲学构成了根本性的冲击，这种冲击所带来的更深层的变化还有待更进一步的观察。但是可以肯定的是——

---

〔1〕 转引自［美］理查德·A. 波斯纳：《超越法律》，苏力译，中国政法大学出版社 2001 年版，第 449 页。

“实用主义法理学真正蕴涵的一切就是拒绝这样一种观点：法律是基于某些永恒原则并以逻辑操作予以实现的东西，就是决心把法律当作一种工具，为一些社会目标服务。如果说，我为之辩护的这种实用主义法理学没有栽下大树，但至少它清除了许多灌木。它标志了一种态度，一种导向，同时也标志了一种方向的改变。这就是它所提供的，并且，也许，还相当多。”〔1〕

---

〔1〕［美］理查德·A. 波斯纳：《超越法律》，苏力译，中国政法大学出版社2001年版，第464页。

第十二章

论判决的修辞[1]

……判决的艺术必然是修辞，不能认识到这一点是法律形式主义学派的一个缺点。

——波斯纳[2]

法律的言语行为，如法官判决，……起着重要的作用，这里打开了一个有意思的多学科工作领域，但在此地尚少有耕耘。

——弗里特约夫·哈夫特[3]

---

〔1〕 本章系与洪浩教授合作撰写。本章的标题一直是“论判决的修饰”，只是在定稿时才改成了“论判决的修辞”。之所以有如此的改动，是因为作者考虑到在文中所引论断均使用的是“修辞”一语，这个词的内涵与外延已经取得了国内外学者的共识，不致引起细节上的纠缠，而“修饰”的用语则不然；另外，所谓的“修饰”本是作者侧重于表达“判决修辞”的功能而使用的概念，而文本则更侧重于对“修辞”技巧的细节描述，因此，“修饰”的用语将使得文题与文本之间的表达不在同一层次上展开，有不够严谨之嫌，故作者作了上述修改。另外需要指出的是，本章所称的“修辞”，极易被误解为文体意义上的修辞，而纵观本章不难发现，这里的“修辞”还意指“修辞性技巧”，但为了标题的简练的“修辞效果”，作者仅以“修辞”一词予以概括。这些是必须予以交代的。

〔2〕［美］理查德·A. 波斯纳：《法律与文学》，李国庆译，中国政法大学出版社 2002 年版，第 365 页。

〔3〕［德］阿图尔·考夫曼、温弗里德·哈斯默尔：《当代法哲学和法律推理导论》，郑永流译，法律出版社 2002 年版，第 305 页。

一、必要的交代：问题、意义及方法

应该承认，这是一个国内学界尚未展开广泛研究的课题，笔者所能借鉴的资料非常有限，一种拓荒性的研究所必然要求的基本概念的厘清与界定以及意义的言说则成了作者无法逃避的“义务”。

首先需要界定的便是修辞的含义。修辞分为狭义和广义两种含义，狭义的修辞是指一种语言现象，是对语言的加工活动。本章所要言及的判决的修辞则是指根据判决的需要，选择、配置最佳语言形式，提高表达准确性，并借以增加表达效果、增强说服力的一种活动。而广义的修辞则还包括逻辑推理以及判决形成过程中所有用以增强说服力的手段，而不仅仅是文本上的修辞手法，正如尼采所言：“所有诱发信仰的努力都是修辞。”〔1〕“修辞产生的是说服，它的全部工作就是说服人。”〔2〕根据佩雷尔曼新修辞学的观点，这种修辞的主要目的在于促进人们在思想上接受向他们提出并争取他们同意的命题。〔3〕修辞并不是空洞的辞藻和堂皇

〔1〕［美］理查德·A. 波斯纳：《超越法律》，苏力译，中国政法大学出版社2001年版，第574页。

〔2〕［美］理查德·A. 波斯纳：《超越法律》，苏力译，中国政法大学出版社2001年版，第580页。

〔3〕［比利时］斯龙、佩雷尔曼：“哲学中的修辞学、新修辞学”，载《英国百科全书》，1977年版，第15卷，第803页。转引自沈宗灵：《现代西方法理学》，北京大学出版社1992年版，第435页。

的外衣，而是让枯燥的法律成为更容易吞食的胶囊或糖衣。[1]如果把司法判决表述为法律产品的生产，则判决的修辞就是法律产品的促销手段，只有经过修辞的判决才能被公众更好地接受。在此意义上，本章将取修辞的广义，即将判决的修辞界定为一种通过对判决文本的润色和判决推理以及判决形成过程的程序加工得到“合法性”并借此获得人们普遍、一致的信仰与服从的策略。

正如卡多佐学院的理查德·H. 威斯伯格（Richard H. Weisberg）教授认为的那样：“判决意见中所使用的语言和修辞比判决结论更加重要，因为它们决定着所要得出的结论的对错，为了理解法律正义，我们必须考察隐藏在语言和修辞之中的法律主观领域的‘内部世界’。”[2]因此本文的基点正在于探求判决文本及其形成过程是如何通过修辞生成正当性的方面。这种考察将会产生如下意义：

第一，对判决的正当修辞能在相当程度上强化法律的正当性。法国著名法社会学家卢曼提出过“通过程序的正当化”这一命题。程序能使法律的变更合法化，对判决的修辞正是这一程序正当化过程之中一个非常重要的方面——使用修辞技巧以获得判决正当性。修辞学可以成为一种“让真理听起来更像真理的手段，在许多时候，这还是唯一可能获得的手段”。[3]对正当修辞而言，

---

〔1〕［美］理查德·A. 波斯纳：《法律与文学》，李国庆译，中国政法大学出版社 2002 年版，第 338 页。

〔2〕朱景文主编：《当代西方后现代法学》，法律出版社 2002 年版，第 287 页。

〔3〕Thomas Cole, The Origins of Rhetoric in Ancient Greece, 1991. 转引自［美］理查德·A. 波斯纳：《超越法律》，苏力译，中国政法大学出版社 2001 年版，第 585 页。

它不仅对于“通过程序的正当化”这一命题起着脚注和阐释的作用，而且开拓了判决“正当化”理论的研究视野，将修辞学、传播学、社会学以及符号学等学科知识纳入到了程序正当化研究的视域，这对于拓展程序正当化理论无疑有着极为重要的学术价值。

第二，判决的不当修辞可能损害法律正义，甚至成为滋生司法腐败的温床。语言学家索绪尔认为文字在司法过程中起着至关重要的作用，在诉讼活动中存在着“书写”的暴政。萨义德也认为书写的语词是一种武器，“对谎言的修辞可以产生真理”。[1]而为了避免武器被滥用、异化为“书写的暴政”，对判决修辞的研究就成为必须。在目前学界及实务界对判决需要加强说理的片面强调中，一个令法律界难堪的二律背反现象却是：即使司法官员掌握了精确的语言表达技术和严密的形式逻辑规则等技巧，判决文书的正当性仍然可能得不到提高。一个突出的表现是：表达技术被用来伪表达，逻辑规则被用来反逻辑。判决文书的正面是堂而皇之的条分缕析，而其背后却是躲躲闪闪的掩饰技巧，枉法裁判以一种更具蛊惑力因而也更具危险性的方式上演了。因此，为了从更加实质的意义上推进我国判决文书的说理改革，对判决的修辞尤其是不当修辞的研究便具有了极为重要的实践意义。它可以深化我们对判决腐败和司法腐败现象表现形式的认识，并进而制定出有效地防止判决腐败和司法腐败的现实策略。

---

〔1〕 参见朱景文主编：《当代西方后现代法学》，法律出版社 2002 年版，第 307 页。

在确定了研究的前提性概念及研究意义之后，尚需交代的还有研究的方法问题。有学者曾经说过："逻辑是不能被打败的，因为打败逻辑必须使用逻辑；语言是不能被超越的，因为超越语言必须借助语言。"逻辑和语言可以说是说理的两个终极性的工具，因此，在对判决理由的锤打过程中，逻辑和语言的重要性便不言自明了。当逻辑拼命演绎却又无法自洽的时候，便由语言来填补逻辑的空白地带；当语言苍白无力而又缺乏力量的时候，便由修辞来润色语言苍白之处。因此，对判决叙事语言和说理逻辑修辞进行的分析就成为研究的必需。基于此，本文并不准备按照文本结构将判决书划分为判决主文和判决理由来加以研究，而是从判决文本的功能入手，将判决书划分为认知性文字及说服性文字，并在此基础上探讨判决文本的认知性修辞和说服性修辞。此外，作为判决形成过程的程序加工技术往往也在不同程度地强化被告人及判决受众对判决文本的服从与认可程度。因此，本文也将对判决形成过程的程序加工技术予以必要的考察。

需要进一步交代的是作为本文主要分析工具的认知性修辞与说服性修辞的界定。所谓的认知，是指人对周围事物注意、感知、记忆、产生表象、形成概念并在此基础上进行分析、判断、推理以获取知识的信息处理过程。早在古希腊的亚里士多德的修辞学理论中就阐释了隐喻的认知功能，此后修辞学的研究结果也进一步肯定了修辞所具有的认知属性。修辞的认知属性可以从话语建构和话语理解两个方面予以考察。为了建构出适当的话语，修辞的主体需要对各种修辞要素的知觉、注意、判断、分析及推理过程进行统一的信息加工和处理；而话语接受者则需要对话语所产生的原始语境以及现实语境进行足够的知觉、分析、判断和加工，以便为话语信息的析出和确定储备必要的参照信息系统并解析话语的语言意义、言语意义以及修辞者的言语动机等社会心理信息。〔1〕正是话语建构和话语理解两方面的认知功能使得判决的修辞得以生成合法性。基于以上考察，判决书中的认知性修辞主要是指一种叙事上的手法，指法官在判决叙事中充分运用语言的力量，在判决的叙事策略、结构安排、详略取舍、渲染烘托等方面的手法或技巧，通过它来说服读者相信一种事实；然而修辞并不仅仅是表达，它还是一种推理的方法。因此，说服性修辞也是判决修辞的一个十分重要的方面，因为这里的说服意味着“既不收买，也不强迫，要让某人在某一个问题上接受你的看法”，〔2〕因而这种手段必然是修辞。我们知道，在实用主义的真理观中，推理和说服日益融合并成为一个统一的过程，同时对推理的修辞以及说理的艺术的实践与研究也获得了极大的发展。这种对法律推理的说服性修辞并没有帮助判决书的受众完成思考，而是用一种逻辑的外表代替了他们的思考，直接获得了他们的认同。所以本文认为：说服性修辞是指在无法进行逻辑证明或科学证明的领域中所采用的所有说服性手段（包括类比等无法进行精确证明时用于证明命

〔1〕 陈汝东：《认知修辞学》，广东教育出版社 2001 年版，第 15~16 页。

〔2〕 ［美］理查德·A. 波斯纳：《超越法律》，苏力译，中国政法大学出版社 2001 年版，第 571 页。

题正当性的所有方法)。[1]

由于以上交代的类型划分只是一种便于学术研究与论述的理想型（ideal type）方法，所以在很大程度上，这种判决文本的二分只是一种观念的构造物，是一种思维图景，因而非常容易被现实中的反证推翻。而这将使得本文的研究——事实上也将使得类似方法的研究——无法展开。故笔者有必要在此声明：本文对判决修辞的分类描述只是一种便于学术研究的理想假说，应该承认在现实的司法裁判之中，认知性修辞与说服性修辞往往水乳交融，难分彼此。[2]而且正当修辞与不当修辞的界限也并非如本文所列举的那么泾渭分明，度的偏离与超越往往成为正当修辞和不当修辞的实质性分野，它们的对立并非如文本分析时所展现的那么昭然若揭。浓度可以导致色变，其二者之间的关系就如同红与黑的色泽一样，存在着种种对立与转化的可能，[3]而这又将是一个极具学术价值与意义的研究领域。但是限于篇幅及主旨，本文无力承担对此的分析任务，而是将主要的精力放在如下的论述上。

---

〔1〕［美］理查德·A. 波斯纳：《法律与文学》，李国庆译，中国政法大学出版社 2002 年版，第 338 页。

〔2〕如判决推理中的逻辑错位往往需要运用语言修辞或事实描述加以整合和修辞，以弥补司法推理链条的断裂。

〔3〕比如清理交融式的判决说理方式，如超过了必要的限度，则往往导致以司法中的反逻辑为代价而盲目追求伦理上的和谐从而转化为不当修辞；而一味追求判决文书的阅读美感所采用的诸如骈俪行文，生僻用典，则会阻断判决与受众的心理联系，降低判决的可接受度，而滑入不当修辞的窠臼；在一般意义上被我们视为不当修辞的判决书的制作方法，也会在某些领域内因成为提高判决正当性的有效工具而成为正当修辞，如语序的调整、措辞的委婉等等。

二、判决修辞的背景及成因分析

（一）司法民主化的趋势

古代统治者笃信“民可使由之，不可使知之”的陈腐教条，实行司法擅断，认为判决是权力的行使，人民只有服从的义务，无须说明理由，因此，判决并不说理。[1]这种现象直到很久以后才得以改变，如意大利从16世纪起，德国从18世纪起，判决说理的做法才正式确立起来。法国在1790年，德国在1879年，作为一项普遍的义务强使法官在判决中说理。判决从不说理向说理的转变，不仅仅是表现形式的改变，更主要的是代表了司法民主化的趋势。司法民主化要求判决必须是基于理性而非基于恣意和擅断作出，判决修辞就是在这样一个司法民主化的背景之下登台的。它是判决说理的自然延伸，当判决理由不充分或根本没有正当理由支持判决的时候，为了赢得公众对判决持久的信任与支持，修辞就成为无法替代的最佳选择。这一点可以从相反的角度获得理解与证明，如：我们几乎难以想象在一个神判时代，一个无须说理的司法背景中，判决有修辞的必要。与修辞结伴同行的是强力与蒙蔽的对立面——角力与说服，其背景则是由权威-服从模式

---

〔1〕 韦伯在分析古代中国家长制法律时就曾指出：“中国的法官——典型的家长制法官——以彻底家长制的方式来判案”。参见［德］马克斯·韦伯：《儒教与道教》，王容芬译，商务印书馆1995年版，第174页。

向对话-服从模式转变的司法民主化趋势。[1]

（二）法律判决的形式化趋势[2]

法律判决的形式化是指这样一种趋势，即法官在判决时所明确表述的理由常常不是他们的真实理由，而只是最好的法律上的理由。也就是说，法官的判决必须找到法律上的依据，即使这个理由并不是法官做出判决的真正理由。古代判决书中的“见利忘义、全无人心，此风最为薄恶”，“贫民尺地寸土皆是血汗之所致”之类的话，在现代判决书中是找不到的。判决建立在这样一种语言上，形象让位于事实，直觉让位于证据，修辞让位于现实。也就是说，在判决书中，激情也压服了理性，它追求一种稳重、庄严的风格。比如在法律没有明确规定债权人的债权与工人工资的清偿序位时，如果法官非常同情工人，在判决书中，他可能阐明煤矿工人的生活是如何的凄惨与悲凉，社会应该如何在道义上站在工人一边。他会依据民法中的帝王规则——诚实信用原则判决。虽然这样有可能被指责为使“法律条款软化”，但这是同一话语圈子里的权力争夺问题，如果以生活理由支持这一判决，他根本就有可能是违法的，或者说，根本进不了讨论的机制。但是，这也发展了法官在判决书中的“修辞性技巧”，如在判决书中强化一些事实，另一方面又淡化一些事实。

---

〔1〕 张志铭:《法律解释操作分析》，中国政法大学出版社 1999 年版，第 203 页。

〔2〕 本部分内容借鉴了左卫民、谢鸿飞的研究成果，特此表示感谢。参见左卫民:《在权利话语与权力技术之间——中国司法的新思考》，法律出版社 2002 年版，第 161 页。

（三）法律的文学化运动

1973年，密歇根大学教授詹姆斯·伯艾德·怀特（James Boyd White）出版的《法律的想象》一书揭开了“法律与文学”运动的序幕，此后影响日渐扩大。有人称，这场运动甚至会彻底改变法律学者谈论和思考法律以及作出判决的方式。法律家日益意识到了语言和修辞在撰写司法意见时的作用。他们认为“最好的法律文本是出色的文学作品”〔1〕，“运用文学视角，法律和判决可以得到更加充分的分析”〔2〕。美国学者波斯纳也看到了文学对于法律的巨大作用，认为文学研究对于理解判决修辞多有助益，“修辞在法律中有很大作用，因为很多法律问题无法用逻辑和实证的证明来解决”〔3〕，“许多法律文本（尤其是判决意见）在修辞上而不是在冷静的注解上与文学文本相似”〔4〕等。正是在这些学者的宣传与鼓动下，文学中的叙事技巧、修辞艺术、隐喻手法等被广泛地应用到了法律领域尤其是判决意见的撰写上来。法官已习惯于运用修辞和隐喻等手法来弥补法律语言的“刚硬”，甚至是法律推理的不足。〔5〕判决的修辞遂成为司法实践中的常态。

---

〔1〕［德］阿图尔·考夫曼、温弗里德·哈斯默尔主编：《当代法哲学和法律推理导论》，郑永流译，法律出版社2002年版，第293页。

〔2〕朱景文主编：《当代西方后现代法学》，法律出版社2002年版，第286页。

〔3〕［美］理查德·A. 波斯纳：《法律与文学》，李国庆译，中国政法大学2002年版，第360页。

〔4〕朱景文主编：《当代西方后现代法学》，法律出版社2002年版，第284页。

〔5〕朱景文主编：《当代西方后现代法学》，法律出版社2002年版，第284页。

三、影响修辞方法的因素：初步分析

（一）法律语言的文体特征

法律语体具有独立于其他语体的特殊风格，它既不同于追求语言形象化、生动化的文艺语体，也不同于追求以数据表格等进行烦琐论证的科技语体，法律语言的独特属性必然要求其在选择修辞手段时根据其文体特征做出适当的取舍。但是法律语体也不像有些人认为的那样绝对排斥修辞。实际上，诸如准确、通顺、简洁，本身就是修辞的手段。诚然，法律语言排斥夸饰、华丽的辞藻，拒绝文学描绘手法，但它们并不是“修辞”的全部内容，以对“修辞”过于狭窄的理解而否定修辞在法律语言中的重要地位和作用是片面的。事实上，法律语言无论在词法、句法还是在章法上，须臾离不开修辞手段。“在词法上，它常常使用雅语、敬语、成语，尤其是术语；在句法上，它常运用提前、重后、简略等句式；在章法上，常用分条、总叙、结语、引用等辞格。”〔1〕显然，法律语体的特征决定了法律文本在修辞手法上侧重于对语言形式进行一定的修辞，而对其他内容进行修辞则很容易落入“正当性”责问的沼泽。因此，一般认为，法律语体比较适合消极修辞手法的运用，而对夸张、排比、反语等积极修辞手法则多采取排斥或者限制的态度。判决书所选用的积极修辞手法，往往只

〔1〕 刘高礼：《法律语言学新论》，华中师范大学出版社 1997 年版，第 72 页。

局限于排比、层递、对比、反复等有限的几种。

(二) 判决文本的受众群体

斯威夫特说："对一个讲不进道理的人，你也不可能跟他讲出道理。"〔1〕这深刻地揭示出了受众对于判决说理方式的影响。法官在撰写判决书时，必须事先考虑到其预期受众的可能反应并进而决定说理的方式，从这个意义上说，正是法官和受众一起完成了判决书的制作。由于英美国家的法律制度是围绕着上诉审司法展开的，遵循先例的传统使得他们更加注重上级法院的意见，而非当事人和社会公众的意见。〔2〕所以，英美国家法官的判决的预期受众——至少对于上诉审法院来说——主要不是案件的当事人以及关心此案的公众，而是法律共同体中的其他法官以及实务者和学者。作为完全的内部人员，他们擅长阅读纯粹的司法意见(包括听出弦外之音)，他们"对于一篇司法意见的适当措辞和规范有着确定的预期"。〔3〕所以我们才经常在英美国家的判决书中发现洋洋洒洒、旁征博引的学术论文型的司法意见。在这里，由于受众的专业性，拙劣的修辞反而会产生负面的影响，故一般的认知性修辞很少被使用，而高明的说服性修辞技巧却是俯拾皆是。大陆法系国家的情况则恰恰相反。由于它们并不实行先例制度，

---

〔1〕［美］理查德·A. 波斯纳：《法理学问题》，苏力译，中国政法大学出版社 2002 年版，第 191 页。

〔2〕苏力："判决书的背后"，载信春鹰主编：《公法》（第 3 卷），法律出版社 2001 年版，第 183 页。

〔3〕［美］理查德·A. 波斯纳：《法律与文学》，李国庆译，中国政法大学 2002 年版，第 386 页。

法官没有造法功能，不像英美法系的法官一样关注特殊的事实构成，也不像英美法官一样注重上级法院的意见，而是更看重判决的公众（包括当事人）反应，所以为了获得这些人的认同，推理形式便不能十分复杂，严格的三段论演绎几乎是法官唯一可用的推理工具。在法律规则明确的情况下，只要对判决事实加以认知性的修辞，判决结果自然就有了“合法性”，这也将他们对从事冗长论证的不情愿合理化。判决书的简洁性和形式主义风格意在隐藏一种恐惧，即害怕过于详尽可能有碍于审慎周到和严守秘密，而审慎周到和严守秘密正是专家权力的要素，[1]故认知性修辞在大陆法系国家体现得更为明显。如《法国刑事诉讼法》规定：在判决的制作中，仅仅要求载明案件的事实和适用法律的理由，而并无论证的要求。

（三）判决对受众的说服成本

由以上分析引出的一个推论是：判决文本对受众的说服成本也将在一定程度上决定判决修辞方式的选择。“有确定目标的说服者会选择对自己的成本最小化，实现目标之概率最大化的混合修辞方式，包括真实的信息、谎言、暗号以及情感感染。”[2]波斯纳进一步分析说，说服者往往有一系列说服目标，并且存在着一个价值序列，但是说服者也许并不如人们想象的那样去盲目追求

---

〔1〕［美］H. W. 埃尔曼：《比较法律文化》，贺卫方、高鸿钧译，清华大学出版社2002年版，第198页。

〔2〕［美］理查德·A. 波斯纳：《超越法律》，苏力译，中国政法大学出版社2001年版，第572页。

前几位说服目标，因为说服受众接受这一目标的成本也许高不可攀。由于判决所面对的不同的受众群体具有质的不同，他们保持自己信念的“顽固”程度是不同的（比如要让布鲁诺心悦诚服地接受宗教裁判所的裁判，其说服成本几乎可以用无穷大来形容）。相应地，说服成本也有着巨大的差别。“听众信念的顽固程度有可能影响言者对修辞目的的选择，而距离（指言者欲灌输之信仰与听者本来具有的信仰的差别程度——引者注）有可能影响他对修辞手段的选择。”〔1〕这种分析还可以在另一个层面得到验证，即修辞还可以降低说服成本的第一个层面：受众接受信息的成本。听众吸收信息的成本越高，言者就越依赖那些对听众吸收能力要求不太高的说服形式，因此使成本最小化。在某些听众面前，哪怕是拥有最精确的知识也不容易让他们因我们的言辞而产生确信，因为那些没有受过教育的人不可能被以知识为基础的论证说服，因此，修辞必须用每一个人都有的概念，用非正式逻辑，再借助共同的知识把一些证据同听众的先前信念结构联系起来，以此来推进他们的论证，达到他们的说服目的。〔2〕

四、判决修辞的正当性标准

目前国内学界所热衷于讨论的判决文书的改革似乎都将视线

---

〔1〕［美］理查德·A. 波斯纳：《超越法律》，苏力译，中国政法大学出版社2001年版，第573页。

〔2〕［美］理查德·A. 波斯纳：《超越法律》，苏力译，中国政法大学出版社2001年版，第584页。

集中在了判决书应加强说理的环节上。这其实隐藏了一个共识的前提假设，即说理的判决才是同时也一定是正当的判决。然而，在西方国家尤其是一直强调判决说理的欧陆国家也在进行的判决文书的改革当中，我们又似乎可以对此假设之前提提出某种假设的怀疑：判决说理了是否一定意味着判决就正当了？这就牵涉到了判决修辞的正当性问题。对判决正当性理论进行一番梳理将会有助于证实或者证伪我们的怀疑。

如果把修辞看作是在一种别无选择的情况之下所进行的一套剩余的推理和说服方法的话，那么修辞似乎是个中性物，无所谓好，也无所谓坏。但是正如本来“价值无涉”的科技手段也会被用作邪恶目的一样，修辞在一定程度上作为一种手段也会服务于正当的或不正当的目的，这种手段因此也就具有了伦理的属性。因此对修辞手段进行正当与不正当的区分与研究就是一件十分必要的工作。对此，我们的论述将做如下的展开。

“论证和理由并不是一回事，论证仅仅是对判断的正当化，是一个话语和修辞层面的过程，而不能保证判断的正当，这涉及社会共识的认可。”〔1〕马克斯·韦伯认为，被支配者并非总是从理性算计和功利角度服从支配者，其服从还源于深层的精神因素，即相信统治者有某种“合法性”。而从支配者的角度来看，“没有任何一种统治，自愿地满足于仅仅以物质的动机或仅仅以情绪的动机，或者仅仅以价值合乎理性的动机，作为其继续存在的机会，毋

〔1〕 苏力：“判决书的背后”，载信春鹰主编：《公法》（第3卷），法律出版社2001年版，第180页。

宁说，任何统治都企图唤起并维持对它的‘合法性’的信仰。”[1]“只有结合了对‘合法性’信仰的习俗和利害关系，才能成为一个统治可靠的基础。”[2]由此可见，判决要想建立一种有效的支配与被支配、服从与被服从的关系，就必须编织一张“信念之网”，达致一种正当性以获得受众的信仰，引发其“不加反省的、习惯的、无意识的认可与服从”。

为了深入分析判决修辞的正当性问题，我们将正当性划分为合法性与合理性两个层次。合法性是正当性的表层要求，是一种形式上的正义；而合理性则是正当性的深层要求，属于实质正义的范畴。判决的法律效力在直观的层面来自于合法性，实质上则由判决的合理性所决定。结合以上的分析，我们可以发现，其正当性的获得是由法官与受众双方共同完成的，根据韦伯的法制权威型的合法性学说，我们可以发现其合法性建立的两个基础：①将合法性建立在形式合理性基础之上；②将合法性建立在实质合理性基础之上。据此，我们可以把正当性分为三个层次：形式合法、主观合理与实质合理。一个没有说理的判决是一份形式不合法的判决，这样的判决不管如何加以包装修辞，都因为不具备正当性的基础要求——形式合法——而不具正当性。而一份说理的判决，虽然形式上符合法律的要求，却很有可能因为说的是“歪理”而不得不对判决的理由加以一定的修辞，使之赢得公众的认可；它

---

〔1〕转引自赵承寿：“论司法裁判的合法性”，载《法律科学》2002年第3期。

〔2〕转引自谢鸿飞：“疑难案件如何获得合法性”，载陈兴良主编：《刑事法评论》（第3卷），中国政法大学出版社1999年版，第279页。

至少具有表面上被人认可的合理性，此之所谓“主观合理”，但是这样的一份判决将仍然因为其不符合正当性对实质合理的要求而不具正当性。最后，显而易见，真正具有正当性的判决修辞应该是对那种说理并不充分而需要在说理的方式方法上加以润色和加工的判决所进行的修辞。它只是使比较弱的论点似乎更强有力，在必然性论证不可能的情况下诱发人们对判决的信仰的一种手段，因为它符合了判决正当性的所有三个层次的要求：不但进行了形式上合法的说理，而且通过说理的修辞赢得了公众的认可和接受，具有了主观合理性，同时，又因为它仅仅是对判决正当理由的补充与补强，所以符合实质的合理性的要求。综上，只有同时具备了形式合法性、主观合理性和实质合理性的判决修辞才是正当的修辞，而仅具形式合法性或仅仅兼具形式合法性和主观合理性的判决修辞则属于不当修辞。

五、判决的正当修辞

（一）认知性修辞的正当形态

1. 庄重得体。判决书因为是法律活动的最终产品，所以，应以经过筛选净化的最为庄严肃穆的语言加以制作。为使判决语言显得尽可能的庄重、神秘和高贵，英美法官甚至经常使用古英语和中古英语。这不仅是法律语体风格的要求使然，也是维护法律权威的需要。乾隆时期著名幕府王又槐说：“供不可野，如骂人污辱俗语及奸案秽浊情事，切勿直叙，只以‘混骂’等字括之，犯者必于申饬。”〔1〕清代另一位著名学者兼幕府李渔也认为判决书“更宜慎重，切勿用绮语代庄，嬉笑当骂，一涉于此，则非小民犯奸之罪状，仅是官府诲淫之供招矣。”〔2〕一些对人格毫无顾忌地加以贬损的语词，如“不念旧恩，嚣然吠主”，“城狐社鼠，昼伏夜动”和“背本忘义，虽禽兽之不若”等，均违背了判决书制作应庄重得体的修辞要求。

2. 语体修辞。尽管对语言的修辞被认为并不具有直接的说服作用，但是有一点却是没有疑问的，即优雅的文风的确在一定程度上促成受众更乐意于仔细研读判决文本，并产生一种心理上的亲近感。这种修辞因为起到了犹如包裹药物的糖衣一样让药物更易吞食——起码不至于反胃——的效果而发挥了判决说服功能的前提性功能，这样，让读者读到结尾的吸引力在一定程度上也附着在判决文本的说服目的之上而成了判决修辞的一个不容忽视的领域。一种极端的表现是：“我们可能已经对一篇司法意见讨论的法律问题丧失了兴趣，但是这篇意见的风格可能还是让我们想读它。”〔3〕中国古代历来更是倾向于把判词作为一种文学作品加以

〔1〕 刘高礼：《法律语言学新论》，华中师范大学出版社 1997 年版，第 53 页。

〔2〕《资治新书·慎狱刍言》。

〔3〕［美］理查德·A. 波斯纳：《法律与文学》，李国庆译，中国政法大学出版社 2002 年版，第 340 页。英美法官在长期的司法实践中甚至总结出了一整套相当详尽的语体修辞的技巧，很多法官手中都有一部关于判决修辞风格的介绍性手册，波斯纳对此曾做过如下总结：“少用副词、形容词、斜体字，以及其他修饰语、限定字和增强句；长短句（不规则的、而不是排比的风格）交替使用；不要用一个命题来结束一个段落；不要使用没有主动者的被动语态；少用插入的或者其他的限定句；尽量以重要的词汇开始和结束句子，因为一个句子中的第一个和最后一个位置是语气最强的地方；避免使用术语和陈词滥调；为了清楚而使用标点，而不是为了符合

制作，这使得“判词摆脱枯燥乏味等缺点，增强判词本身的可读性，此外，文学作品多样性的表达方式，准确凝练的语言特色，也是高质量的判词所必须具备的。”〔1〕尤其是古代判词追求语言艺术化，判决多句式整齐、节奏明显、铿锵有声、顺口悦耳，“弃官式语言之呆板、圆滑而以优美、典雅之文风极力阐释自己独特见解，极具浓厚美学韵味，又含深刻法理，兼容极高艺术性之判决不断奉献于世人面前，使人领略到五彩斑斓的法律判决之美而倾心研读关注。”〔2〕虽然在当代，判决不再像古代那样片面追求“字字超群、句句脱俗”，“下语如铸”，而是更为重视法理的宣示，更加侧重于判决的法律属性，其文学性的一面则降到了相对次要的地位。但是各种判决的修辞方式仍然经常被加以应用，以达到判决“规范美、庄严美、简洁美、质朴美和流畅美”的“五美”要求。〔3〕

3. 模糊表述。一般来说，法律语言应尽可能地追求准确、明确的表意效果，尽可能地少用模糊词语。但是为了完成特殊的表达任务或者实现特殊的表达目的，模糊表述往往具有令人意想不

（接上页）语法学家们有关逗号和其他标点符号的位置的古板规则；要清晰；少用引用，特别是冗长的整段引用；要稍微注意句子的节律性；不要试图做到从来不对不定式进行划分；不要理会那些模糊的和不被人遵守的语法规则，比如不要以‘但是’或‘和’开始一个句子。”参见［美］理查德·A. 波斯纳：《法律与文学》，李国庆译，中国政法大学出版社 2002 年版，第 339 页。

〔1〕 汪世荣：《中国古代判词研究》，中国政法大学出版社 1997 年版，第 58 页。

〔2〕 陈界融：“论判决书内容中的法理分析”，载《法学》1998 年第 5 期。

〔3〕 唐文：《司法文书实用修辞》，人民法院出版社 1996 年版；另参见苗怀明：“中国古代判词的文学化进程及其文学品格”，载《江海学刊》2000 年第 5 期。

到的效果。如一份刑事判决书这样写道:“被告人公然散播反动言论,并向海外敌特机关提供机密情报。”本来“反动言论”和“机密情报”的指涉范围非常之广,如果一味追求准确明确,则应在“反动言论”和“机密情报”之前加上必要的限定,或写明具体的内容。但是这样又会与保密和防止扩散的考虑相冲突,于是这份判决便以抽象和概括程度较高的共名词语“反动言论”以及“机密情报”来表达一种模糊的语义,有效地化解了这一难题。[1]另外,在判决事实和理由分离的判决书制作格式当中,在判决理由部分对事实的叙述必然是具有高度总结性的,以避免和判决认定事实部分发生重复,这时,模糊语词也会成为不可缺少的修辞手段。

4. 简练概括。法律语言“贵乎精要,意少一字则义缺,句长一言则辞妨。”[2]法国判决书制作是这一特点的典型例证。比较法学家茨威格特说:“法国法院,尤其是最高法院想方设法使判决书的内容缜密而紧凑……那种游离于正文之外的闲文漫笔从来不能在最高法院的判决书中发现,在下级法的判决书中也很难找到。”[3]我国最高人民法院在《法院诉讼文书样式(试行)》中也提出了“力求语言精练”的要求。显而易见,这种简练概括的表述要比冗长繁复的表述更能吸引并支配判决受众的注意力,以进一步发挥其说服功能。另外,简练概括的事实表述可以使得关

---

〔1〕 姜剑云:《法律语言与言语研究》,群众出版社1995年版,第273页。

〔2〕《文心雕龙·书记》。

〔3〕[德] K. 茨威格特:《比较法总论》,潘汉典等译,贵州人民出版社1992年版,第228页。

键性表述较为集中，从而能够强有力地发挥其认知功能，强化受众对该事实的认可程度，如果表述过于冗长，而使得这些关键性表述也因此更分散、更繁杂，甚至是隐藏在限制、注释、引用乃至判决书中的其他冗长繁复的地方，那么这种强有力的认知性功能就会丧失殆尽。当然，精练概括只是一般性的要求，它仅适用于当事人及公众能够理解判决的事实依据和法律依据而不致产生疑惑不解并质疑判决正当性的情况。而对双方有分歧的争议较大的案件，判决仍应不避冗长，详加论证。〔1〕

5. 剪裁事实。“法律本身就是一种讲故事的特定形式”〔2〕，所有的判决中的事实其实都是一种经过了剪裁与拼贴的叙事，正如有学者指出的那样：“法律案卷中的叙事是一种虚假的叙事。正是这种叙事使得（不同的事件——引者注）……得以跨越不同的事件序列，而进入到一种法律体制的逻辑和关系中去。”〔3〕吉尔兹也曾说过：“法律事实并不是自然生成的，而是人为造成的。……它们是根据证据法规则、法庭规则、判例汇编传统、辩护技巧、法官雄辩能力以及法律教育成规等诸如此类的事物而构设出来的，总之是社会的产物。”〔4〕这种对事实的裁剪，是在法官的指导下

〔1〕 参见《增强刑事裁判文书说理性实用手册》，中国方正出版社 2000 年版，第 66 页。

〔2〕 朱景文主编：《当代西方后现代法学》，法律出版社 2002 年版，第 294 页。

〔3〕 赵晓力：“关系/事件、行动策略和法律的叙事”，载王铭铭、王斯福主编：《乡土社会的秩序、公正和权威》，中国政法大学出版社 1997 年版，第 538~539 页。

〔4〕 转引自梁治平编：《法律的文化解释》，三联书店 1994 年版，第 80 页。

构建的，是一种对判决叙事的修辞，目的在于获得基于剪裁事实的法律话语的正当性，其最终是为了影响法律之运作。此外，由于民间尤其是基层乡土社会发生的大量纠纷很难被纳入现有的且主要是移植过来的法律概念体系和理论体系，而法官为了解决事实争议又必须用现有的法律概念系统将其包装、剪裁和拼贴，以使其在这个合法的概念体系中找到自己对应的位置，所以，“为了法治的统一（其中必然包括法律概念术语的统一），为了法律共同体的形成，法律必须对非格式化的现实予以某种构建”。[1]而剪裁事实便是这种构建的有力工具和手段之一，它使法官可以在格式化的事实基础上最终形成自己的格式化了的司法意见，这样，剪裁事实也就成为判决活动的必需。[2]

（二）说服性修辞的正当形态

1. 判决异议。传统的司法权威主义认为法院只持一种意见可以达到与秘密表决相近似的神秘效果，但是司法民主化的趋势已

---

〔1〕 苏力：《送法下乡》，中国政法大学出版社2000年版，第215页。

〔2〕 苏力：《送法下乡》，中国政法大学出版社2000年版，第211页以下；但是我们也应该看到，在这一过程中，法官为了减少上诉而可能采用压制对败诉方有利事实的做法来达到短暂的修辞胜利，对案件事实可能有所添附和贻误。这种经过剪裁的片面的真实并不能简单地等同于真实，相反，判决还可能悖于案件事实，从而导致认定事实的错误，在这个意义上说它又与全面的虚假无异。由于对事实的剪裁而导致的对案件事实的片面认知往往会得出一个完全相反的法律结论，所以它正为某些法官的枉法裁判打开了方便之门。我们也应看到剪裁事实的另一个重要的根源：司法判决的结果判断往往先于事实认定、逻辑推理和法律适用，即使主张以其他方式处置的律师提出了更为强有力的论点，通常也不可改变法官的先见。正是由于结论先行的判决形成模式，法官往往需要支持自己结论的事实和证据（他一般很少否定自己的判断，而总是在事实和证据的不断排列组合中搜寻支持自己判断的论据，甚至不惜以剪裁事实的方法迂回到达自己的结论来维护自己的智识权威）。

经推动传统上持上述观念的大陆法系国家逐渐认可了判决书中呈现不同意见的做法。在一些国家如阿根廷、芬兰和瑞典，这种异议展示已经达到了相当充分的程度。“判决异议被称为‘法官懒惰的解药’，它可以保证法官们不会仅在其中某一个法官的意见后盖上自己的图章。”〔1〕判决异议的说理方式展现了判决从演绎证明到对话证明，从封闭推理到开放推理，从威权主义到司法民主化的趋势。总的来说，判决异议不是降低了判决的权威，恰恰相反，它巩固并加强了判决的合法性与正当性，赢得了更为广泛的认可与服从。

2. 情理交融。判决除应晓之以理，还应动之以情，并做到情理交融。如清代张问陶在一起顶凶卖命案的判词中，对将儿子卖与他人顶凶而险些酿成冤案的王桂林的责任认定就连用了四个比喻，说理十分形象。判词是这么写的：“熏蚊虻以烧艾炷，恐坏罗帷，剔蚯蚓于兰根，虑伤香性，治恶僧须看佛面，挞疯狗还念主人。”将“本府为爱护孝子心”的抽象思想，表达得形象可感而又便于理解和接受。判词还以饱含感情的笔触愤怒斥责了行凶之人，情理交融，收到了非常好的表达效果。如“夫使二百金可买一命，则家有百万可以屠尽全县。”又如，判词指出凶手屈培秋第一次行凶“或非居心杀人，后一杀则纯为恃富杀人，有心杀人，误杀者，可免抵，故杀者，不可免也。”〔2〕道德力量在我们国家

---

〔1〕 李麒：“判决异议研究”，载樊崇义主编：《诉讼法学研究》（第 3 卷），中国法制出版社 2002 年版，第 55 页。

〔2〕 刘永章：《诉讼文书解析》，人民法院出版社 1999 年版，第 501、502 页。

往往比生硬的法律理由更令人信服，因此在说理时，如能辅以道德情感来褒贬案件的是非责任，往往可以起到意想不到的效果。

3. 缺省三段论。早在古希腊修辞学发端时期，亚里士多德就十分重视缺省三段论的应用。所谓的缺省三段论是指：在一般三段论的演绎模式基础之上，由于某个前提众所周知而不予表述，从而直接推导出结论的一种三段论模式。比如这样一个三段论：所有人都会死，张三是人，所以张三也会死。在这里，由于推论的前提人所共知，所以在进行逻辑演绎时往往省去这一前提的表述。在判决制作领域，法官们在制作判决时往往利用缺省三段论来达到某种修辞效果，以便于在前提可能真实也可能并不十分确定真实时起到增强判决合法性的修辞效果。

4. 突出控辩双方的主体性。“只有一切参与者的利益至少被卷入讨论中，合意才具有意义。”〔1〕因此，判决中对庭审过程中双方对话情景的再现程度以及再现的平等性程度，将在很大程度上影响双方对判决的接受程度，一场至少在形式上被尊重了的对话被认为至少、也在一定程度上影响了判决结果。因此，有经验的法官为了减少上诉，往往不厌其烦地在判决书中大量引用双方的论点及论据，给人以当事人的逻辑代替了法官的逻辑的印象。而我们现有的判决书往往简单声称：“经本院查明……”“有……证据为证”或“原告所诉本院不予认定”。由于判决书中仅仅表述法院的认证，而对双方举证质证情况不加反映，双方的主体性

〔1〕［德］阿图尔·考夫曼、温弗里德·哈斯默尔主编：《当代法哲学和法律推理导论》，郑永流译，法律出版社 2002 年版，第 217 页。

地位及其对裁判结论的形成施加有效影响的主观感受受到了损害，因此这样的判决文本往往难以令当事人和公众信服。这样，法院认证也就成了无源之水，无本之木，丧失了其可接受的合法性。另外，由于控辩双方主体地位的确立，法官在判决说理时亦应注意不能对双方的诉讼主张采取批驳或反驳的态度，如“被告人所称纯属无理狡辩”，“上诉人的上诉理由是无稽之谈”。

除了以上所列举的方法之外，法官还会在判决中“通过坦率披露那些反对自己结论的事实和权威、通过语气上表现得具有试验性和让步，甚至通过对自己结论的正确性坦诚表示怀疑”，以比喻性修辞代替逻辑论证等，借此增加判决的可信度和正当性。〔1〕诸如此类的方法不一而足，它们在司法实践中以一种更为多元的状态呈现在判决之中，限于篇幅，本文只能舍弃。

六、判决的不当修辞

（一）认知性修辞的不当形态〔2〕

1. 直接改写。古代一州官在审核一起死刑案件时贪赃枉法，

〔1〕［美］理查德·A. 波斯纳：《法律与文学》，李国庆译，中国政法大学出版社 2002 年版，第 339 页。

〔2〕需要顺便提及的是不仅仅在判决书中这种叙事技巧才可能存在，事实上在诉状、答辩状等一切法律文书中，这种修辞技巧都普遍的存在着。在《刀笔精华》中就辑录了这样一则“答辩状”：马某侍母不孝，其母诉至县署，马某请讼师谢某作了如下答辩而使自己免于牢狱之灾：“为家门不幸，含泪哀告事。窃民父早经弃养，自幼即蒙母抚养成立，民不孝，不能顺母意，博母欢，致累老母匍匐公庭，民甘受法办。母慈而后子孝，身修而后家齐，民德不足以感母，孝不足以顺亲，既不

将判词中"用铁锨致乙死亡"加了一笔，改为"甩铁锨致乙死亡"。一字之改，将本来十分严重的故意杀人变成了性质不太严重的过失杀人，从而达到了开脱罪犯的目的。这样的例子不为古代所独有。河南省高级人民法院在曹海鑫一案的二审判决中言之凿凿地对一审判决加以肯定，但又偷偷地在自己的裁定书里移花接木地对一审判决的关键表述作出修改。〔1〕这种由于经办人员一字之差、一语之误造成事实认定的大相径庭，〔2〕甚至铸就大错，枉法裁判的例子，在整个司法裁判史上屡见不鲜，以致古人感叹"官府案牍，有更易一字而轻重悬殊者，吏胥多藉是以舞弊。"〔3〕司法官员的权力之大，"一举笔间，而拯十余人命"。仅

（接上页）孝于地下之父，又不孝于在堂之母，死亦无怨，且从此亦可留面目以见父于九泉。敬请法办，以慰慈心。哀哀上陈，不知所云。"好一个"哀哀上称，不知所云"，其实马某和谢某正是运用了一种叙事技巧在看似服法的外表下委婉地且极具戏剧效果地表达了自己对母亲的不满，于不动声色之间推卸了真正的责任，达到了混淆视听的目的。由此例可见一斑：长期从事法律事务的人对于修辞手法的掌握已达到了一种运用于无形的"境界"，成了内化于日常业务的一种实践理性，而这对于法官而言又何尝不是如此呢？

〔1〕 贺卫方："不可思议的判决"，载《杂文报》1999年4月13日。

〔2〕 唐文："改革中裁判文书语言运用的价值取向"，载曹建明主编：《中国审判方式改革理论问题研究》（下），中国政法大学出版社2000年版，第931页。

〔3〕 据《冷庐杂识》记载，清朝乾隆年间通州州吏胡封翁在佐办一件行窃案时，见众犯因贫苦偶然作窃，并非真正巨盗，遂萌同情之心，将犯供"纠众自大门人"中"大"字改为"犬"字，一举笔间，而救十余人之命。参见潘庆云：《跨世纪的中国法律语言》，华东理工大学出版社1997年版，第877页。即使是包公，也曾擅自涂改法律文书。在关汉卿所著之杂剧《鲁斋郎》中，鲁斋郎仗势欺人，霸占良女，包公欲判其死刑，但因鲁斋郎出身豪门，权势倾人，包公为获准奏，在向皇帝上奏案卷材料时，故意把鲁斋郎的姓名三字的笔划分别减去一部分，变成鱼齐即，待皇上准奏而批了斩字之后，再恢复原有笔划，"鱼齐即"三字就又变成了"鲁斋郎"，关汉卿对此大为赞赏，称之为"智斩鲁齐郎"。参见余宗其：《中国文学与中国法律》，中国政法大学出版社2002年版，第136页。

要求叙明事由，而无须阐明法理之判决，必然为官员出入人罪大开方便之门，堂而皇之地大笔一挥，亦无须加以任何掩饰。究其原因，中国古代的判决更加强调的是“事理”，而非“法理”，故司法官员更加注重事实情节的修辞，而不像西方国家的法官一样注重法律理由的修辞。这就导致中国古代判决的修辞艺术必然更多地体现在对案件事实的修改和掩饰上，只要事实被修正了过来，就不必过多地阐释法理，判决亦顺理成章地具有了合理性和合法性。〔1〕

2. 调整语序。词序是一种重要的修辞手段，不同的词序在表意上的功能是不同的。如“不很注意”与“很不注意”在形容一个人的过失状态的程度上就有很大的差别。再比如一起强奸案的判决书的判决理由这样写道：“本院认为，被告人无视国法，多次采用诱骗手段奸淫幼女两名，又四次翻墙入院，夜闯民宅，采取胁迫、麻醉等手段，强奸妇女两名，罪行情节特别严重已构成强奸罪。”其中最后一句给人以情节严重是强奸罪构成要件，即只有情节严重才构成犯罪的印象，应该改为“其行为已构成强奸罪，犯罪情节特别严重。”一些判决文书的制作者往往利用这一现象，

---

〔1〕《摩西十诫》中说：“私迁界石者必受诅咒”，而擅自篡改法律文书的罪行比私迁界石还要严重，所以历代法律均对擅自修改法律文书所应承担的责任做了详尽的规定。如《唐律疏议》将制作法律文书时的弄虚作假行为视为诈伪，并规定：“凡诈为官文书及增减者，杖一百；准所规避，徒罪以上，各加本罪二等；未施行，各减一等。”《宋刑统·诈伪律》云：“诸对制及奏事、上书，诈不以实者，徒两年。”《大清律例》中甚至专设“增减官文书”罪，“凡增减官文书者杖六十。若有所规避，杖罪以上，各加本罪二等，罪止杖一百、流三千里，未施行者，各减一等。规避死罪者，依常律”。

通过判决书的词序的安排与变化而达到其不可告人的目的。如清朝末年江苏常熟县有一伙纨绔子弟，每当夕阳西下之时便在虞山的风景名胜石梅风景区内策马急驰。其中一个姓周的公子马术不精，策马狂奔而伤人致死，其父买通小吏，将文书中的“驰马”改为“马驰”，将一起犯罪事件变成了一场意外事故。

3. 委婉措辞。词语是构筑语言和文本大厦的建筑材料，是具有独立性的最小的语言单位，一个词语的误用往往会带来整个大厦倾覆的后果（至少是危险）。“差之毫厘，失之千里”用于形容语言选词精当的必要性殊为恰当。〔1〕如一刑事判决书这样写道：“王某某跟胡某某去过杀人现场。”这句话中用了一个兼类词“跟”，它既属于介词，也属于连词，判决书中的“跟”如果看作连词，则主语就是“王某某跟胡某”这个词组，因而，“王某某”就是杀人嫌疑犯之一，而它如果在句中是作介词使用，“王某某”就是主语，“跟胡某”就是状语，表示跟随的对象，那么“王某某”充其量就是个从犯。〔2〕正是由于“跟”具有这种语义的模糊与两可，法官才选用了这个词而没有用有着确切含义的连词“和”，从而为后面的定罪量刑埋下了伏笔。可见，在当事人对于事实认识或主张存在较大分歧而法官又无力查证时，法官在判决书中认

〔1〕 法国著名作家福楼拜就曾说过：“不论我们要说的是什么东西，要把它表现出来，只有唯一的名词，要赋予它运动，只有唯一的动词，要赋予它性质，只有唯一的形容词，我们应该苦心搜索，非要找出这个唯一的名词、动词、形容词不可，仅仅找到这些名词、动词、形容词相似的词，千万不要以为满足，更不可因为这种搜索困难，而随便用个词来搪塞了事。”

〔2〕 唐文：“改革中裁判文书语言运用的价值取向”，载曹建明主编：《中国审判方式改革理论问题研究》（下），中国政法大学出版社 2000 年版，第 932 页。

定案件事实时往往利用语言的不确定边缘和“可疑的半影”，采用漠视法律语言固有含义的模糊表述，借以偷换判决立足的事实基础，使判决获得“合法性”。又如在某著作权侵权纠纷案件的审理中，原告诉称被告抄袭剽窃其作品，而被告则辩称自己只是“使用”“引用”，在双方均无确凿证据支持的情况下，为了绕开这一事实争议，法官在判被告败诉的同时又将被告人的行为描述为法律含义极为模糊的“抄用”。以“抄用”一词来描述被告的行为，而又以“抄袭”来追究被告的法律责任，这种在事实和法律上各打五十大板的做法正是判决文书中模糊措辞的恶果。法官在这里明显违背了法律领域中选用词语的规范，模糊了事实争议。[1]

4. 伦理感染。感人心者莫先乎情，感情在促使或者帮助一个人作出判断中起着至关重要的作用，“感情会引导和加强注意力……提供动力、培养直觉、并且激发想象力”，[2]“情感既可以澄清也可以模糊人们的理解。”[3]判决叙事中列明的一连串景象其实并未得出判决结论的事实前提，它只是展示了一连串具有强烈伦理色彩的形象，判决结论的权威与正当性恰恰来自于它被展现为强力感情景象的高潮或解决。[4] 因此，情威并用、把情感性作为施

---

〔1〕 另一例证可见 Cox Broadcasting Corp. v. Cohn，参见［美］理查德·A. 波斯纳：《法律与文学》，李国庆译，中国政法大学出版社 2002 年版，第 380 页。

〔2〕［美］理查德·A. 波斯纳：《法律与文学》，李国庆译，中国政法大学出版社 2002 年版，第 347 页。

〔3〕［美］理查德·A. 波斯纳：《超越法律》，苏力译，中国政法大学出版社 2001 年版，第 584 页。

〔4〕［美］理查德·A. 波斯纳：《法律与文学》，李国庆译，中国政法大学出版社 2002 年版，第 347 页。

行法律的一种手段往往可以收到极好的修辞效果。如一刑事判决书中事实部分就这样写道："被告人某某于某月某日的一个漆黑的夜晚，暗藏在某村南一座破烂不堪的旧砖窑的东侧，手持明晃晃的一把钢刀，带着满脸的杀气，准备在夜深人静的时刻，拦路抢劫那些单身的携带财物的过客。"读上去阴森恐怖，使人感觉到凶手的罪大恶极，必欲惩之而后快。如上述分析所指出的那样，由于判决的预期受众往往包含了与案件并无切身利害关系的社会公众，而他们并不关注判决中法理与逻辑的自洽，相反他们关心的只是判决是否与社会公认的道德标准等相一致并以此来判断判决的"合法"与否，因此，诉诸情感的判决修辞往往就成为必须。刘勰曾在《文心雕龙》中说："明罚峻法，则辞有秋霜之烈。"这里说的正是在判决的事实叙述中加入伦理评介，有助于获得公众对判决的支持，取得与公众预期相一致的判决。

5. 激发想象。在宋福祥一案的判决中，[1]法院十分强调宋所应负的"特定义务"，判决书极力为我们营造这样一幅特定的图像：夫妻恩爱、美满的生活场景，只有夫妻两人在家的这种特定环境，突然因夫妻发生争执而被迫中断，发生了质变，妻子又哭又闹，寻找绳索欲图自杀，丈夫开始还温言相劝，藏起了绳索，妻子却不为所动，继续闹着要自杀。而此时，丈夫却离妻子远去。

---

〔1〕 宋福祥与其妻李某因关系不和在争吵撕打的过程中，其妻李某自缢身亡，一、二审法院均认为宋福祥因负有救助义务而不作为构成故意杀人罪，处刑4年。详细案情请参见陈兴良主编：《刑事法评论》（第3卷），中国政法大学出版社1999年版，第289页。

妻子万念俱灰，在找到绳索时，悲愤地上吊自尽。在这份判决中，法官正是通过对事实的文学性描述刺激了读者的想象力，并根据这种想象，自主构建了案件事实。作者产生文本，而读者则产生意义。法官正是通过判决文本的修辞技巧使得阅读群体完成了对案件事实的想象性重构，完成了对判决文本的“二次解读”和“意义重构”。〔1〕在这里，法官并没有说谎，“谎言”是读者自主完成的，法官只不过隐藏了具体的细节，而帮助读者或者说是帮助自己完成了这一“客观事实”向“主观事实”的转变。也正是这种想象使得法院最后对宋福祥的判决符合了公众的情感预期而被欣然接受，令人拍手称快。〔2〕

6. 流于苟简。一起因为恋爱不成，反目成仇的案件事实是这样的：一日，男青年嘴叼烟卷，身背挎包（内装炸药与导火索），闯入女青年家并以用烟头点燃导火索威胁逼迫女青年与他外出。女青年在被迫与他外出过程中遭其强行奸污。该案审理过程中，被告人供称自己也怕被炸死，所以只是用叼着的一头比画了一下，并没真想点燃。而女方及其家人则因为当时惊慌失措，加之灯光昏暗，没有看清被告究竟是用哪一头点的。关于这一情节，该案审判人员草拟判决书时认定为：“做出要点燃的动作”。这也就是

〔1〕 根据读者回应（reader-response）理论，读者也是作者。巴米特也认为，读者不是文学的消费者，而是生产者。这个结论同样可以适用于判决文本。参见程光玮：“九十年代的诗歌：另一意义的命名”，载赵汀阳、贺照田主编：《学术思想评论》（第1辑），辽宁大学出版社1997年版，第205~209页。

〔2〕 又如：被告人明明是用小石子扔击被害人，判决书中却把小石子写成“石头”；被害人只是被小石子擦伤头皮，而判决书却写成“击伤头部”。参见姜剑云：《法律语言与言语研究》，群众出版社1995年版，第122页。

说，不管被告人是用哪一头点导火索，总之是因为这个动作才迫使女青年随其外出——这一点是肯定的。但遗憾的是，该院主管领导在审批判决书时认为这样表达过于啰唆而改为“妄图点燃”四字。如此一改，简则简矣，却与事实大相径庭。因为“妄图”只是心理活动，没有外在表现的动作就构不成对女青年的威胁。这么一改，女青年与其外出就并非受胁迫了，客观上起到了开脱被告的作用。〔1〕

（二）说服性修辞的不当形态

1. 将直觉掩饰为共识。法律是一门需要公开宣扬的学问，一门要求逻辑推演的科学，但是它并不排斥司法者个人的一些瞬时性的非意识认识形式对推理和判断过程产生或多或少的影响。这种瞬时性的非意识认识形式就是我们通常所说的“直觉”。直觉对案件事实的判断，有时胜于理性思考，至少是胜于形式理性的判断，〔2〕它是一种无意识推理、一种非理性判断。由于它只是属于个人的意识形式，植根于法官个人的经验土壤中，总是难以经由言说普适化为普遍的共识（正是在这个意义上，著名学者、法官波斯纳把它称为“无言之识”，这一概括可谓非常的贴切），所以法官越是依赖直觉来决定案件的处理结果，就越是因为公众无法加以理解而难以证明这些结果的正当性。而为了获得正当性，法官判决的无言之识（经验法则）几乎总要在某种程度上披上逻

〔1〕 陈天恩：“法律语言 准确为要”，载《语言文字应用》1995 年第 2 期。

〔2〕［美］理查德·A. 波斯纳：《证据学的经济分析》，徐昕、徐昀译，中国法制出版社 2001 年版，第 121 页。

辑的外衣，转化为论理法则才可以被公众接受为合理与合法。此外，将直觉解说为共识也是这种转化的典型且有效的方法。[1]法官往往将自己对某一问题的直觉置于当地共同的伦理观念、社会习俗之中，以使个人话语公共化，避免公众对法官个人直觉的质疑，它可以被看作是判决推理的极为有效的修辞手法之一。[2]而且这种共识的主体数量越多，判决结论的合法性程度就越高。

2. 对适用法律的模糊引证。某法官在判决中为了支持自己的不当判决，居然“引用”根本不存在的“新闻法”作出了判决。在司法实践中，这种模糊引证的方法还表现为法官往往在涉及多个被告人的案件当中不论主从、成年未成年、自首不自首，最后只是在判决书中总引一笔：“根据我国《刑法》第14条、22条、34条、54条、123条、145条之规定，已构成犯罪，判决如下……”这种模糊引证法律的判决方式往往会为枉法司法提供保护色，借以蒙蔽对法律知之甚少的当事人。此外，对于当事人双方争议较大的证据的采信问题，法官也往往不说明采信与不采信的理由，不展示自己认定证据的心证过程，而是以一句简单的“对该证据不予认定”这种“修辞性技巧”来逃避自己的责任。

3. 权力型话语运用策略。福柯认为权力与知识相互依存并互相指涉，任何权力关系的建立，都会产生相应的知识。“权力总是

---

〔1〕“共识是一种合法的尽管非常可能出错的正当化方法。”参见［美］理查德·A. 波斯纳：《法理学问题》，苏力译，中国政法大学出版社2002年版，第145页。

〔2〕［美］理查德·A. 波斯纳：《法理学问题》，苏力译，中国政法大学出版社2002年版，第159页下。

以知识的面目出现，而知识拥有者又反过来运用这种知识行使权力。"〔1〕具体到案件的判决中，法官在判决书中运用法言法语进行的科学型叙事，对不懂法律的当事人所进行的日常型叙事加以改头换面，以赢得一种对当事人智识上的优越和压制。科学型话语因为其符号化程度而提出了理解的专业化水准问题。面对判决文本中一个个标志着权力行使的术语符号对自己行为的定性，败诉方即使"不悦"，也不得不"诚服"于这些符号，并认为它们是对过去案件事实最为权威的表达。当败诉方是一个对法律不甚了解的人的时候，他无法用自己日常型话语与法官判决中的科学型话语或曰权力型话语争夺话语权，由此，对专业知识权威性的认同和对知识合法性的信仰，经由权力转化为了对判决正当性的认可与支持。法官通过对争讼双方日常型叙事的修辞达致了合法性。〔2〕另外，这种书面的叙事实际上是一种法律的叙事，它脱离了事情发生的具体语境，描述的只是法官依据法律的规定组织的事实发生的过程，日常生活话语在这种以法律规范为中心的叙事中悄悄退隐，法律话语充当着一个建构新世界的角色，当事人之间的关系在这种叙事中被重新建构。〔3〕判决书日益陷入内部的权力运作，专业知识的累加、重复与繁殖使得判决书在理性化程度

〔1〕 谢鸿飞："疑难案件如何获得合法性"，载陈兴良主编：《刑事法评论》（第3卷），中国政法大学出版社1999年版，第292页。

〔2〕 谢鸿飞："疑难案件如何获得合法性"，载陈兴良主编：《刑事法评论》（第3卷），中国政法大学出版社1999年版，第292页。

〔3〕 左卫民："法院的案卷制作：以民事判决书为中心"，载左卫民：《在权利话语与权力技术之间——中国司法的新思考》，法律出版社2002年版，第241页。

越来越高的同时也日益与普通民众的理性化程度拉开了距离。

4. 掩盖价值立场。"依据个人偏好作出判决被广泛认为是错误的，乃至没有哪个法官敢于承认自己是在这一基础上判决案件的。""法官们自己没有充分意识到他们在权衡各种社会利益因素上的责任，这种责任是不可推卸的，法官们经常公开显示出他们不愿作出此种权衡，结果是，根本不说明判决的真正依据和基础，往往让其滞留在潜意识中。"〔1〕一般情况下，法官往往需要对法律进行一种符合社会认同心理的解释；但是对同一条文运用各种不同的解释方法往往可以导致截然相反的结论。为此，只能通过"选择"而不能通过判定来对解释加以取舍。法律适用者的价值判断与结论之间的联系比事实判断和逻辑判断的联系更为紧密。〔2〕"在进行法律解释之前，法官都熟谙案件事实，在价值判断上早已形成根深蒂固的'前见'，在这一'前见'的作用下，法官会想方设法寻找能得出他可欲结果的法律解释方法。"〔3〕但是如果法官在判决中明确表示他的价值取向，那么他在没有法律规范可以直接援引又难以达成共识的疑难案件中就很有可能面对为什么维护对方的利益这样的诘难。为了尽量保护自己的合法性资源最大限度地不被损伤，在判决书中，法官虽然赞同了某种价值立场和

---

〔1〕［美］霍姆斯："法律的道路"，转引自［美］理查德·A. 波斯纳：《联邦法院：挑战与改革》，邓海平译，中国政法大学出版社 2002 年版，第 331、326、332 页。

〔2〕刘星："疑难案件中法律适用的理论与实践"，载《比较法研究》1994 年第 3、4 期。

〔3〕谢鸿飞："疑难案件如何获得合法性"，载陈兴良主编：《刑事法评论》（第 3 卷），中国政法大学出版社 1999 年版，第 286 页。

观念，但是这种价值立场和观念最后可以诉诸其他规范，法官尽量使自己的判决显得仅仅是在适用法律，以图掩盖自己的价值立场，避免公众对判决正当性的质疑。这样，在判决书的合法性的整体框架之下，案件看起来好像仅仅只是一个法律问题，而不涉及相互抵牾和基本无法调和的绝对化价值立场。

5. 对疑点事实作排斥性处理。在一起关于淫秽物品的案件当中，法官无法解释自己认定淫秽物品的标准，于是便做了这样的处理："当我看到它，我就知道它是淫秽物品，而本案中它并不是。"通过含糊其辞的逃避化解了面对棘手法律问题的尴尬，但是却对判决的正当性构成了实质性的伤害。英国也曾有过这样一个判例，17 岁的珍尼特患有精神障碍，她因不愿受孕而向法院申请做绝育手术（在此之前，一个先例认为绝育手术剥夺了妇女生殖的基本人权而驳回了此类申请，所以珍尼特要施行这类手术必须谋求法院批准）。法官认为，怀孕与分娩会给珍尼特的心理和身体健康造成灾难性打击，采取绝育措施是保护她的最好办法。在判决意见中，法官并没有深入讨论有没有办法使珍尼特学会诸如避孕等有关性方面的知识，而是断然认为"以任何抽象的形式教给她有关性的行为是不可能的"，并没有附加任何解释。至于本案涉及的另一个重大而敏感的问题——因珍尼特本人患有精神病而产生的优生学问题，则更因在判决开头"本上诉案无论怎样都与优生学无关"的声明而被简单明快地排除在了案件之外。[1]另一个

---

〔1〕［美］乔纳森·蒙哥马利："福利案件中的修辞技巧"，郭伟译，载《法学译丛》1990 年第 3 期。

可为佐证的案例是“赖利诉赖利”案。在该案中，孩子由其父、母隔周轮流照管，法院在没有任何证据的情况下判决此种抚养方式对孩子有害无益，却未对为何上述安排已经成功维持了 5 年的时间作出合理的解释。蒙哥马利对此加以评论时说：“一些实际问题被清楚地掌握，探究并予以详尽地说明，同时，其他一些问题则被掩盖和压制。”法官正是运用这种“明智的沉默”对某些事实问题不加询问，以“消除判决的自相矛盾之处，使叙述平稳”，达到逻辑自洽。

七、论题的边缘：判决形成过程的修辞〔1〕

以上，我们对判决的叙事以及说理方面的修辞均进行了粗疏但还比较全面的梳理与分析。但是，应该看到，以上的分析还仅仅局限在判决文本上的修辞，亦即静态的修辞，还没有涉及判决形成过程的修辞，即动态的判决修辞问题。尽管它只处在论题的边缘，却是讨论此论题所必不可少的一个方面。

“法庭上使用的修辞是这样一种说服：它并不灌输关于正义和非正义的知识，而产生对正义和非正义的信念。”〔2〕众所周知，

---

〔1〕 除本节探讨的内容以外，在民间调解中，诸如权力运作的策略和技术，田间炕上开庭的场景组织，摆事实、讲道理的道德论证和人情面子机制等等，修辞技巧也有极为广泛、自发的运用。较好的研究可参见强世功：“法律是如何实践的——一起乡村民事调解案的分析”，载王铭铭、王斯福主编：《乡土社会的秩序、公正与权威》，中国政法大学出版社 1997 年版，第 488 页以下。

〔2〕 ［美］理查德·A. 波斯纳：《超越法律》，苏力译，中国政法大学出版社 2001 年版，第 580 页。

法庭审理是一个与社会生活相疏离的特定时空，这个时空中的权力结构关系，支配与被支配的心理结构关系，是通过特定时空内一系列戏剧化的仪式而展开和形成的。关于这一点，我们可以从英美国家诉状律师和出庭律师的差别中得到启示。波斯纳曾经指出："诉状律师的角色主要是分析性的，而辩护律师的角色则非常倚重修辞。"〔1〕造成这种差别的一个十分重要的原因就是在庭审这一法的时空结构中，只有辩护律师与其他参与诉讼的人员是"身体共同在场"的。这种共同在场使得对话机制不仅仅通过书面语言展开，更为重要的是在排除传闻原则和口头审理主义支配下的英美法庭上，口头语言、表情语言、肢体语言都有可能成为构成本身博弈地位的重要砝码，以致"出色的出庭律师都是一流的推销商和尽善尽美的演员，他们都非常了解非语词交流常常与案件事实同样重要（并且有时更为重要）"。〔2〕同样的，置身于法庭这一法的空间之中的被告往往因为判决制作者在判决形成过程中对被判者采取的诸如仪式定位、情感定位、语言定位等方法，从而产生一种心理上的劣势。〔3〕这种劣势往往使得他们默认了自己败诉的命运，承认了判决的"合法性"。

如果说在司法广场化的时代，广场是每个人对每个人表演的场所的话，那么在司法走进"剧场"的今天，由于国家权力所具

---

〔1〕［美］理查德·A. 波斯纳：《超越法律》，苏力译，中国政法大学出版社2001年版，第591页。

〔2〕John T. Molloy, *New Dress for Success*, Wamer Books, 1988, p. 295.

〔3〕刘高礼：《法律语言学新论》，华中师范大学出版社1997年版，第282页下。

有的内在表演性,[1]法庭成了国家暴力机器对被告人表演的专门舞台。哈罗德·加芬克尔(Harald Garfunkel)曾把刑事审判称为“贬黜人格的典礼”。在法庭上,一切布景及仪式的安排都是国家暴力的投射,精心编导的提出和检验证据的戏剧,法定程序和角色的成功扮演,为谴责罪犯创造了条件。而法庭的程式化、戏剧化则巧妙地修辞和掩盖了法律的暴力性质,法院森严的建筑布局、荷枪实弹的警卫、严格的安检设备和措施、身着法袍并位居极高的法官席的法官、在民主社会中极其少见的对于法官过分尊重的称谓以及通过重复被告先前的不当行为来对其人格而不是行为进行宣判,甚至是如中国古代由衙役齐声喊出“威——武——”的心理威慑等程序加工技术,都加强了对被告的暴力威慑。伯尔曼也认为法官通过肃穆的法庭、神圣的国徽、庄重的审判员、象征化的制服(有时甚至是神化法官的假发)、审判员与被告等特定化了的位置、人员出场的顺序、程式化的语言、固定的发问顺序等,让被告置身于一种神圣而崇高的背景下,使他在情感上信仰这种神圣的评判,判决的正当性由此获得。[2]我国学者舒国滢也指出:“司法活动在以‘剧场’为象征的建筑空间内进行,将法律与建筑两者的审美特性融为一体,使法律原则和规则的刚健质朴和简洁对称的风格凝固成建筑的雕塑形态,这无疑会增强法律

---

〔1〕 英国法律史学家梅特兰曾深刻地指出:“只要法律是不成文的,它就必定被戏剧化和表演。”其实,成文法背景下又何尝不是如此呢?

〔2〕 谢鸿飞:“疑难案件如何获得合法性”,载陈兴良主编:《刑事法评论》(第3卷),中国政法大学出版社1999年版,第290、291页。

的庄严肃穆之美，从而内化人们的法律精神，唤醒人们对法律的信仰和尊敬。”[1]而且，根据舒国滢的理论，司法的剧场化实际上在法庭内部划分出舞台和看台，剧场里的人则被相应地划分为演员和观众，而由于国家权力天生所具有的表演性以及被告人利益代言人——律师或其他代理人——的在场，被告人在大多数时间里往往成了实质意义上的看客，[2]与权力表演一定程度的隔离使得他能更进一步地认识到权力的神圣与庄严，甚至包括威慑。

此外，宣布判决的口头语言也起着十分重要的作用。含混、扭曲、掩饰和润色等修辞性语言是与言语者的社会动机和言语活动的社会效果紧密联系在一起的，言语者往往利用这种技巧来确立甚至是改变自己在社会权力结构中的位置。修辞学研究结果表明，讲话者在讲话时表现得自信与否将直接影响到自己发言内容的“他信力”，因为人们普遍有这样一种心理：如果对自己的行为或某一事物的性质方面并不十分确定的话，我们往往倾向于认可别人外在的评价，尤其当这种评价是以一种十分自信和不容辩驳的姿态做出来的时候。因此，法官常常在宣读判决时采用诸如慷慨激昂、加强逻辑重音、突出轻重缓急和不容置疑的语气等各种技巧来强化判决对被告行为的非议功能，使被告在这样一

---

〔1〕 舒国滢：“从‘司法的广场化’到‘司法的剧场化’——一个符号学的视角”，载孙国栋主编：《律师文摘》（2002年第1辑），时事出版社2002年版，第27页。

〔2〕 一个典型的例证是，1820年，法国特使柯图在考察了英国的刑事审判过程后，在给法国政府的报告中这样写道：“在英格兰，被告人在法庭上几乎没有什么活动，用他那顶挂在衣帽杆上的帽子代替他出庭，也没有什么不便之处。”参见孙长永：《沉默权制度研究》，法律出版社2001年版，第33页。

种语言和语气的定位中败下阵来，乖乖地接受法庭对自己行为的认定。

结 语

综合全文论述，我们不难发现，在一种叙事结构中，法律事实在本质上成了一个语言问题，而判决本身也成了讲故事的一种特定形式，〔1〕它“需要现实的人根据总体策略通过叙述这一黏合剂汇聚起来”。〔2〕因此，“作为法律解释的一种手段的故事性修辞技术有可能发挥的作用是：通过领悟和精神共鸣来强化法的正统性，使更多的人在对规范内容和案件处理结果具有不一致的理解的同时赞成某一法律命题，容许每个人叙说自己的故事并在这一过程中逐步实现理性的对话等等。”〔3〕

然而，由于修辞往往是一种非逻辑的、非经验的、非科学的说服方法，而它在修辞的过程中又恰恰为说服披上了逻辑、经验与科学的外衣。在判决理由并不充足或并不显见的情况之下，修辞可以使得判决的合法性得到较小成本的灌输，但在判决理由并不存在或即使存在但并不正当的场合，这种修辞对法治的危害则

〔1〕 朱景文主编：《当代西方后现代法学》，法律出版社 2002 年版，第 294 页。

〔2〕 ［意］蒙纳特里：“黑色盖尤斯——寻求西方法律传统的多重文化渊源”，周静译，载朱景文主编：《当代西方后现代法学》，法律出版社 2002 年版，第 149 页。

〔3〕 季卫东：《法治秩序的建构》，中国政法大学出版社 1999 年版，第 131 页。

是潜在的，同时又是巨大的。因为“任何案件的‘修辞’——如何才能最有说服力地予以表达——都不可能同案件的‘长处’——即相关论证的理性力量——相抵触。”〔1〕本文的研究旨在引起这样一种共识：一方面应通过判决的修辞技术去倡导制作更加符合判决内在规律和正当要求的规范、科学的法律判决；另一方面则要通过对不当修辞的研究与描述去揭示并遏止掩藏在修辞外衣下的司法腐败。因此，如何通过正当的修辞使判决获致正当性而将不正当的修辞摒弃于判决之外，并由此制定出遏止甚至杜绝司法腐败的现实性策略，是学界今后需要努力的方向。值得欣喜的是，国内已有学者认识到了这一极具理论意义和现实意义的课题并展开了较为深入的研究。〔2〕

正如列车进站前速度会逐渐放缓一样，本文的结论同样无法再次掀起一个对本文论点的认知和说服的高潮，达此目的的唯一办法就是让它永远没有终点，不断地发动、不停地运动下去。对判决修辞的研究价值已经毋庸赘言，唯愿有意者能将这根棒子接过来，传下去，推动这项研究的深入开展。果真如此，那么，这份结论也就不能算作结尾了，它仅仅是一个开头。

---

〔1〕［美］理查德·A. 波斯纳：《超越法律》，苏力译，中国政法大学出版社2001年版，第586页。

〔2〕这种思考集中表现在“如何通过案卷制作来遏制司法腐败”的表述上。参见左卫民：《在权利话语与权力技术之间——中国司法的新思考》，法律出版社2002年版，第251~263页。

研究方法

第十三章

知识增量与学术传统

——以刑事诉讼法学为例

从 1979 年第一部《刑事诉讼法》颁布至今，新中国的刑事诉讼法学研究走过了仅仅不到三十年的时间。然而，对于任何一门学科而言，即使学界中人殚精竭虑，勤奋耕耘，30 年的时间似乎都只来得及填补各项理论的空白。因此，迄今为止，刑事诉讼法学研究知识增量贡献仍然甚少，在学术传统方面的积累也极为有限，以致时至刑事诉讼法典即将面临第二次大规模修订的今日，刑事诉讼学术传统的形成仍然遥遥无期。这与学术研究的表面繁荣景象恰成鲜明的对照。正是出于这样一种警醒，笔者将在本章集中考察影响和制约刑事诉讼法学学术传统形成的诸多因素，从知识增量的角度对学界的知识生产提出某种期许和善意的建言。

我国于 20 世纪 90 年代初发起的社会科学学术规范化运动一

直强调两个方面的内容：一是学术研究的选题、研究对象和研究方法（最突出的表现就是对于本土化的诉求）等实质内容的规范化；[1]二是注释引证等形式层面上的规范化。而这两个方面的内容都不同程度地体现甚至影响了刑事诉讼法学研究知识增量的累积和学术传统的形成。但是限于篇幅，只拟对研究选题和研究方法这两个最能体现学术传统的层面展开论述。在结构安排上，本章首先将对学界追逐时尚的选题倾向之成因和后果进行细致分析；然后主要关注在刑事诉讼法学研究方法论转型的背后所隐含的种种危险和误区；在此基础上，本章将分别从学术传统形成的制度条件——期刊导向和学者自律角度提出一些方法上的建议。

必须交代的是，本章虽以刑事诉讼法学研究为观察对象，但背后却有更为宏大的理论关怀。笔者不仅希望刑事诉讼法学能够建构起贡献知识增量的研究意识，形成自身的学术传统，更加希望法学研究能够找到自身学术传承的方式从而摆脱法学“幼稚”之恶名！但是，由于各种可以理解的原因，笔者不拟针对具体研究个案展开评论，而是采取了一种总体置评的论证策略。虽然流于抽象，但并不意味着本章的分析没有具体的针对性。

一、“热点问题”与“前沿问题”：追逐时尚的选题意识

一门学科在发展初期总有应接不暇的新问题和新课题，以致

---

〔1〕 刘磊：“论法学研究中的‘本土化意识’——对我国刑事诉讼法学研究现状的反思”，载《法制与社会发展》2007年第4期。

人们时常会感到“到处都是理论空白”，[1]在这一时期投身学术研究的学者总是能够轻而易举地找到蕴藏丰富的学术富矿，在某一领域作出自己独特的理论贡献。但可惜的是，刑事诉讼法学近30年来的发展似乎在基础理论方面着墨甚少，[2]而是在缺乏司法改革宏观理论指导的情况下热衷于对国外某项具体制度的介绍和引进（有相当一部分成果甚至很难称之为真正的学术研究，而只是对制度的简单罗列和粗略分析）。由于这些所谓“选题新颖”的成果很容易获得编辑的青睐而登上重要期刊的版面，因此在学界形成了蜂拥而上研究热点问题的“扎堆”现象。这一扎堆现象至少给刑事诉讼法学研究带来了两个层面的负面影响：

首先，在整体层次上，追逐时尚的选题意识和学术惯性使学界日益缺乏在学科整体脉络中寻找研究课题的能力，并导致“问题意识的侏儒化”现象。如果我们仔细检视1996年修改《刑事诉讼法》以来历次出现的研究热点，就不难发现，大部分热点问题既不是对实践发展提出的理论需求的回应，更不是学术脉络演进的逻辑延伸，而是人为地将国外制度不顾时空条件地与我国制度

---

〔1〕 强世功：《法制与治理》，中国政法大学出版社2003年版，第321页。

〔2〕 20世纪90年代中后期，刑事诉讼法学研究出现了对基础理论进行研究的热潮，由此产生出一大批直到现在还有极大学术影响的研究成果，并提出了一批被学界广为接受的理论范畴和框架。但不无遗憾的是，近十年来，已经很少有对这些基础理论问题进行重述的研究成果面世。似乎在学科发展的基础理论方面，我们已经取得了终局性的而非阶段性的胜利，可以从战略的高度调整到战术的角度来应对每一个具体的技术问题了。显然，事实并不乐观，比如我们对当事人主义和职权主义就缺乏细致的梳理，而在没有对两者之利弊进行细致地理论探讨之前就仓促地在制度层面投向当事人主义的怀抱，难免会留下路径依赖的隐患。

环境进行强行嫁接。[1]因此，对这类问题的讨论往往呈现出两种截然对立的立场，一种是全盘接受论，一种是以国情为基础的阶段接受论。实际上这类问题并不能算作真正的学术争鸣，既没有奉行社会科学价值中立的研究立场，也没有将我国的制度设置看作一种“模式”去探究其实践合理性，而是带有极强预设地以法理合理性对我国制度进行讨伐，漠视该制度形成和赖以存续的社会历史条件。可以说，很多成果实际上割裂了本土的知识传统，而是在西方学术脉络中进行的所谓研究，缺乏中国的问题意识和本土的知识增量贡献。不仅如此，这类研究也几乎没有任何更为深刻的理论提升，而仅仅停留在对制度设置的简单罗列和直接照搬的层次上，其价值仅仅体现为探讨某项制度引入的最佳时机。厘清学术理路的内在逻辑并非此类研究的目的，知识增量的贡献也不为研究者所关注，所有与西方不同的制度安排都有可能成为下一轮研究的新热点，在整体的选题分布上呈现出一种“打一枪换一个地方”的游击状态。正是由于缺乏理论层次上的争鸣，这类讨论才往往流于意气之争，而无法转化为真正具有理论含义的“前沿问题”，这势必使得刑事诉讼法学研究服务于立法目的而丧失自身独立的理论品格。[2]事实也的确如此，30 年来的刑事诉

〔1〕 除了审判方式改革以及证人出庭问题是与改革的总体趋势相契合的理论研究以外，其他诸如恢复性司法等问题甚至很难看作是对实践需求的理论回应。参见周洪波：“沉默权问题——超越两种理路之解说”，载《法律科学》2003 年第 5 期；陈光中主编：《辩诉交易在中国》，中国检察出版社 2003 年版。

〔2〕 其实，即使是很多热点问题的讨论也远远没有形成最大程度的共识，比如当年曾经热闹一时的证据开示制度的学术争论刚刚展开，很快就被另外的热点问题所掩盖。

讼法学研究除了在法律真实和客观真实的大讨论中形成了一片主战场并收获颇丰之外，诸多耗费了大量学术资源的热点问题的讨论并没有为我们的学科贡献出多少可供后人参考的学术概念和理论框架，也很少能够催生出真正具有中国本土知识增量的理论解说。

而另一方面，在学界对热点问题过度开采的同时，尚有很多亟待解决的重大基础理论问题由于机会成本而无人问津，从而使得正处于转型期的中国刑事司法改革没有理论研究成果的指导，只能沦为技术细节上的删改，而在改革失败之后因为已然形成路径依赖而面临无力回天的窘境。[1]值得深思的是，如果一门学科没有自身持久的理论关注，尤其是一门新兴的学科如果始终在对热点问题的追逐当中失去对自身基础理论的反复锤炼和争鸣，缺乏对前沿问题的准确把握和艰苦地探究，那么，可以预想的是，随着域外这些具体制度被逐一地介绍、借鉴，刑事诉讼法学会逐渐丧失其继续发展的强大动力，也将无法找到能够为本学科长远发展贡献持久动力的学术增长点。其可能产生的危害后果绝不仅仅是学术研究的殖民化趋向，也绝不仅仅是我们自身学术想象力和学术创造力的日益枯竭。在笔者看来，这种追逐热点的研究惯性所造成的根本危害在于，它将永远无法在我们自身历史和文化

---

〔1〕 我国1996年修订刑事诉讼法试图贯彻的审判方式改革最终被宣告为失败就是一个惨痛的教训，因而有学者呼吁在中国探索一条司法改革的整体推进之路。参见陈瑞华："案卷笔录中心主义——对中国刑事审判方式的重新考察"，载《法学研究》2006年第4期；王超："司法改革的整体推进之路"，载《政治与法律》2004年第2期。

的延续性上发展出同样具有延续性的刑事诉讼法学的本土理论，并继而形成我们“自身的”学术传统。

其次，追逐时尚的学术建构也使得个体研究者日益丧失在自身学术立场上展开研究和为学术传统贡献知识增量的学术态度，而这将会实质性地损害中国刑事诉讼法学学术传统的建立。追逐热点的研究态度和学术氛围已经给学术研究带来了一种时尚化的泡沫，更令人担忧的是，这种追逐时尚的学术建构还给个体研究者尤其是青年学子带来了十分负面的影响。受到整体学术风气的影响，再加上学界这种清晰可辨的研究套路，甚至有人仅仅根据我国与外国的制度差异就大胆地预测出中国刑事诉讼法学未来几年的研究热点，并提早准备好了相关的资料以便届时及时推出“研究成果”。退一步说，在缺乏因循自身学术立场和学术思想的发展脉络进行学术研究的意识指引下，即便没有能够做好这种资料的积累，也可以届时伺机而动，以学界普遍的立场为自己的抨击对象，仍然可以出奇制胜，生产出洋洋大观的学术论文。不容否认，的确有个别学人（学子）抱有这种投机的态度，从事着学术这种严肃的志性事业，追求曝光的作秀心态在青年学子中迅速蔓延和彼此效仿，板凳愿坐十年冷的学术精神被彻底地抛在了脑后。我们不但未能形成培育和发展学术传统的整体意识，更为严重的是，在个体研究者的层次上，也迎合或是形构了前一趋势——研究者个人也忽略了自身学术立场的选择与建立，而以市场风向决定学术观点，对个人的学术思想的发展脉络也没有认真的承诺和坚守。两种因素的结合使得中国法学学术传统的建立变得愈发困难。试想，如果学人仅仅为了发表文章而在立场的选择上都不能有自己的一套融贯理论和立场贯彻始终的话，何谈要求其尊重其他学人的研究成果，尊重学科知识发展的逻辑，并最终建立起属于我们自己的学术传统？并不夸张地说，中国的刑事诉讼法学研究似乎正处于一个“既没有传承，也没有立场的时代”。

二、“方法中心”与“问题中心”：两种旨趣的对照

如上所述，正是由于缺乏在学术脉络上选择研究对象的科学态度，缺乏贡献知识增量的研究意识，我们的刑事诉讼法学研究已经走入了对热点问题的过度开采和对前沿问题的置若罔闻的困境之中。因此，从表面上看，刑事诉讼法学可供研究的空白已经不多，学人也日益感觉到缺乏新的学术增长点，刑事诉讼法学研究似乎陷入了“山重水复疑无路”的境地。

正是在这一背景之下，为了寻找新的学术增长点，在问题域“已被穷尽”的背景下开拓新的研究领域，刑事诉讼法学研究开始了一种现在还无法理性争论其利弊的方法论转向：对社会学、人类学甚至心理学等社会科学方法全面地甚至是未加反思地借鉴和照搬。刑事诉讼法学领域开始出现以社会学方法和概念“包装”的研究成果。

应该看出，这一方法论的转向与早期因对“政法研究”不满而导致的方法论转向具有本质的不同。后者由于追求摆脱政治话语的控制而对法学问题进行自洽自足的解释，因而具有贡献法学

知识增量的意蕴和功效，但是发轫于20世纪90年代中后期的这场方法论转向却不具有任何主动追求知识增量的内在动力。事实上我们也的确发现，“目前”的法社会学的实证研究少有能够在学术脉络上通过科学方法的引入而贡献出更多知识增量的精品，而多为粗制滥造的概念借用和重复论证。这些研究频繁套用其他学科的术语和模式来解释刑事诉讼法学研究中早已被证明为常识的问题，极大地损害了这场方法论转向运动可能产生的深远影响和可能意义。具有讽刺意味的是，它不但无法使法学摆脱“幼稚”之恶名，甚至由于这种对社科领域研究成果的简单套用而加深了人们的这种印象。

这一方法论转向与上文所述过分关注热点问题的现象并没有本质区别。在这两种形态迥异但本质相同的研究误区之中，知识增量和学术传统始终没有成为关注的中心，研究的最终目的也始终没有被加以仔细地审视。而这种过分关注方法论的趋势至少会给学术研究带来以下几个不可欲的后果：

第一，“方法论中心”的研究态度会掩盖“问题中心”的研究目的。在这场方法论转向的运动中，学界日益视能否掌握并熟练运用社会科学的数据统计、田野调查、深度访谈等研究方法为研究能力和研究水平的一大判准，甚至大有成为“意识形态化”的宰制性力量的趋势。一些权威期刊也以频繁发表此类文章发挥着对学界研究方向的一种指引性功能。在更普遍的层次上，大部分编辑也都“以新方法证明了旧命题”作为选择优秀稿件的标准之一。甚至出现了一种以民族志的个案深描的方法来研究刑事诉讼问题的趋势。这种研究套路主张应让理论在事实描述中自我呈现。笔者不得不说，这一研究方法至少对于刑事诉讼法学是十分不合适的（限于篇幅，笔者将另文论述）。尽管研究方法是一门学科学术传统的重要组成部分，但是仅仅根据研究方法而不论有无知识增量作为稿件筛选的标准却是值得商榷的。方法总是和问题相伴而生的，学术研究应当以问题为中心，而不是以学科为中心。也就是说，问题意识始终应该是研究者铭记心间的最高标准，不论运用何种学科的概念、方法，都应以能否解决具有理论意义的问题为最终依归。而如果在对方法的运用上失去了这一最终判准，我们可能就会在对前沿问题的置若罔闻之后，又在方法论的问题上再次陷入学术传统形构过程中的第二个瓶颈。

第二，“方法论中心”的研究态度还会妨碍本土概念和理论框架的产生，并实质性地阻碍我国法学研究学术传统的形成。如果我们缺乏学术研究应该在学术脉络上贡献知识增量的意识和自我要求，那么，这种方法论的转向和突围也最终无法为我们的学科发展带来多少真正的好处。但可惜的是，学界在这场学术转型中过分关注了方法论的转型，而忽视了作为方法之基础的分析概念和分析框架的开发。在大量的学术研究论著中，我们仍然很少发现一些基本概念和范畴的提出或是修正，也很少看到对中国现实有极佳解释力的理论框架的产生。〔1〕当然有人会反驳说，方法中心的研究仍然可能贡献知识增量，因为旧方法获得的知识未必

---

〔1〕 当然也有一些非常成功的研究个案，但由于学术评价机制的原因，这些作品往往并非发表在最具影响力的刊物上，多少降低了其本应产生的反响。

可靠，运用不同的方法从不同的角度对同一命题进行证实也是确定其真实性的有效手段，从而为学术传统贡献真正可靠的知识。笔者并不赞同这一看法，理由在于：目前绝大多数所谓的实证研究，都只是通过数据调查和统计对既有理论进行注脚而已。经验数据只是发挥了其证明的作用而很少据此展开对既有命题的修正，因而并无独立的求知作用，自然也就很难或不能贡献出知识增量。笔者甚至认为，即使不进行这种实证研究也并不妨碍真知的获取。强调方法本身并没有错，但是如果过分强调方法本身，而不去对其目的与效果进行追问，那就大错特错了。

第三，在无力形成本土分析概念和框架的背景下，“方法论中心”的研究态度还会导致在口号上反对西方学术殖民，而实际上又无力摆脱其影响的“悖论法学”现象。如上所述，很多研究者在这一方法论转型的背景之下从一个极端走向另一个极端，奉经验研究为至高境界，甚至只进行经验研究，而少有甚至完全不进行必要的理论升华。这就导致我们经由经验得到的就只是一堆堆零散的、未经理论整合的“故事”，而无法从中提炼出概念、范畴和框架。这就造成了如下结果：一方面，本土学术传统的形成要求我们质疑西方的理论概念和分析框架。另一方面，我们又没有在研究中提出或者修正既有的理论概念、模型和框架。这样，我们既没有自身的学术传统可供依凭，也没有自身的本土概念可以作为替代性的分析框架，从而被迫形成了一种我称之为“悖论法学”的现象——如对西方的概念进行重新诠释形成非西方的内涵，对西方的命题进行重新解释形成非西方的理论。在中国的本土经验中进行研究的学者竟然无法为中国的学术传统贡献基本的概念和命题，这一悖论深深地困扰着具有学术理想的研究者，从而形成了学术理想表达与实践的悖反。但实际上，只要我们调整实证研究的方法和认识，完全可以摆脱这一“悖论法学”的尴尬境地，即从经验事实的调查当中提炼出本土的问题，并根据既有的理论模型提出若干假设，再以此假设设置若干变量再次调查予以验证，既而根据结果对理论假设的支持或否证而修正既有的理论，并最终提出本土的概念体系和理论框架。长此以往，我国刑事诉讼法学学术传统就会形成清晰可辨的发展脉络。〔1〕

第四，为了迎合这种方法论转型的趋势，很多研究者在没有经过任何方法训练的情况下就开始运用所谓的社会科学调查方法进行研究，而“贡献”了“错误的知识增量”。在这场方法论的转型中，学界只注意到了实证方法的出现对于消解注释法学一统局面的正面意义，或是由于自知短时间内补课成本过高，而有意无意地忽视了方法论本身的学术积累和踏实努力，以致相当比例的研究者缺乏从事实证研究所必需的基本方法的训练就仓促从事了所谓的实证研究。因此，虽然表面上看来，运用新方法进行研究的队伍蔚为大观，但实际上，学界却缺乏对法社会学实证研究的真正理解、稳步推进与扎实的理论准备，从而无法带来真正意

〔1〕 笔者认为，在研究方法和理论提升方面并非没有十分优秀的学术范本，代表性的论述可参见王亚新：“实践中的民事审判——四个中级法院民事一审程序的运作”，载《现代法学》2003 年第 5、6 期；徐昕：“法官为什么不相信证人?”，载《中外法学》2006 年第 3 期；左卫民：“刑事证人出庭作证程序：实证研究与理论阐析”，载《中外法学》2006 年第 3 期。

义上的范式转换和进步。以对学术传统至关重要的学术训练为例，很少有学校在研究生课程的设置上专门开设研究方法的课程，并由受过相关学科扎实训练的教师进行指导，这样，学术方法的训练与累积也就都无从谈起。而在对调查方法一知半解的情况下匆忙上阵作出的所谓实证研究，往往容易犯下很多致命的错误。但是对于一个可能同样缺乏相关学术训练的刊物编辑而言，却可能因为“实践出真知”的传统遗训而将其视为优秀稿件予以刊发，然后再形成新一轮的负面影响。“实践未必出真知”，在错误的方法基础上得到的调研信息和实证材料几乎无法为研究者提供可靠的平台使其抽象出普遍化的一般理论。强行为之，甚至还会导向错误的一般理论。长此以往，“贡献”错误的知识“增量”会比没有知识增量给我们的学术累积带来更大的危害。

三、在学术史中写作：期刊导向与个体自律

1. 制度进路：学术期刊用稿标准的审思。研究是独立的，但是无往而不在体制之中。现有的学术期刊的分级体制以及学术期刊的选稿偏好对于个体的学术研究起着极为重要的心理暗示甚或是明示作用。可以说，中国社会科学自身学科传统的建立与中国学术期刊的整体导向之间存在着十分密切的关系。很多学术刊物都明确地将“选题新、方法新、材料新和观点新”作为选择稿件的最终标准，这本无可厚非，毕竟，学术研究的生命就在于创新。但是很多期刊在某种程度上误解了这一标准的准确内涵，

选题新、方法新和材料新本身并不能独立地成为判断一项研究是否具有价值或者价值大小的标准，它们必须以观点是否新颖作为最终判准。〔1〕也就是说，选题、方法和材料的新颖都是作出独立知识发现和知识增量贡献的前提条件，这些方面的创新还必须达到观点新颖的程度才能够真正看成是一项优秀的研究成果。〔2〕由于只要做到选题新颖就不需要在理论深度和观点论证上下更大的功夫，为了有更好的投入产出回报，研究者可能会忙于不停地追逐新的热点，忙于开辟新的研究空白，而不可能在某一个已经有学术积累的地方做更深入的挖掘，把我们既有的理论研究推向精致化和细密化，并在知识增量的层面提升我们的学术水平，形成我们自身的学术脉络和学术传统。因此，如果我们不是站在这个角度来理解“四新”的用稿标准的话，我们就很难以知识增量的眼光来考察和选用稿件，很有可能在客观上对学术浮躁和低水

〔1〕 张建伟博士认为“最重要的是思想，其次才是思想的表达”，“没有新的或者创造性观点的论著，往往喜欢在资料或者语言上下功夫。学术论著的新，有几种情况：一是观点新，有独到观点并有扎实富于说服力的论证；二是角度新，观点并无新意，却能以与前人不同的角度加以论证；三是资料新，最好是从国外获得资料再运用于自己的论著；四是语言新，最好是创制一套新的词汇，如‘刑法基本概念’不叫‘基本概念’而改称‘刑法的基本粒子’，然后峰回路转地展开论述，充斥着大量新词的论著，也会给人耳目一新的感觉。”论者对于后几种创新显然持批评的立场。张建伟：“法学之殇”，载《政法论坛》2007 年第 1 期。施蛰存先生也曾说过：“一个态度严肃的学者，在他的著作中，一定会明确地提出他自己的新观点，新理论，必须是未经人道的。”陈子善、徐如麒编选：《施蛰存七十年文选》，上海文艺出版社 1996 年版，第 576 页。

〔2〕 现在，连代表一个国家学术研究较高水平的博士论文群体也出现了严重的质量下滑，甚至连博士论文应该论证一个创新性命题的基本规范都没有被广为认识与接受。参见刘南平：“法学博士论文的‘骨髓’与‘皮囊’”，载《中外法学》2000 年第 1 期。

平重复的现象起到推波助澜的作用。因此，笔者认为，强调选题新颖充其量只能作为学术转型期的过渡策略，而长期坚持势必会损害学术传统的建立。

只要我们关注一下30年来的研究文献，就会发现一个“大数概率”：质量较高且生命力长久的论文一般都不是在制度比较上选题新颖的文章，而是对已有知识积累的基本理论问题所做的开创性研究。如果期刊编辑，尤其是一些重要学术期刊的编辑都能够调整用稿思路，不仅仅考察形式上的论证结构，而更关注其实质性的研究结论的话，相信一些仅仅依靠整合的研究成果自然就会失去学术声誉。只有这样，才会真正对学术积累有所贡献，也才会真正催生一批为知识增量和学术史写作的学者。毕竟，能够摆脱热点问题，真正投身于基础理论的“前沿问题”的探究之中，才是检验一门学科是否成熟独立的最终标志。

2. 道德进路：学者个体的严谨自律。但是，学术研究毕竟是项个体性的活动，是否具有在学术史中写作的宏愿最终还是个人学术追求的问题，没有个体的严谨自律，再强的制度约束都不可能起到真正的效果。

第一，个体自律要求学者站在自己的学术思想的发展轨迹中写作。首先，学者要有相对稳定的学术立场。任何没有固定学术立场的人，都只会是学术市场上的投机分子。这在学界似乎也是一个较为普遍的现象。比如，著名经济学家凯恩斯在晚年为了赢得公众的再次关注，甚至试图追随潮流而改变自己早年坚持的学术立场。如果一个学者始终没有将一种学术立场作为自己的研究立足点，而是以潮流为风向，或避之，或趋之，都不能算作严谨的学术态度。如果连自己的学术思想发展轨迹都不重视，又何谈对整个学术脉络和学术传统的重视？因此，在笔者看来，较之苏力教授所诘问之"什么是你的贡献"，更为紧要的问题应该是"什么是你的立场"？其次，在自己学术思想的发展轨迹中写作还要求作者不能重复，至少是不能过多重复自身的学术思想，而应尽可能地将自己的学术思想往前推进，作出更多原创性的研究。相比于著作等身，更值得学者终身追求的恐怕是"观点等身"或"思想等身"。

第二，个体自律还要求学者能够站在学术史的脉络中进行思考和写作。笔者并不认为没有学术阅读习惯就一定不可能贡献有价值的思想，但可以肯定的一点是，不在学术脉络中进行阅读却极有可能奉献重复和过时的知识。由于缺乏对既有的知识积累的研究和关注，他或是从事重复性的知识发现，或是脱离法学理论的当下需要，而两者都非可取的态度。因此，在从事研究之前，对相关领域的基本文献进行必要的熟悉和掌握，其目的绝不仅仅是为自己提供相关的知识底蕴，而是为其研究能够在学术脉络上展开提供最起码的前提保障。从这个意义上说，学者并非一定要"广泛涉猎"不可，[1]但学者必须而且一定要有在"学术脉络"中阅读的习惯。

---

〔1〕 有人说，一个真正读书人的书房是不可能看出主人的专业的，但是笔者却认为，一个真正优秀的学者，他的书房一定一眼望去就可知道主人的专业方向，二者并无境界高下之分，而实为刺猬型学者和狐狸型学者的区别。

学界多有高产之士，以致有人将做学问的方式分为“卖土豆”和“抽丝剥茧”两种方式并大发感慨。[1]在与高产之士划清界限的意气之争中，学者陷入了“凡是敌人赞成的我们都反对”的逻辑怪圈当中，将高产之错定义为出成果之“快”，从而向自身、也向学界发出“比慢”的呼吁，甚至号召大家都要有“不写的勇气”。应该说，在当今的学术体制之下，能有这样的胆识和魄力着实令人钦佩。但笔者担心的是，这种简单的口号化的表达极易掩盖更为关键的问题——如果有人每天比别人多付出几倍的时间读书写作，或者有人确实才思泉涌，相比于那些整天忙于参加学术会议和外出挣钱的学人，又为什么不可以写得更快、更多一些呢？可见，我们其实要反对的与其说是研究的速度，不如说是研究的增量贡献。也许，这才是一个我们应该采取的视角和态度。在这一视角下，写与不写和写多写少都不是问题，一切都应以知识增量为最终判准。[2]对学者学术水平的评价似乎也不应再着眼于成果“目录”和发表的期刊档次，而应是对其代表性著述的研究结论在学术传统的脉络中加以评判。如此，也许我们的法学就可以获得更多的清醒和更多的坚持，并最终赢得更多的尊重。

---

〔1〕 张建伟：“法学之殇”，载《政法论坛》2007年第1期。

〔2〕 自然，这种自我约束会让学人支付很多机会成本，但是，我认为，至少在学术积累的早期，这种习惯的养成还是极有必要的。知识分子也许不一定必须是“公共的”，但是他一定应当是“严肃的”，并且在重要的社会和学术问题上有自己坚持的、一贯的立场和方法。成为一名影响巨大的公共知识分子的首要前提仍然是要先做一名成功而严肃的学者。参见陈虎：“勤奋研究，谨慎表达”，载 http://chenhu1979.fyfz.cn/blog/chenhu1979/index.aspx？blogid=204905，最后访问日期：2008年2月25日。

结 语

正如布莱克教授在其经典著作《法律的运作行为》里揭示的那样，“法律面前人人平等”往往是只在法呆子的理想世界才会最终得以实现的乌托邦。其实，在研究领域，情况也大抵如此。按照一般的看法，对学术现状的评论本不应由年轻学子进行。圣人虽云“不以人废言”，但在笔者有限的学术经历中，这句古训已无数次地被证明为虚妄之至。一个人的言论如果没有相应的学术声名或文化资本作为支撑，是不会被真理市场准确估价的。和法呆子一样，“真理面前人人平等”的知识宣言恐怕也只有书呆子才会奉若圭臬。我并非法呆子，我欲尽一生之力研究的刑事诉讼让我对法律现实不敢有任何浪漫的童话幻想，可是以笔为枪的书斋革命又让我难以洗去一身迂腐，宁愿相信真理女神会平等地眷顾每一个虔诚追求她的学人。因此，尽管笔者人微言轻，但是仍然不吐不快。倘有失言，各位大人权当童言无忌，海涵为盼吧！

对于知识增量与学术传统的关注与追求是每个从事志性事业的学界中人应该平等审视的一个重大课题，唯愿认同此道者日众，“则中华民族终不至因我辈而沦为文化小国”。〔1〕

---

〔1〕［伊朗］拉明·贾汉贝格鲁：《伯林谈话录》，杨祯钦译，译林出版社2002年版，第2页。

第十四章

法社会学实证研究的初步反思

——以学术规范化与本土化为视角

拉德布鲁赫教授曾言：某一学科如果过分沉溺于方法论，那么这个学科就可能是“有病的科学”。〔1〕苏力教授也曾戏谑性地引用了萨缪尔森的名言：“有能力研究的在从事研究，没有能力研究的就胡扯方法论。”〔2〕尽管如此，法学界对方法论问题的关注和讨论还是不可遏止地丰富了起来。过去由注释法学一统天下的局面终于一去不复返了，方法论领域出现了多元共治的局面，进一步增加了拓宽研究角度与加深研究深度的可能性，总体上来说是件好事。

在各种方法之中，法学实证研究的出现和盛行〔3〕给法学研

〔1〕 林来梵：“宪法学的方法与谋略”，载 http://www.frchina.net/forumnew/viewthread.php? tid=21124。

〔2〕 苏力：《也许正在发生》，法律出版社 2004 年版。

〔3〕 其实，法学领域内的“实证研究”很早就已经出现，但是在 90 年代之前，

究带来了前所未有的变化。实证研究注重对实践中的法律现象进行描述与解释，而不是对并不存在的假想情况（伪命题）进行研究论证，因而更加符合学术的本义。这种研究方法不仅为先前的逻辑实证研究注入了经验的血液，从更深远的意义上来说，它无形中在长期故步自封的法学研究上悄然打开了一个缺口。凭借这一缺口，社会学、人类学、文化学等学科的知识、方法和理论框架都有了进入的可能。法学由此可能开启一个打破学科界限，寻求对问题进行全面、有效的解释，从“学科中心”迈向“问题中心”的更加务实和开放的时代。因此，实证研究必然会给法学界带来一个跨学科追求真知的学术氛围。由于实证研究使我们暂时将目光从域外转向国内，从书本转向行动，从理想转向现实，从理论转向实践，因而它也必然会促使学者开始关注中国的问题，关注基层的问题，进而也是——关注“真正的问题”。实证研究使法学不再生产和传播“纯粹的演绎知识”，而是累积在制度框架中行动着的知识，从而使得法律经验的累积成为可能，也使得更加务实的实用主义的审判成为可能。[1]同时，我们还应看到，由于法社会学研究注重的不再是国家制定的法律规则，而是影响

（接上页）实证研究更多地体现在公检法内部以实务为导向的研究，不具备理论研究的性质，更加不是在学术脉络内展开的学术研究，而是对研究结论有非常浓烈的部门立场，对研究成果有强烈的应用性诉求，在这个意义上与其把它们称作实证研究，不如叫作工作调研更为准确，因此构不成本章所探讨的实证研究。

〔1〕［美］理查德·A. 波斯纳：《法律、实用主义与民主》，凌斌、李国庆译，中国政法大学出版社 2005 年版。

这种规则制定的各种社会学因素，[1]因此，这种研究更有可能脱离先前的政治法律观而迈向一种社会法律观，显示了一种新的法与社会之关系法学的兴起，构成了一种真正意义上的研究范式的进步。[2]另一方面，由于研究者开始关注制约规则中行动者的个人选择和行动策略的社会因素，对这些因素的分析就必然暗含了本土化的视角，建立属于中国自身实践的本土性解释框架就有了前提性的准备（历史上实证研究方法均导向和催生本土概念和理论框架的建构就是很好的例证）。

但是，我们同样也注意到，由于实证研究在法学研究中的运用时间并不长久，并没有有效和大量的学术经验的累积，因而理论上和方法上的缺陷也是十分明显的。本章将以学界对于学术规范化和本土化之诉求为背景和视角探讨法社会学实证研究存在的问题。必须予以说明的是，由于篇幅所限，本章并不打算结合具体研究进行细节评析，而是选择对法社会学诸多实证研究成果进行总体置评的论述策略。尽管这样会使得作者与研究者“难以展

---

〔1〕 陈瑞华：《问题与主义之间——刑事诉讼基本问题研究》，中国人民大学出版社 2003 年版，第 536 页。

〔2〕 这种现象的出现有以下两个基本原因：其一，政治法律观的解释力在转型中国这样一个日益非意识形态化的国度里正在日益弱化。其二，这是法学界对法律工具观的普遍反思的理论结果，因为一旦承认法律只是社会变革的工具，那么法律就必然是统治阶级或意识形态的工具，而一旦否认这一点，法律就可以脱离政治的牵绊，开始关注真正使之形成并在生活中有效实施的社会经济条件，这种转变使得学术有可能不再回应统治需要，而是回应社会需要，回应社会对理论的需求，更进一步说，它又蕴含着学术独立的可能。参见邓正来：《研究与反思——关于中国社会科学自主性的思考》，中国政法大学出版社 2004 年版，第 8 页。

开技术上的对话，也会使得其在某些可能的误区里过分执着”[1]，但是并不意味着作者的分析没有具体的针对性，也绝不意味着本章由此而丧失正确性。

一、规范化、本土化和实证化之勾连：法律社会学实证研究的发端

“文革”结束后，在国家和个人的双重精神困境中经过透彻反思而一路走来的知识分子，终于在改革开放的时代大潮中获得了推动知识场域脱离权力场域并寻求学术全面突围和整体变迁的机会。社会科学如何避免意识形态化以及知识分子如何获得安身立命的品格支撑构成了学界公共话语空间的两个基本向度，谋求社会科学学术自主性由此构成了80年代学界的主流话语。这一知识努力在80年代末期取得了初步的成果。90年代初，学界又以前一主题的讨论成果为基础，在以《中国社会科学季刊》和《中国书评》为主要阵地的中国学术规范化和本土化讨论中继续谋求中国学术在自身认同以及在世界学术体制中的学术自尊等方面的深入建构。

与社会科学探讨学术规范化与本土化的热烈背景相对照的是，正是在当时，一批富于学术理想的法学学者开始走出书斋，将目光投向了被长久遗忘的基层。一批富于实证精神的研究成果开始

---

〔1〕 萧瀚：“解读《送法下乡》”，载《中国社会科学》2002年第3期。

陆续涌现，而其中亦不乏上乘之作，中国法学首次出现了大规模的由解释学到实证化研究的转向。比如，作为这一时期实证调查研究的代表作，《走向权利的时代》就于1993年启动而成书于1995年。也就是说，该批作者从事实证调查正是在规范化和本土化讨论的背景中展开的。而从该批学者的知识旨趣和阅读范围来看，他们在这段时间没有受到规范化和本土化讨论的影响几乎是不可能的事情（实际上，有些作者还亲身参与了这场大讨论）。而夏勇教授所撰写的该书的序言，也证明了该批学者正是在一种自觉的方法论指引下开始这种研究的。而在1996年，以苏力为核心的一批中青年学者又在美国福特基金的资助下开展了名为“中国农村基层司法制度”的专项调查，并形成了大批优秀的学术成果，也成为迄今为止法社会学研究的一个高峰。〔1〕另外，民诉法学界的王亚新教授也正是在这段时间将其在日本习得的法社会学实证研究方法具体运用到对民事诉讼的分析中去。〔2〕此后更是有许多年轻学子受到这一方法的感召，在没有资金资助的条件下纷纷自发走向了田野，走向了实践，开始了法社会学的实证研究……在这种潮流中，我所关心的问题是，法学实证化研究为何偏偏在此时大规模出现并且一旦出现就势不可挡？只是一个时间上的巧合？还是一种逻辑的必然？法学研究实证化究竟与这场于90年代

〔1〕如苏力：《送法下乡》，中国政法大学出版社2000年版；强世功：“法律是如何实践的”，载王铭铭、王斯福主编：《乡土社会的秩序、公正与权威》，中国政法大学出版社1997年版；杨柳：“模糊的法律产品”，载《北大法律评论》（第2卷第1辑），法律出版社1999年版等。

〔2〕王亚新等：《法律程序运作的实证分析》，法律出版社2005年版。

在中国知识界和学术界引起巨大反响的学术规范化与本土化的争论有无内在的勾连？如果有，这种勾连又有何具体体现？

一种可能的解读是：实证研究是为了获取不同于书本知识的真正的——“知识”。在经历了几十年注释法学的研究之后，法学界已经不满于注释法学的学科传统，在积极地寻求向上和向下的理论突围，向上表现为诉诸在西方行之有效的自然法理论来检验和批判法律文本，向下则表现为对法律文本提供经验支持，或者用经验事实对理论学说加以证明或证伪。但是，在当时的背景和条件下，通过实证研究获得经验事实和数据不过是一种对既有理论的注脚而已，经验数据只是发挥了其证明的作用而很少据此展开对既有命题的修正，因而并无独立的求知作用。笔者甚至认为，即使不进行这种实证研究，似乎也并不妨碍真知的获取。如韦伯对中国历史与文化有许多误读，但并不妨碍其《儒教与道教》暗含了许多对中国传统的真知灼见和启发意义。昂格尔也对中国甚为隔膜，但是其提出的许多论断却比许多中国文化专家的观点更加让人信服。更进一步说，依据实证调查结果来验证理论之真伪本身就隐藏了一个巨大的危险：理论之真并不能依靠实践之真加以证明，二者各有其独立的证成原理。[1]如果这一说法可以成立，那么实证调查学风之盛行似乎必须从获求真知以外去寻找答案。而我认为，其原因正在于整个学术界包括法学界对学术规范化与本土化的强烈诉求。

---

〔1〕 强世功：《法制与治理》，中国政法大学出版社2003年版，第3页。

必须承认，学术规范化与本土化在20世纪90年代发生并产生如此之大的反响是有其知识背景和逻辑脉络的。按照强世功的说法，实际上学术规范化和本土化的讨论背后涌动的是中国知识分子谋求文化主体性和知识主体性的渴求。他们不满足于用西方的理论研究西方的问题，亦不满足于中国学术只是去迎合西方世界的学术体制分工。说到底，当时的学术规范化与本土化讨论尽管在讨论渐成气候以后便开始关注诸如注释引证体例等技术性问题，但是不能不说其发起之初的内在动力却在于中国知识分子对自身群体在世界学术面前丧失学术自尊的痛定思痛和深切反思。〔1〕换句话说，当时以学术名义出现的规范化、本土化讨论背后暗含的也是一种超越了学术内在逻辑的政治逻辑，一种希望以中国本土之知谋求中华文明之复兴的政治诉求。〔2〕中国学者群体从清朝考据学后几乎再也没有过"为了学问而学问"的学术态度和环境，学术在近现代的中国也从来没有获得过独立的合法性，而必然会依附于某种诸如民族复兴之类的更大的伟业。〔3〕中国

〔1〕 必须指出的是，带着这种过于强烈的自尊心态从事学术必然会有很多前见，而我们的反思必须检视这种前见和定见以什么样的面貌和渠道进入建构知识的过程。

〔2〕 熊秉纯认为：中国社会学学科的学术传统，与19世纪以来中国艰难坎坷的命运有着深切的关联，是一个由个人的、知识分子的使命感和责任心出发的传统和一个以田野调查为主要的研究方法的传统。熊秉纯："质性研究方法刍议：来自社会性别视角的探索"，载《中国社会学》（第3辑），世纪出版集团、上海人民出版社2004年版，第58页。

〔3〕 正是在此意义上，苏力才在学问或知识与社会现实之间建立了因果关系之后，在中国复兴这一伟大事业的无限性中获得合法性或意义：中国的复兴"也许是现代中国对人类的一个重要的贡献，因为和现实相比，任何理论学术都会黯然失色，都不过是一种解说，而且永远不会是最后的解说"。强世功：《法制与治理》，中国政法大学出版社2003年版，第320页。

知识分子自1840年以来一直背负着一个沉重的心理包袱：知识分子一直怀揣学术救国的梦想，却始终未得实现；相反，现代中国研究的几乎所有经典作品都来自海外汉学家，甚至很多本土概念的提出也都是海外汉学家所为，中国学者罕有独特的理论贡献。在这种背景下，有学者在强烈的本土化情结下喊出“什么是你的贡献”也就可以理解了。此后，诸多学者基于各种立场对此诘问予以了多角度的回答，一时间，“为贡献而贡献”的法学观笼罩法学界，并进一步潜移默化地影响了法社会学研究者的具体研究。

在这个意义上，规范化表面上看是要和西方的已经成熟的学术规范接轨，实际上却多少有些“师夷长技以制夷”的意味。而规范化讨论更是凸显出本土化的讨论背后的政治诉求，而且构成了学术本土化的一个必要的理论前提。苏力教授就认为：“学术规范化是学术本土化的一个不可缺少的条件。没有学术规范化，就不可能形成学术传统和流派，不可能形成学术共同体，学术本土化也很难形成。”〔1〕正是由于学者们认识到了本土化对于中国学术复兴继而对中华民族之复兴以及规范化对本土化学术之形成的重大意义，他们才将规范化与本土化一起提出，作为中国学术共同体重建的首要任务。

既然规范化与本土化之间是一种互相支撑的诉求，那么，究竟实证化研究与规范化和本土化之间又是一种什么样的关系呢?

---

〔1〕 苏力:“法学研究的规范化、传统与本土化”，载 http://www.acriticism.com/article.asp? Newsid=223。

我认为，它们之间的关系可以概括为以下两点：首先，实证化研究是倡导学术本土化的必然结果。众所周知，法律本土化是作为法律现代化的对立面提出的，本土化研究正是在一种传统与现代，落后与先进的二元对立范式下展开其理论思维和研究的。而与法律现代化诉求相一致的学术范式强调的是对移植过来的西方法治做逻辑实证主义的研究，他们强调的是法律概念的严谨周密，追求法律制度的完美无缺和法律思维的高度形式逻辑化。这样，分析实证主义的演绎法以及对现行法律的注释性研究就成为主流的研究范式。而与之相对的法律本土化则认为，真正有效的法律存在于本国的历史之中，存在于本国人民的日常实践之中。因此，仅仅停留在规范文本层面的逻辑分析并不能有效洞察法律得以有效运作的全部条件，而必须深入到人们的日常行为结构当中，深入到本国历史之中。这样，法律本土化就必然要求研究者运用探求法与社会因素关系的各种理论资源和分析工具进行分析，而这种方法必然是归纳式的，是“经验地研究司法”。可以说，法学研究本土化的诉求蕴含着方法论转向的契机，实证化研究作为了解本国法制现实状况与本土资源的最佳方法自然就成了研究者的首选。其次，实证化研究也契合了规范化讨论的学术逻辑。众所周知，学术规范化，其本质是强调学术传统的沉淀与累积，以形成可以有效进行知识积累和内在增长的学术逻辑。而实证研究方法在中国的出现正是出于对注释法学一统天下之现状的不满而出现的一种方法论上的突围，其对当下中国的意义正在于学术方法与学术资源（经验数据）的有效累积，其内在发生逻辑也恰好暗合了当时学术规范化讨论的学理诉求。关于这一点，我们似乎可以从强世功的一段文字中找到佐证："我自己差不多是在社会科学规范化与本土化讨论的背景下开始法律社会学研究的。"〔1〕这样，规范化支持了本土化，而实证化又支撑了本土化和规范化，三种话语内在地发生了逻辑上的勾连，实证研究在这种背景下开始盛行就有了强大的实际动力与理论支撑。

但是，必须指出的是：前文的分析并不表明我认为规范化和本土化的诉求就是实证化研究在此时出现的充要条件。实际上，其他本来就要求实证研究方法的常规社会科学因为学科内在逻辑的要求早就开始了本土化的进程，实证化研究也很早就被采用。而法学在实证调查研究方面本来就先天不足，也缺乏外在的激励和迫切的需要，更加缺乏现实的资源。总而言之，它缺乏足以使得一门学科实现方法论转型的几乎所有要素：外界的刺激，对旧有方法的厌倦，研究者的知识与教育背景，出版界对社会学及其方法论书籍的出版以及由此在法学界形成的稳固的读者群，〔2〕出现若干位有理论号召力同时又热衷于从事法社会学研究的学者，一批追求智性生活的理论背景各不相同的读书人组成的读书小组对学问与社会的热烈切磋。

无论如何，所有上述因素都在 90 年代的某个时间点上出现并

〔1〕 强世功：《法制与治理》，中国政法大学出版社 2003 年版，第 3 页。

〔2〕 这一工作在 80 年代就已经开始并取得了很好的效果：如庞德的《通过法律的社会控制》、亨利·布律尔的《法律社会学》、罗杰·科特威尔的《法律社会学导论》等都为后来法社会学的实证研究打下了很好的理论基础。

相互碰撞出了巨大的火花，并直接促成了中国式法学实证研究的发端。但是，这些都不是问题的根本所在，其背后最根本的因素仍如本章所述——来源于规范化与本土化之诉求的内在理论逻辑。那么，紧接着的问题是：法社会学实证研究究竟在这种诉求中呈现出了何种面相，以及这一系列面相又给法社会学的实证研究带来了哪些必须直面的问题呢？

二、乡土中国：本土化诉求下的研究对象选择

现有的法社会学实证研究在研究对象的选择上有三个现象值得关注：其一，已有的法社会学实证调查研究成果多为对边远或不发达地区的基层法律系统的调研，对都市司法极少关注。比如苏力的《送法下乡》一书的副标题就是“中国基层司法制度研究”。[1]但是通观全书，我们似乎只是观察到了农村基层司法制度的运作，城市基层司法制度的运作被作者有意无意地回避了。既有的法社会学的大量成果也印证了这一现象。这似乎隐藏了一个研究者的前提性预设：农村的才是中国的，或者说乡土的才是中国的，而都市却是西方法律的殖民地，顶多代表未来的中国，因而对研究当下的中国不具有典型意义。其二，在一些个案的研究中，研究者甚至明显表现出了对于西方移植的国家制定法的排

〔1〕 尽管该课题的正式名称是“中国农村基层司法制度研究”，但不知为何在正式出版时被作者换成了中国基层司法制度研究。这显然不是任意为之，而是包含了作者的主观判断在内。

斥性处理。比如《送法下乡》一书中就很少选择真正意义上的法律案件，强世功、赵晓力、谢鸿飞等人所进行的权力技术的研究覆盖的也仅仅是乡土社会中的“权力”运作。强、赵着重分析的是民间调解等被动、弱化的“权力”实践，而谢着力描述的则是权力触角主动介入并主导纠纷解决的人命案件。但是他们的研究更多的只是在法律之外游移，与其说他们所分析的是一起法律案件，不如说是一起在法律背景之中发生的普通纠纷，法律没有明显地至少没有直接地发生作用，充其量只是作为一种威慑的工具被频频提及。[1]正因如此，其研究的学科定位也十分模糊，称之为社会学法学似乎更为准确。其三，研究者们几乎都不约而同地选择了民事“纠纷”作为分析的对象，而将刑事案件排除在了分析范围之外。在民事案件中，纠纷解决采取处分原则，国家权力是消极、被动的。对国家权力应积极、主动介入的刑事案件的相关问题，目前还没有学者研究。

那么，问题也就随之而至——难道中国化、本土化的倡导必然以乡土化为指归？难道中国式问题就一定要去乡土社会寻找？而且在裁减了乡土中国与都市中国之后又对分析对象作进一步的裁减，其正当性何在？这是不是在一种“乡土中国”（必须注意的是，这是在21世纪初提出的本土概念）的知识惯性下遮蔽了我

---

〔1〕 为了使国家法律和威权能够更有效地影响各方博弈者，权力主体往往采取将纠纷制作成案件特别是刑事案件的技术加以操作，使得国家权力得以以一种正当化的方式强行进入公民的生活，对其肉体和精神施加双重影响。国家法律在乡村就相当于一幅山水画的远景，只具有心理预期和望梅止渴的功效。

们对于中国国家转型以及社会转型这一基本国情判断的失察呢？这种对研究对象过于主观的剪裁（如只关注民间法和民事纠纷的处理）又能否使我们全面认识“中国”的司法呢？

笔者认为，造成以上现象的原因有四：首先，法社会学实证研究的目标指向是探知被文本结构遮蔽的实践结构。所以，即使我们将目光投向都市司法，仍然可以在文本与实践之间发现种种吻合与断裂，从而在断裂处突破解释学的理论模式而运用社会学的理论资源展开我们有效的分析。但是为什么学界却仍然少有这样的努力呢？原因并不在于（或者说是我不愿意承认）学者没有意识到此问题的意义，而毋宁在于此种断裂与乡村司法之断裂所显现出的根本性不同：乡土司法之断裂是普适化法治与本土化传统之断裂，而都市司法之断裂则更多的是制度逻辑与司法经验（对正式制度运作累积之经验）之断裂。前者仍然可以在书本中获得理论工具，进行有效用的分析，即使是对法律实践结构一无所知的学院中人亦可轻易为之。而后者却难以在书本中获致理想工具并在概念推演中获得可欲结论，以致没有任何司法经验的研究者即使是仅仅试图“同情地理解”制度行动者的“所作所为”都十分困难。于是象牙塔里的研究者不得不在一只脚已经迈向（踏向）司法实践进行所谓的实证研究的同时，又将另一只脚牢牢地固定在理论的“乐园”中，以备在分析无效时能够安全地从实践中匆忙撤退。其次，更进一步的分析会发现，其实，法社会学实证研究的目标指向不仅仅是探知被文本结构遮蔽的实践结构，而是在现代与传统、西方与东方、国家与社会等二元对立框架之下探询其间的对立与转化。而只有在民间法和制度法激烈博弈的乡土社会，我们才能找到二者之间巨大的张力并为我们的分析提供无限的智识可能，也更可能展示研究者的理论才华，调研者自身的知识结构和方法训练也更容易倾向于选择带有更多地方性知识的场域，以印证自身知识积累的有效性和有用性——毕竟他们（也许是我们?）的实证性的方法论训练是在阅读90年代后陆续推出的西学经典中耳濡目染形成的一种内化于学术思维中的“阅读秩序”，而这些书强调和介绍的又往往是地方性知识。这样，作为与西方法治同构的带有普适意味的都市司法状况就被合法地、同时也合乎逻辑地忽视了，或者说，是被有意地规避了。再次，将研究视野投向国家权力末梢的广大乡村基层，实际上还潜藏了一个学术上的去政治化和去意识形态化的潜在诉求。对注释法学的“敬而远之”实际上是对渗透在法注释学话语中的国家意识的微妙抗拒，以实践中的真知来消解权势话语和非学术话语对学术逻辑的扭曲和对学术版图的蚕食。最后，忽视都市司法的另一层原因是，一旦都市司法作为制度内互动的结构性结果被纳入研究者的视野，几乎必然的结果就是：行动者个人将成为研究对象。分析单位将发生彻底的改变。隐匿的个体将浮出水面，法的客观性、确定性等价值都将受到巨大的挑战和质疑。而这是与从清末修律以来整个法律结构都具有大陆法系风格与特质的中国司法不相协调的。

由此，我们可以得出初步的结论：过于强烈的本土化诉求以及对中国国情判断的失察（或者说是有意曲解），使得选择乡土中国的民事纠纷作为目前法社会学研究的主要分析对象是一种学术策略的主动选择。

三、方法还是学科：规范化语境下的法社会学定位

我们知道，学界规范化讨论是以“《学人》三君子”陈平原、汪晖和王守常经“学术史”的讨论而启动，并以《中国社会科学季刊》和《中国书评》的加入为契机而得以盛行的。其主要诉求体现为以下几个方面：①尊重他人学术成果，杜绝抄袭、剽窃现象；②健全学术评价机制，建立自主性的知识生产机制；③促进严肃学术交流，开展追求知识增量的学术批评；④突破既有的研究范式，实现符合学术场域自身规律的学术研究范式的转型。

前文已经论证，法社会学研究是在规范化与本土化讨论的背景之下产生并盛行的，它试图通过对长期以来统治法学研究领域的注释法学话语的消解，实现法学研究从政治法学向社会法学的转变。在这个意义上，法社会学是一种对既有研究范式的反叛，是一种方法论的革新，因而构成了中国法学研究规范化进程中的重要一环甚至是首要环节。但是一个不容忽视的问题随即出现：既有的注释法学也并非一无是处，它仍然有其发挥作用的空间，因而不会随着法社会学的兴起而自动退出法学研究舞台，甚至它的存在仍然有且永远有其必要性。因此，两种似乎相互矛盾和冲突的方法如何统一到对具体法律问题的研究上来，以及如何处理注释法学和法社会学这两种法学方法论在具体研究中运用的关系

就成了一个十分令人迷惘的问题。[1]

笔者认为，在一个并不十分严格的意义上其实存在着两种意义上的法社会学：作为方法的法社会学和作为学科的法社会学。前者注重运用社会学的研究方法研究传统上属于注释法学的课题，试图通过实践中收集到的数据对既有的理论命题或结论进行证实或证伪，如王亚新教授的诸多实证研究就是典型代表；而后者则以国家法和民间法的互动甚至是民间法本身的运作逻辑为其研究对象，更多的是类似于“权术”的实践经验的研究，在研究与分析中甚至很少运用到法学概念，而更多的是其他学科的知识。它不但需要运用社会学的方法研究法学问题，还以某个法现象在社会因素中的关联为考察对象。由于其具有了相对明确和独立的研究对象，这种法社会学几乎从一开始就是作为一种独立的学科的形式出现的。与传统法学以法条为研究对象形成巨大反差的是，这样一种研究很难再被视为法学的研究，而更多地具备了社会学法学的性质，成为一种交叉学科的研究，或者说，一种社会学法学的研究。因此，这一派的学者格外强调交叉学科研究的必要性

---

〔1〕 仔细研读相关著作不难发现，王亚新教授已经意识到了二者发生交叉与碰撞的可能，并在自身的法社会学研究中自觉地试图处理好二者的关系，进行了理论上的概括。尽管出现了这样细致的理论努力，但是实际上注释法学的逻辑仍在支配着法社会学的解释框架甚至是研究者的研究思维。当然，我并非在一般意义上否定注释法学所具有的正面效用，也并不认为坚持了注释法学就必然会阻碍法社会学理论模式的有效应用，我只是想表达一种隐忧：在注释法学的研究方法十分强势的状态下，如果我们在进行法社会学研究的开始就不能保持一个独立的思维模式以及足够的理论自觉的话，那么在研究过程中回归甚至重新落入我们试图逃逸的注释法学模式与结论的可能性会不会转变为一种必然、一种宿命？

与可行性,[1]一种突破知识分类和学科界限的努力在他们的研究中构成了一条若有若无的线索。苏力教授所主持的关于中国基层司法制度的研究应该属于此类。如果说前者是法社会学的话，那么后者似乎称之为社会学法学更为合适。[2]两种研究范式显示出了截然不同的理论旨趣。但是笔者关心的问题在于，规范化的诉求使得这两种法社会学研究和既有的注释法学研究方法之间发生了什么样的微妙关系?

笔者认为，在规范化诉求过于强烈的语境之下，作为方法的法社会学压过了作为学科的法社会学生成和发展的空间。甚至连苏力教授也认为:“社科法学是不是一个独立的学科并不重要，重要的是促使整个中国法学研究的转向。”[3]研究者本身并不把追求法社会学的独立学科地位作为奋斗目标，而是仍然关注于中国法学研究范式——即规范化——的进步。可见规范化诉求对学者研究的潜在影响。但是这还仅仅是问题的一个方面，更为严重的

---

〔1〕“除了注意研究中国问题外，我们这一代学人还应当特别注意不要为我们的学科所限定，应当注意交叉学科的法学研究。……我们处于一个社会的巨大变革之中，我们不需要那么急迫地寻求自己的学术定位；我们有中国的现实和历史；而且又正在出现一批很有潜力的二十多岁的青年人，这一切有可能使我们的学术本土化，包括法学的本土化，即形成中国的学科，提出中国的学术命题、范畴和术语，形成中国的学术流派。”苏力:“法学研究的规范化、传统与本土化”，载 http://www.duozhao.com/lunwen/d11/lunwen.70695.htm。

〔2〕事实上，最近也确实有许多本来属于社会学阵营的学者加入到了对法律现象的社会学研究当中，形成了一批也被冠之以法社会学研究的理论成果（如郭星华等:《法律与社会》，中国人民大学出版社2004年版），有些高校在社会学中也增加了法社会学的研究方向，这更加剧了对法社会学学科地位和属性的争论。

〔3〕转引自侯猛:“分支学科制度建设与中国宪法学发展”，载《江海学刊》2006年第3期。

是，作为方法的法社会学在有意识地抵御同样作为方法的注释法学对法学研究的垄断地位并尝试在任何可能的场合取代其对法学问题的解释。比如有很多研究者在规范化讨论中高歌猛进，过于极端地主张规范化就是要推翻既有的研究方法，实现方法论的“全面”突围与替代。一个典型的例证就是把经验研究强调到了极端，甚至只进行经验研究，而少有甚至没有理论升华，明确拒绝与注释法学携手，这类研究在描述性话语（descriptive statements）与规范性话语（normative statements）中过分执拗于前者，因而显得不够客观和科学。

更进一步分析，既然规范化的诉求使得学界普遍关注作为方法的法社会学与作为方法的注释法学之间的相对关系，那么法社会学的独立学科地位无人或者少人问津和关心也就再正常不过了，构成一种研究范式进步的最为根本的因而也是更为长远的学术方法的训练与累积等等也就都无从谈起。如此看来，两个层次的问题其实是同一个问题的不同面相。而所有问题之根本均在于学界缺乏对法社会学实证研究的真正理解、稳步推进与扎实的理论准备。

因此，法社会学研究过分的雄心勃勃却反过来映衬出研究者研究能力的先天不足，法社会学到目前为止的学术积累使得研究者几乎无法达到自己给自己预定的理论目标：与自然科学仅仅因试管没有洗干净就可能导致实验失败不同的是，在中国从事法社会学的实证研究正如某些研究者所指出的那样，既缺乏外在的激励，也没有迫切的内在需要。一种与注释法学分庭抗礼的学术外逻辑的支配使得法社会学研究几乎从一开始就目标模糊，定位混乱，只注意了解构的一面，而忽视了建构的一面。研究者只注意到了法社会学研究方法的出现对于消解传统的注释法学一统天下局面的正面意义，而忽视了同样作为规范化重要内涵的另一层面的问题，即法社会学研究的方法论本身的学术积累和踏实努力，以致相当比例的法社会学研究者缺乏从事法社会学研究所必需的基本的学术方法尤其是调研方法的训练，就仓促从事了所谓的实证研究。[1]比如有的研究就违背了社会学研究严格的随机抽样和抽取足够样本数量这一基本的统计方法，而是先实施随机抽样，再根据具体情况选择减去某一些或增加某一些样本，或直接以能够得到的样本作为代表总体的样本。这样在有限的不具有代表性的样本面前，研究者试图窥斑览豹，却往往只能得到“窥斑览斑”的尴尬结果。在错误的方法基础上得到的调研信息和实证材料又几乎无法为研究者提供可靠的平台使其抽象出普遍化的一般理论，强行为之甚至还会导向错误的一般理论。而由于此种现象的普遍盛行以及学者自知短时期内进行方法论的补课机会成本过高，有学术自觉的研究者便不得不提出“看上去很美”的辩护策略：“也许我们更应该强调的是对规模有限的样本或关键个案进行全面的深度描述，不急于以此为跳板试图一蹴而就地达到所谓的一般理论层面。”[2]由此也就不难理解为什么在法社会学实证研究的宏观背景下，越来越多的学者不约而同地选择个案或者电影、小说等弱资本支持的研究对象了。这样，对于规范化的诉求也就

〔1〕 王亚新等：《法律程序运作的实证分析》，法律出版社2005年版，第2页。
〔2〕 王亚新等：《法律程序运作的实证分析》，法律出版社2005年版，第5页。

仅仅停留在了打破注释法学研究方法垄断这一表面层次上，又由于缺乏实实在在的研究方法的训练，以致这一层次上的规范化努力也仅仅停留在口号的层次上。

四、进一步的追问：可能的方向与法学界的使命

那么，上文的分析又可以帮助我们对法社会学的实证研究进行哪些有效的反思呢？

（一）本土化研究不必固守乡土社会的背景

我们并不质疑本土化研究的理论意义及其对中国社会科学自主性建构的深远影响，但是是否本土化研究之目的就一定要以研究对象的剪裁和取舍而达致呢？答案恐怕是否定的。毋庸讳言，研究者和研究对象之间似乎总是存在着一种未被言明，却总是不加控制的如影随形的亲密关系。一个学者几乎总是会因为各种因素而对固定的研究对象发生兴趣，也许，相对于研究数据的剪裁而言，对研究对象的潜意识的取舍对研究结论的潜在影响才是更加实质的，因而也才是更加致命的。[1]

邓正来教授在对苏力的研究进行批评时曾指出，苏力已有的研究似乎都“剥离了中国在当下所处于其间的世界结构、贫富差

〔1〕 贺欣指出：“研究者注意到的可能仅仅是他们想注意到的，而有意无意地忽略那些与他们想达到的结论冲突或者不符的信息，因此可能与受访者形成一个合谋，因而这类研究所得的结论最多只是一种大致上令人信服的解读、推断甚至是猜测。”参见贺欣：“Recent Decline in Chinese Civil and Economic Caseload：Exploration of a Surprising Puzzle”，unpublished manuscript。

距结构和城乡二元结构的复杂影响"，"由于缺失了中国制度转型和社会变迁的结构性关照，苏力的'基层'和'乡村'实际上成了一种'抽象的''概念的'简单中国，而非'具体的''真实的'复杂中国，进而更是无力对他所试图解释的中国现实问题做出有效的解释了。"〔1〕

急剧发展变化的中国正在逐步告别乡土社会，甚至有人提出了"村落的终结"的表述。在这样一个社会空前变革的转型期，作为中国司法之最一般典型代表的早已不是乡土社会中的司法状况，现阶段的中国式问题似乎更多的蕴含在迅速城镇化和城市化的地区。我们应该对这种变化有足够的认识，并将研究对象从乡土社会移向"都市里的村庄"。

可喜的是，在最近已经出现的各种实证调查研究中，我们已经看到都市司法正在被日益关注。这种关注大致体现为两个基本向度：其一是将目光从农村基层转移到城市基层，其二是将目光从基层转移到地市以上区域。如王亚新于 2002 年开始的两项实证调查研究都试图在现代法律的诞生地与滋养地的城市背景之中，在法律意识相对较强、法的作用相对直接的空间背景下展开观察与描述，其研究与前人不同的地方在于着重考察在国家法律正式规范下的权力运作，它与传统文化和民情民风的联系并不像在乡村中的权力策略那样鲜明夺目，因此将使得研究更具普适意义。这种权力运作由于是在正式法的罅隙之中喘息生存的，因此它与

---

〔1〕 邓正来：《中国法学向何处去》，商务印书馆 2006 年版，第 249 页。

国家正式法的互动关系将为我们透视现代社会权力运作逻辑提供一个不错的视角，同时也将弥补以往研究在这方面的不足和缺憾。

但是仍然需要指出的是，这种研究仍然有其不足：不论是在哪种范式下，作为行动者的个人（“制度变迁中的行动者”）都仍然没有成为探究司法运作规律的分析的对象。我们仍然相信，是制度决定着人的行为，而非人的行动决定着制度，一种制度变迁与实践者之间的互动关系至少在研究者的视阈中并未成为有学术意义的“问题”。

（二）应正确处理好法社会学与注释法学两种方法的关系

必须引起足够警惕的是，如果不能对法社会学的地位作出准确定位的话，那么随着这种研究进路最早提出的范式和理论逐渐被耗尽，许多研究仍然只是在不同的地方做一些大致重复的工作，这种新鲜感就会逐渐消退。[1]实际上，美国的法律社会科学研究被边缘化的一个重要原因就是只关注经验研究。在了解了是什么的问题之后缺乏“应然”的指引，容易丧失价值判断从而迷失方向。实际上，规范化诉求未必一定要以对注释法学的批判与取代实现。即使在美国，主流的法条分析的地位也基本上没有发生太大的变化，恰恰相反，法社会学研究仍处在相对边缘的位置。[2]

---

〔1〕 贺欣：“转型中国背景下的法律与社会科学研究”，载《北大法律评论》（2005 年第 2 辑），北京大学出版社 2005 年版，第 22 页。

〔2〕 Peter H. Schuck，，“Why Don't Law Professors Do More Empirical Research?”，39 *Journal of Legal Education* 1989，p. 323；“Lawyers，Scholars，and the Middle Ground”，91 *Michigan Law Review* 1993，pp. 2075，2096~98；“Trends in Legal Scholarship：A Statistical Study”，29 *Journal of Legal Studies* 2000，pp. 517，523~25，528~30。

可喜的是，已有学者不满于前文所述之非此即彼的方法论互斥的研究进路，并尝试着做出新的理论努力。如王亚新教授对证人出庭制度所做的一项研究中就体现了这样的理论追求："本文试图把法社会学的实证调查与注释法学的立法论、解释论结合起来的一种研究方法论上的努力……想着眼于法社会学与注释法学有可能相互刺激影响、相互支撑并实现共同的发展这种方法论。"〔1〕笔者赞同此种观点，认为法社会学与注释法学不仅可以并存，而且必须并存，不可偏废，理由如下：首先，脱离了法社会学对程序日常运作的描述与提炼，注释法学所提供的理论阐释只会与日常程序运作逻辑日益脱离或断绝，从而导致理论反对实践和实践反对理论的局面发生。其次，研究结论不可能在调查材料中自我呈现，所以需要时常求助于解释学方法。也只有借助于注释法学的概念框架和分析工具，我们才有可能实现法社会学研究的真正任务，在实证调查的基础之上提升出一般的理论命题并以实践加以检验和修正。同时，我国注释法学由于缺乏判例的支撑，实证研究可以在一定程度上弥补判例的不足，从而成为推动注释法学发展和深化的一个潜在突破点。再次，法社会学分析与注释法学分析其实也存在着内在逻辑沟通的可能。从这个角度说，法社会学分析其实也是广义的注释法学分析的一种，只不过它从静态的文本解释转向了动态的过程解释。诚如某学者所言："程序法的解释论与其他领域的注释法学一样，往往过分注重范畴或类型的划

〔1〕 王亚新等：《法律程序运作的实证分析》，法律出版社2005年版，第307、313页。

分，并倾向于在此基础之上单纯以要件–效果的逻辑结构来提供问题的解决方案……除了这种常规的解释之外，还可能采取某种着眼于过程或程序动态的规范解释方法。"[1]这实际上是将法社会学研究视为动态的、更加注重过程本身的注释法学的组成部分，拓宽了注释法学的视野，也可能使得司法经验的积累成为可以口耳相传的明示的规则。最后，注释法学本身并无对错之分。作为规范化声讨对象的其实是被政治话语笼罩的注释法学，我们要反对的是这种政治话语而非注释法学本身，我们甚至还要在中国建构更为发达的真正意义上的注释法学。而在这一过程中，注释法学完全有可能通过应然的指引而有选择地使法社会学实证研究所发现的沉默的、潜在的规则在一定程度上转化为明示的、可见的规则。"如果注释法学的有关讨论作为公共话语能够在学术空间的广泛沟通中酿成某种关于规则的共识，围绕这些共识又能促进理论界与实务界深入交流的话，立足于法社会学所提供的知识基础之上的注释法学理论，就有可能真正起到逐步提高整个诉讼程序的体系性和透明度这样重大的作用。"[2]

（三）应致力发展出"本土"的（非"本土化"的）概念和理论体系

卢曼早就对研究对象与理论工具之间的对应关系进行了经典

〔1〕 王亚新等：《法律程序运作的实证分析》，法律出版社 2005 年版，第 308 页。

〔2〕 在处理好法社会学与注释法学之间的关系之后，更长远观察，如何给法社会学一个合理的学科定位应当是影响其健康发展的重要因素，而这已非本文的任务。参见王亚新等：《法律程序运作的实证分析》，法律出版社 2005 年版，第 209 页。

的论述：方法总是和问题相伴而生的。[1]在强烈的规范化诉求中，学界过分关注方法论的转型，而忽视了作为方法之基础的分析概念和分析框架的开发。初期的实证研究仅仅实现了研究对象从主要作为法律移植成果的法律文本转向了真正的法律实践，因而开始关注真正的中国问题，但是这种实证研究却存在着一个缺憾，即由于本土化的准备不足，学术界缺乏对本土资源尤其是本土概念的开发和利用，使得我们的实证研究仍然在运用另一种法律移植的成果——法学概念体系——来研究中国的问题。因而仍然难以摆脱用中国的经验材料来验证西方理论和分析框架的宿命。质言之，我们现阶段的研究只能如其自称的那样是“本土化研究”，而非真正的“本土研究”。

但是另一方面，对于本土化的强烈诉求又要求我们质疑西方的理论概念和分析框架。这样，在我们没有自身的学术传统可供依凭，也没有自身的本土概念可以作为替代性分析框架的背景下，作为一种转型期的过渡，有学者提出了“西方的方法，非西方的建构；西方的理念，非西方的思想；西方的概念，非西方的内涵；西方的话语，非西方的解答；西方的命题，非西方的诠释”的方法论命题，[2]试图以此消解那种表面上拒斥西方理论，事实上却由于各种原因又不得不在具体分析中频频借助西方理论的“悖论”。实证化研究并没有实现自己提出来的理论纲领和目标，也没

---

〔1〕 吴宏耀、魏晓娜：《诉讼证明原理》，法律出版社 2002 年版。

〔2〕 王铭铭：《西方与非西方》，华夏出版社 2003 年版。

有创造出“属于中国法律的理想图景”。而这种悖论又深深地困扰着具有学术理想的研究者，从而形成了学术理想表达与实践的悖反。学者实际上生活在和西方学者的“想象的共同体”当中。

那么，我们是否能够提炼出中国的一套概念体系，用中国的理论分析工具去分析发生在这块土地上的中国问题，〔1〕从而拓深“本土化研究”的内涵，实现本土社会研究的本土视角的转换，并成为下一步实证研究寻求突破的潜在增长点呢？我认为，法学学术的使命绝不应该仅仅停留在方法论的转换上，最根本的任务还在于扎扎实实地发掘出具有更强解释力的本土概念，运用真正本土的概念对真正属于中国的问题进行真正意义上的“本土”的实证研究，而不是简单地运用西方概念体系对“本土化”的研究对象进行研究。

发展出本土概念体系既属必要，那么又如何可能呢？一个不容忽视的事实是：部门法的学者在研究的视野、阅读的范围和知识的结构上几乎很少有本土知识资源的积累，或者即使有，也很少运用到对部门法的研究中，而至多只是一种可以在后记或日记中抒发个人情感的表达工具，不具有学术公共话语的性质。而具备这种“本土知识资源”、十分熟悉传统文化并对中国人特有的思维和行动逻辑有所研究的学者又往往聚集在法理和法史领域。由于缺少部门法中具体而微的制度分析对象，这些学者更多的从事着人文性质的法学研究（而法学恰恰又是一门社会科学）。这

〔1〕 翟学伟：《中国人的行动逻辑》，社会科学文献出版社 2001 年版。

样，一方面，部门法的研究急需具有指导性的本土概念的开发；而另一方面，具备这一知识可能的学者却又放弃了这一可以为中国法学整体实现本土化作出真正意义上的理论贡献的机会，以致即使是苏力这样一个极富理论创造力的学者，在发现中国百姓经常使用的“说法”一词蕴含着极大的理论潜力之后也没有能够在理论上予以阐明和升华，而是或有意或无意地回避了真正的问题，在最关键的地方忘记了“什么是自己应有的贡献”。我们不得不指出：中国法学本土概念的提出似乎并非指日可待。本土化研究真正的内涵恐怕还是要回到我们自身的学术资源的整理和继承上来，而不是高举西方理论中国化的新的学术意识形态话语大旗。[1]

可以说，在“西方和非西方”（west and the rest）的概念提出以后，与西方化相对的概念其实不仅包括我们通常所说的地方化知识，还包括更广义的本土化知识和更狭窄的个体化知识两个层次。而现有的本土化研究实际上只关注到了以农村为代表的地方性知识这一层次，而忽视了作为民族国家这一基本单位的真正的“本土化知识”以及作为司法经验和行动承载者的“个体化知识”这两个层次。因此，在与西方移植法相比对的层次上，我们就只能看到地方习惯和西方法律之间的张力和互动（因此，乡土社会自然就成为最佳的分析场域和分析对象），而难以看到作为整个民

---

〔1〕 众所周知，为了弥补实证调查研究受制于经济资本和权力资本的缺憾，法社会学研究往往寻求和采取弱资本支持的研究对象（如个案研究）进行，调查手段和资源限制可以最大程度缓解，但同时这种方法也带来一个相关的问题，即各项研究之间很难在某种理论上找到共同点，也普遍对理论建构缺乏兴趣，本土研究的概念开发由此更加困难。

族之共同知识和文化背景的儒家文化影响下的观念形态的法律文化与西方移植法之间的互动，更加难以看到在制度间游走的个体之行动与制度结构变迁之间可能的互动。正因如此，以民族国家为统一单位形成的本土概念和分析框架便迟迟无法形成（甚至也没有了开掘这些本土理论资源的必要性和紧迫性，即使是苏力以“本土资源”命名的论文集，似乎也只是将其当作了一种论述策略，而并非真正在本土法律资源的话语构建上做了多少实质性的推动)，而以个体行动为考察对象的相关方法（如心理学）也迟迟无法引入到具体问题的研究之中。

附　录

对刑事诉讼中控方非法行为的过度制裁*

[美] 理查德·A. 波斯纳**著　陈虎　译

正如人们所知道的那样，第四修正案禁止由政府官员所实施的不合理的搜查和扣押〔1〕；如果控方试图在刑事审判中提交侵犯第四修正案所获得的非法证据，被告就可以要求排除该证据。如果该证据对于定罪非常关键的话，这就意味着被告会被宣告无罪，而仅仅因为该证据是非法获取的。这就是关于搜查和扣押的法律中著名的非法证据排除规则。〔2〕排除规则只是对控方非法行

---

* 本文的翻译首先要感谢波斯纳法官的授权，并感谢其在与译者的邮件交流中耐心地解答有关术语的精确含义。

** 美国联邦第七巡回区上诉法院法官，芝加哥大学法学院高级讲师。

〔1〕 第四修正案规定：“人民的人身、住宅、文件和财产不受不合理的搜查和扣押的权利，不得侵犯。除依据合理根据、以宣誓或郑重声明保证并详细描述搜查地点和扣押的人或物，不得签发令状。”

〔2〕 See. e. g. , Weeks v. United States, 232 U. S. 383 (1914)（将排除规则运用于联邦刑事诉讼中）；Mapp v. Ohio, 367 U. S. 643 (1961)（将排除规则运用于州刑事诉讼中）.

为制裁的其中一种方式[1]：给一个危险的罪犯定罪至关重要的证据被排除以惩罚或威慑控方违反第四修正案的行为。

关于对控方非法行为制裁的话题看起来似乎完全是一个法律问题，但是它也可以用经济学的视角来分析。我将在之前的一份研究第四修正案排除规则的论文的基础之上论证：[2]在对控方非法行为的制裁过度的时候运用经济学方法分析该问题会得到极为有价值的洞察。

这些经济学洞见有两个可能的用途：一个用途当然是指出改革的方向；而另一个用途，尽管并不比第一个更为明显，但从学术的观点来看却更为有趣，即按其本来面目来解释法律。我极为认同的法律学术的分支试图按以下假说来解释普通法，即人们设计法律是为了使经济效用最大化。[3]

我将在本文中探讨的这一假说是：对于刑事诉讼中控方非法行为的普通法救济方式由于以下假定而得到最佳的解释，即法官十分关注经济效用，即使界定非法行为的那些根本标准并非经济的标准。我的假说并未试图解释法官如何思考这些案件；它仅仅被用来解释法官用非经济术语加以正当化的决策过程的后果。但是正如经济学家认为商家与消费者是否以经济学的语言论说或思考问题对于其经验研究结果的有效性并不重要一样，我也认为法官

---

〔1〕 See part III infra，列举了对控方非法行为制裁的其他方式。

〔2〕 Posner, "Rethinking the fourth Amendment", 49 *SUP. CT. REW.* (1981).

〔3〕 See e. g. , Landes & Posner, "The Positive Economic Theory of Tort Law", 15 *GA. L. REW.* 851 (1981) .

是否明确地以经济学的语言论说或思考问题也并非问题之关键所在。

一、过度制裁的两种类型

以经济学的视角来看，有两种方法可以判断一项制裁是否是过度的。第一种方法是，看其是否产生了不可避免的巨大损耗（deadweight loss）从而违反了效用的帕累托标准。[1]为了解释“巨大损耗”（deadweight loss）这一概念，我将以对私人非法行为（与控方非法行为相对）的制裁的经济学分析为例：制裁无非采用罚金或者监禁作为犯罪的惩罚。为了达到期望的威慑效果，社会至少在原则上可以选择罚金的惩罚方式，这种方式可以作为监禁的精确等值物，因为罚金会给罪犯科加同样的私人成本。但是罚金所耗费的社会成本会比其等值物监禁耗费的社会成本要小。罚金只是一种转移支付（transfer payment），而监禁则产生巨大的损耗（deadweight loss）——也就是说，这种损耗不会成为任何主体的收益——罪犯放弃其合法收入以及监禁该罪犯所需花费的成本。因此，以经济学的任何视角来看，罚金都是可欲的。[2]

---

〔1〕 帕累托最优是指这样一种状态：一个人在未给他人带来损害的同时满足了自身的利益。如果能够通过一种交易在不给他人带来损害的同时受益的话，那么这一状态就不是帕累托最优。See generally V. Pareto，Manual of Political Economy 103～80（Schwier trans. 1971）（关于经济平衡的帕累托理论）.

〔2〕 See Becker，“Crime and Punishment：An Economic Approach”，76 *J. POL. ECON.* 169（1968）. See also Posner，“Optimal Sentences for White-Collar Criminals”，17*AM. CRIM. L. REV.* 409，410（1980）（该文探讨了罚金相对于监禁而言更加受到青睐，因为监禁会产生巨大损耗）.

当然，如果罪犯无力支付罚金——在现实生活中往往如此——这一方案就无法运作。但是如果他有能力支付，那么罚金就是一个相对于监禁的帕累托最优；这就是我在本文中所要表明的我所感兴趣的原则。

一项制裁可能在经济学立场上是过度的第二种表现形式是：该制裁可能产生了过度威慑的效果。设想在两种罚金之间进行选择能够最为轻易地发现前两种表现形式之间的区别，这两种罚金都能够不用支付任何成本而从被告处获得。如果较少的罚金正好与被告犯罪行为的社会成本相等，除以其可能被逮捕和定罪的可能性（也就是说，如果较少的罚金控制在一个最佳的水平上），那么，较多的罚金就是过度的。但是它在直接增加了不可避免的社会成本这一帕累托意义上并不过度——因为我把罚金看作纯粹的、无成本的转移支付——而在刺激人们采取无效率的行为意义上则是过度的。

现在，在一个高度确定性的世界上，罚金当然可以没有上限而完全不会增加任何社会成本；必须支付罚金的威慑会使得人们不敢从事被禁止的行为，因此也就永远不用判处罚金。但是一旦否定了高度确定这一不现实的假设，人们就会明显发现：大数额的罚金（或其他某种严刑峻罚）会导致人们在“禁区”边缘避免合法行为以使被错误起诉和错误定罪的可能性降到最低。因为风险的存在而被规避的合法行为的收益就是过量罚金的社会机会成本。[1]

---

〔1〕 See United States v. United States Gypsum Co., 438 U.S. 422, 440～443 (1978); Block & Sidak, “The Cost of Antitrust Deterrence: Why Not Hang A Price Fixer Now and Then”, 68 *GEO. L. J.* 1131, 1136～1139 (1980).

这些成本为不对超速驾驶者判处死刑提供了一个经济学的理由，或者至少是一个十分重要的经济学理由；人们会非常缓慢地驾车行驶。

但是得出以下结论可能也是错误的：一项制裁如果施加了比最佳惩罚产生的公式更大的预期惩罚成本的话就一定是低效率的。罚金的例子表明所有“过度”的罚金都是低效率的，但是这仅仅是因为罚金非常容易量度。然而罚金并不总是可行的救济方法，其他替代性的制裁也不会甘心成为一种可以用美元来量度的制裁方法。在这种情况下，非常有必要比较过度威慑和威慑不足的各自成本；如果后者的成本更大，那么“过度”的制裁在更宽泛的经济学意义上就不再是过度的了。那么，就不是在过度威慑和威慑不足之间进行选择了，而是在最佳威慑和过度威慑之间进行选择。

二、第四修正案排除规则

应用于第四修正案案件中的排除规则在两种意义上说明了一项制裁从经济学的观点来看可能是过度的。一种是，它产生了巨大的损耗从而违反了帕累托最优原则——排除对社会有价值的证据——而如果实施违法行为的政府官员（实施了非法搜查的警察）之前被判处罚金作为替代，则这种结果本可以避免。而另一种则是，排除证据会产生过度的威慑，因为政府所要支出的私人成本（包括社会成本）会大大超过该不法行为的社会成本。

为了说明后一种不太明显的含义，先让我们假设：在某一非法搜查中得到了对于给罪犯定罪必不可少的证据。再进一步假定该非法搜查给被搜查者科加了 100 美元的成本，因为在搜查之后清理搜查现场需要花费时间，但是如果不能够给该罪犯定罪则社会所要承担的成本是 10 000 美元。如果对非法搜查者逮捕和定罪的可能性为 1100 美元的罚金会对这一非法搜查产生最佳的（而不是 100%）的威慑效果，那么实际判处的更多的罚金就会是过度威慑的，它会使得控方的行为相对于施加了最佳的罚金数额的情况下的行为更加远离第四修正案的模糊边界。警察不再采取合法搜查以及无法对这些罪犯定罪都是社会所付出的机会成本，而这些成本本来是较低罚金可以避免的。

人们早就认识到这些问题的存在，而这些问题并未明确地以经济学术语表述这一点则并不重要。所以我们必须质疑当初排除规则被采纳的理由。答案与经济学分析结果是一致的：该规则之所以被采纳是因为直到最近，一直都没有对侵犯第四修正案行为的替代性制裁方法，而这并未产生严重的威慑不足的问题。〔1〕在许多年前由 Caleb Foote 撰写的一篇论文当中，〔2〕他提出了若干解释，普遍采用的（natural）（表面上最佳的）排除规则替代性救济方法——对实施了非法搜查的控方机构和人员所造成的损失提起侵权诉讼——长期以来都不可行。这种不可行性是由于以下条件限制所造成的：法官缺乏在损害赔偿诉讼中计算无形损失的具体

〔1〕 See Foote, "Tort Remedies for Police Violations of Individual Rights", 39 *MINN. L. REV.* 493 (1955).

〔2〕 Id.

方法，以及对于官员和主权豁免的宽泛解释常常使得这类诉讼无法作出判决。[1]

近期整个侵权法，特别是针对政府及其官员的侵权诉讼的豁免原则在解决这些问题的方向上都有了极大的发展。[2]侵权诉讼因此成为相对于排除规则更为实用的替代性救济方法。我们也承认，侵权诉讼的救济方式远非完美。特别是仍然存在着以下关于成本的问题：对可以承受的群体而言该成本总量十分巨大，但对个人来说数额又如此微小以至于无人会愿意为其诉诸法院。[3]尽管并未尝试过，但是解决这一问题的最常见的办法，就是在责任已经确认的案件当中为被告设定最低损害赔偿数额（liquidated damage figure）[4]（可能还包括原告的律师费用）。最低赔偿额最好设置在如下水平上：该数额能够让足够多的人起诉以使获得的全部赔偿数额能够与由警察非法行为而产生的全部社会成本正好相等。为了更好地说明这一问题，假定因非法行为而给受害者带来的总体损失为 10 000 美元，有 1000 个受害者，那么每名受害者平均损失就为 10 美元，如果最小损害数字（figure）被假定为 100 美元，那么，每十名受害者当中就有一名会提起诉讼。这样就会有 100 名受害者起诉，从而赔偿 10 000 美元（100 美元×100）。这

---

〔1〕 Id. at 496~504.

〔2〕 See Posner, "Rethinking the fourth Amendment", 49 *SUP. CT. REW.* 64~68 (1981).

〔3〕 警察对一些亚群体（subgroup）的大范围侵扰就是一个很好的例证。

〔4〕 See Foote, "Tort Remedies for Police Violation of Individual Rights", 39 *MINN. L. REV.* 496 (1995).

将会与警察非法行为所带来的总体社会成本相等。[1]

因此，对非法搜查和扣押的侵权救济方式以前在实践中并不可行而现在则十分实用。作为对警察非法行为的救济，侵权救济具有了我之前讨论过的最佳的罚金的优势。[2]它是种转移支付，因此不会产生巨大的损耗（或者更现实一点说，会产生极少的损耗）。它也可以，在某种程度上也确实是，由法官或陪审团计算以达到威慑所需要的数目。作为侵权救济日益增长的实践可行性的结果，我认为排除规则会被逐渐边缘化。

在表明经济学分析为制裁侵犯第四修正案行为的法律规定提供了一种解释，而不仅仅是提出批评方面，我得到了十分重要的传统的排除规则例外规则的支持：允许建立在非法逮捕基础之上的起诉。[3]第四修正案法律中排除规则的字面含义极易使人们得出这样一个结论：如果以侵犯第四修正案的方式被逮捕，那么他就不得被起诉。某人被非法逮捕但却并未被搜查或讯问，以至于该逮捕没有任何可以在审判中被排除的控方证据“果实”。[4]让我们进一步假设：如果此人没有被逮捕，他也就不会被起

---

〔1〕 当然，这一建议的缺陷在于：它会使警察没有任何动力将对非法行为受害者的损失减少到100美元以下。因为罚金最少也是100美元，所以官员可能会充分发挥这笔钱的作用，正好造成100美元的损失。

〔2〕 See Foote, “Tort Remedies for Police Violation of Individual Rights”, 39 *MINN. L. REV.* 496 (1995).

〔3〕 See. e. g. , Untited States v. Crews. 445U. S. 463, 474 (1980) (“非法逮捕，不是常常，而是永远不能被看作是对随后起诉的禁止……”).

〔4〕 “毒树之果”在这里是指必须根据毒树之果原则加以排除的证据，因为该证据是通过非法搜查和扣押而得到的。See Nardone v. United States, 308 U. S. 338, 341 (1939).

诉。[1]在这一案件中，禁止起诉可能看起来确实是非法逮捕的符合逻辑的制裁方法，因为它相当于排除了非法逮捕所获得的证据。但是禁止起诉也会产生甚至比排除规则所产生的耗费更为巨大的过度威慑的后果。

因为排除规则仅仅排除特定的证据，只要起诉有足够的合法取得的证据给被告人定罪，它并不阻止起诉程序往前推进。一并禁止起诉仅仅是因为逮捕是非法的，会产生更大的社会成本：不仅仅是排除那些有时（尽管常常不是如此）对于定罪必不可少的证据，而且还会在所有非法逮捕的案件当中撤销控罪。正如我已经阐述的那样，法律仅将排除规则的适用范围规定于此是出于十分具有说服力的经济学上的理由。

我已经表明，排除规则在搜查和扣押案件中所产生的过度威慑的问题今天已经因为有可行的侵权诉讼的替代方案而得到了很好的解决：一场针对非法取证官员的损害赔偿诉讼（或是雇用他的政府代理人），这一诉讼可以由法院精确地计算出正好产生威慑效力的最佳赔偿数额。但事实上，侵权诉讼的方式也有其自身过度威慑的问题。警察和其他的执法人员的报酬是以薪水形式而不是以其办理案件的数量为标准发放的，所以即使他们以超常的热情和效率来履行其职责，也不会得到与其行为相当的经济奖励。同时，如果他们的热情使得他们偶尔侵犯了个人的宪法权利，那

---

〔1〕 比如，假定要不是最后导致非法逮捕的那些非法行为，政府根本就无法发现此人是谁，藏身何处。

么侵权诉讼就会要求这些官员赔偿因其错误行为而产生的所有社会成本。因此就产生了一种失衡：热心的警察经由侵权诉讼承担了由其错误行为而产生的所有社会成本，却并未通过补偿体系得到其行为获得的全部社会收益。

我们可以通过授予警察免予承担侵权责任的豁免权来解决这一问题，因此将一些成本外部化以便消除警察追求外部收益的障碍。但是我们能否做到这一点而不会对警察错误行为产生威慑不足的问题呢？答案是肯定的——只要我们能保证警察对错误行为（基于善意而实施）的豁免权不会扩展到雇用他的代理人身上。这一规则从本质上而言，代理人应负全责而其雇员却不需要。这一规则会激励代理人防止其雇员实施非法行为。

三、强迫供述的排除与非自愿的有罪答辩

总有一些控方非法行为，侵权救济无法对其发挥效力，因此尽管存在着固有的过度威慑的问题，排除规则仍然可能是最佳的。一个很好的例证就是强迫性供述或者非自愿的有罪答辩，它们都违反了第四修正案的反对自我归罪条款或正当程序条款。〔1〕

---

〔1〕 第五修正案有一部分这么规定：“任何人都不应被强迫在刑事诉讼中成为反对自己的证人，也不能不经正当程序被剥夺生命、自由或是财产……”U. S. CONST. amend. V，cl. 3. 严格解释者（purists）会将自我归罪条款限制在法庭内陈述之上，因此排除审前由警察以强迫手段获取而后被提交法庭的供述。但是这并不能改变本文进行的分析。因为我对非自愿有罪答辩的分析是与对强迫性供述的分析相对应的，我将把我的讨论限定在后者的范围之内。

假定刑事案件的被告不能在审判证据中排除其作出的强迫供述，但是却能够（至少在原则上可以）提起侵权诉讼以对侵犯其权利的行为索赔。让我们考察两种不同的侵权案件类型。第一类侵权案件，被告证明该供述是强迫作出的因而是不可靠的，而其他的证据又不足以支持对他的定罪。在这类案件中，他寻求侵权赔偿的正确方法应该是不管受到何种惩罚他所要付出的成本。但是显而易见的是，在这样的案件中，成本更低和更为有效的救济方法就是简单地在审判中禁止该强迫性供述作为证据加以使用。这样就消除了惩罚，并因此也就不用再对遭受不公正监禁的被告的惩罚成本进行困难的和不确定的计算。

这类案件与搜查和扣押案件的不同之处就在于：后者并不牵涉证据的可靠性的问题，因此也不会牵涉到有罪与否的问题。在搜查和扣押案件中，惩罚的私人成本与控方非法行为的社会成本并不相等，反而常常会超出很多。在被告事实上无罪时，惩罚的私人成本和社会成本是一致的，也是计算赔偿数额的正确方法；更简单点说，这种融合提供了一种从审判中排除该证据的理由。

尽管是被强迫作出的，但是该供述却是可靠性很高的证据，这样的案件更为复杂。也许该供述已经得到佐证，也许强迫并没有达到如此严重的地步以至于被告会在其无辜的情况下承认有罪。在这类案件中，将供述从审判中排除出去会和排除由非法搜查而得到的证据一样产生过度威慑的效果。

对这一问题有三种解决方案：

方案一：在强迫事实的存在会对该供述的可信性产生严重怀

疑的案件中限制第五修正案规定的实质性权利。这样，如果该供述得到了证实或者强迫行为非常轻微以至于足以让人相信该供述是真实的话，就不会有所谓的侵权问题。

方案二：正如在搜查和扣押案件中的狭窄界定一样，将侵权救济方法限定在被告人的合法权益上。因此，如果警察运用“第三级”得到被证实的或在其他方面具有法律效力的被告供述，被告不能在针对他的审判中排除该供述。但是他却可以以下列理由得到赔偿：他被剥夺了吃饭、睡觉或其他对其无可争议的合法权益的任何侵害，这些侵害来源于获取供述的第三级方法。

方案三：运用证据排除规则。当然，这也是现在法律规定的方法。

方案一超出了本文的讨论范围；它可能也超出了对已确定原则进行反思的司法权威的现实范围。有理由认为：第五修正案根本的关注点在于有罪决定过程的可靠性；制宪者认为讯问制的司法体制在可靠性方面不如对抗制体制。[1]但是第五修正案也反映了这样一种观点：即使一个人有罪，他也不应被强迫自证其罪。[2]

这一观点起源于霍布斯，他认为一个人之所以同意将其自身受制于国家权威，仅仅是为了自我保全，如果国家试图夺走他的

---

〔1〕 See United States v. Yurasovich, 580 F. 2d 1212, 1215 (3rd Cir. 1978).

〔2〕 E. g., Tehan v. United States ex rel. Shott, 382 U. S. 406, 415 (1966) (反对强迫自证其罪特权建立在以下哲学观念之上：即使被告真的有罪，也不能被定罪，除非控方承担证明有罪的责任).

生命则契约就不复存在。[1]即使将范围限定在死刑案件中，这种说法也没有很强的说服力。如果强迫性供述在控制犯罪并因此而提高公民人身安全方面特别有效，那么我们可以说通过加入一个文明社会，人们确实会放弃拒绝加剧自我毁灭的任何权利。

但是所有这些都仅仅承认：那些判断刑事诉讼中控方非法行为的基础性标准并不仅仅是一些经济学的标准。这给救济政策施加了一个限制。确切地说，这种限制排除了方案二的可行性。如果建立在强迫性供述基础之上的有罪判决即使是在被告人确实有罪的情况下也是不公正的话，那么没有一种救济会是充分的，因为它无法完全消除有罪判决的影响。

有些人会认为：建立在非法扣押的证据之上的有罪判决也是不公正的，尽管该证据的可信性问题通常都没有什么疑问。如果他们的想法是正确的话，排除规则就不能因为产生过度威慑的效果而被不公平地指责。但是我假定他们的观点是错误的——反对不合理的搜查和扣押，其原因并不在于这些搜查和扣押使得刑事诉讼程序由于运用“毒树之果”而变得不公平，而是因为他们侵犯了现在可以在侵权救济方法下得到完全保护的财产和安宁方面的附属权益。

强迫性供述和非自愿的有罪答辩当然仅仅是保证刑事司法体制可靠性与公平性的程序概念当中的两个例证。排除规则对于违

---

〔1〕 霍布斯写道：“如果一个人因其实施的返租行为而被统治者或者官方讯问，他在没有宽赦保证的情况下没有必要承认自己的罪行；因为人们没有控告自己的法律义务。”T. HOBBES，LEVIATHAN，pt2，ch. 21（Collier. 1962）.

反禁止强迫性供述和非自愿有罪答辩的规则而言是一种正常的而非过度威慑的救济手段，对其他规则进行的同样的分析也会得出类似的结论。这些规则包括：允许被告在审判中到场的权利，获得律师帮助其辩护的权利，允许与反对他的证人对质的权利等等。

但是在所有这些领域中，包括我前面提到的强迫性供述和非自愿的有罪答辩问题，有一个原则限制了排除规则作为一种救济手段的使用。这一原则，即无害错误原则，是我将在本文讨论的最后一部分内容。

四、无害错误

假定在一起刑事审判中，法官违反证据规则承认对被告有害的特定传闻证据的效力，但是有非常多的可采的有罪证据在法庭上被提交，这些有罪证据的可靠性又非常低，以至于排除传闻证据将会使得被告被无罪释放。在这样一个案件中，上诉法院会援引无害错误原则支持有罪判决，尽管审判法官存在着错误。〔1〕

运用本文所采用的经济学框架对这一结果作出的表面上具有吸引力的正当化解释是：如果重审的结果是预先就已注定的，那么推翻有罪判决就会产生帕累托次优的结果：产生包括重审花费在内的巨大损耗以及社会账本上的纯负债（Pure debit）。但是这一分析只是人为的，因为如果重审的结果真是预先注定的，那么

〔1〕 See FED. R. CRIM. P. 52.

被告寻求重审的唯一可能的动因就只能是通过延长其羁押期限，增加控方成本的方式来刺激控方采取辩诉交易方式结案。因为当判决结案的结果十分确定时，协商结案总比判决结案花费要小，所有这类案件都会以协商结案，没有案件会被重审。

更为有意思的，经验上来说也无疑是更为重要的是这样一些案件：在重审中被告是否会被定罪带有几分不确定性的案件。这里重审就不仅是一种假设的可能性了，因为如果控方和辩方不能在判断重审定罪可能性上达成某种一致，他们就会认为在预期价值上判决结案会比协商结案更为经济。

如果我们假定重审中被告会被无罪释放的可能性确实存在的话，这次重审的成本在什么情况下才构成所谓巨大损耗呢？答案是：被告在重审中被宣判无罪的可能性比他是无辜的可能性要大的时候。这两种可能性之所以有区别并不是因为刑事案件严格的（heavy）证明责任，因为没人会提议援引无害错误规则，除非在排除那些被错误采纳的证据后剩下的证据仍能将被告的罪行证明到排除合理怀疑的程度。其更为可能的原因是，陪审团（甚至是法官）会认为将有罪的被告无罪释放的巨大可能性始终存在——因为陪审团既不喜欢和理解法律，又不能够将法律正确地运用于案件的事实。

陪审团将被告无罪释放的权力是绝对的：我们的法律体系并不包括正如由控方提出的针对陪审团裁决（a directed verdict）的动议。但是陪审团对被告无罪释放的权利却有是颇受限制的，因为陪审团只有根据法律并不承认的理由给被告无罪释放的权力——

而不是权利。[1]因此，以下说法就不矛盾：对一个有罪被告无罪开释增加了社会成本，即使这种无罪开释不能够通过对审判法官或上诉法院的请求而被纠正。

所有这些对于解释无害错误规则的重要意义都是十分必要的。其重要性在于，如果在排除所有被错误采纳的证据以后剩下的其他证据仍能认定被告有罪，而不管犯错的法官或陪审团会在重审中如何裁断的话，该有罪判决会被维持。

无害错误规则所做的就是确定控方非法行为的类型，该种非法行为所产生的社会成本要比推翻有罪判决而启动重审并以此威慑非法行为的社会成本要小得多。这种功能定义相比于玩味“无害”这一词语的含义而言，具有更能够有效指导该规则适用的优势。比如，功能方法具有以下含义：该规则对于严重犯罪应该采取更为自由的解释方法。

犯罪性质越是严重，各方就越可能在诉讼过程中投入更多，而更多的投入又会提高有罪判决过程的准确性。因此，如果审判法院最终认为，没有瑕疵的证据证明被告人的罪行达到了排除合理怀疑的程度，一个严重犯罪的判决可能要比轻微犯罪要更为可靠。这类案件中上诉法院会因此而更为坚定地适用无害错误规则。

因此，在严重犯罪案件中上诉法院会比在轻微犯罪中把更多的错误视为无害错误。这一与直觉相反的暗示直接来源于分析无

---

〔1〕 下属文献强调了这一区别：P. Devlin, *The Judge*, University of Chicago Press, 1979, pp. 17~48。

害错误规则的所谓功能的方法，即经济学的方法，而且这一方法的含义在经验上也是可以检验的。[1]

五、结论

在对刑事诉讼中控方非法行为救济手段的修正中，我已经说过，法院被一些能够明确表达的关于经济效率的担心所指导，如果很少表明的话。界定控方非法行为的基础性的实质概念不需要是经济学的，那些保护第五修正案自我归罪条款的规则似乎也完全不是经济学的。但是法院所创立的救济方法似乎是关注效率价值的产物。如果真如此，这又进一步证明了经济学方法已经深刻地影响了法律的结构。

---

〔1〕 然而，对含义的检验的初步努力却并不十分成功。对近期联邦法院对涉及无害错误问题的刑事判决上诉的随机抽查得到了 42 个有效的样本，其中 25 个运用了无害错误规则，剩下的 17 个上诉案件中的错误被判定为可撤销的。将量刑的刑期作为测度案件严重性的指标，我发现第一组中刑期的平均长度是 11. 36 年，而第二组则是 12. 42 年——这与我的假设刚好相反。该研究的具体内容可从作者处得到，也可以查阅 *Washington Law Review*。

非法证据排除规则的限度

〔美〕约翰·卡普兰*文　陈虎译

赫伯特·帕克将现代刑事司法体制概括为极为清晰的两分模式，这种类型化的处理方式让我们受益匪浅。首先，正是他最为明确地将存在于我们对抗制司法中最大的张力概括为观察刑事诉讼的两种截然不同的模式——犯罪控制和正当程序。〔1〕前者关注法律制度在抑制犯罪方面的作用。不论是逮捕和对罪犯的惩罚，还是在尽可能早的诉讼阶段释放无辜者，该模式都将效率奉为主要价值。它以边际效益的术语研究诉讼过程。而后者则较为复杂。除了区分罪犯和无辜者这种作用以外，该模式主要用以保护被告

---

* 作者约翰·卡普兰（John Kaplan）系斯坦福大学法学教授，本文发表于《斯坦福法律评论》。本文已经取得作者授权。本文在翻译时对注解作了一定的删节。

〔1〕 H. Packer, *The Limits of the Criminal Sanction*, Stanford University Press, 1968; See Goldstein, "Reflections On Two Models: Inquisitorial Themes in American Criminal Procedure", 26 *Stanford Law Review* 1009 (1974).

人的基本公平权利和人格尊严。帕克教授非常精确地指出："如果说犯罪控制模式像一条流水线的话，那么正当程序模式则更像是一场障碍赛跑。"[1]

其次，正是帕克使得一整代刑事法学者在无被害人犯罪中对刑事制裁的使用产生了极度的怀疑主义倾向。这些观点在帕克的著作《刑事制裁的限度》及更多早期论文中就已形成，正是这些主要观点成了后来那些致力于思考刑事法问题的学者头脑中的知识背景。

尽管对被害人犯罪的全面研究在今天也时有出现，但是帕克本人对这一问题的研究仍然不失严肃和深刻。他并不认为所有的无被害人犯罪都不需要刑事制裁。毕竟，无被害人犯罪这种分类本身就包括了最低工资法案和关于机动车辆上安全设置的规定。[2] 而且，他还指出，赌博、毒品犯罪、卖淫以及为数甚少的其他无被害人犯罪给我们的刑事执法体制科以了不合理的约束，而且在无被害人犯罪案件中，执行刑法的成本和社会性损害后果要明显超出其收益。尽管这些由适用刑事制裁而产生的问题随着涉及犯罪性质的不同而有所变化，但是其共同点还是存在的。不管社会是否将其视为被害者，无被害人犯罪中的自愿参与者一般都不会向警察报案。不管一名海洛因的瘾君子被其卖家多么残酷地压榨，

〔1〕 H. Packer, *The Limits of the Criminal Sanction*, Stanford University Press, 1968, p. 163.

〔2〕 See Kaplan, "The Role of the Law in Drug Control", 1971 *Duke Law Journal* 1065.

使得其心甘情愿接受压榨的这种动力都不会让他自愿与执法者合作。由于没有报案，警察只能被迫使用其他不但比被害人报案效率更低，而且更可能损害宪法价值的侦查策略。

在这篇短文中讨论这两大模式交互作用的领域是非常合适的。非法证据排除规则可能是帕克教授所提出的两大模式价值冲突最为激烈的领域。正当程序价值要求普通法律保护公民至少免受政府利用搜查和扣押程序对其隐私进行侵犯。非法证据排除规则的支持者还认为，该规则是贯彻这些法律规定的唯一手段。[1]另一方面，在针对被告人的指控中排除从理智上而言具有证明价值而且经常是十分重要的证据，都是对犯罪控制价值的挑战（fly in the face of crime control values）。非法证据排除规则与无被害人犯罪之间的关联也是十分清楚的。正如对上诉报告的审查（examination of appellate report）所揭示的那样，相比于逮捕中无被害人犯罪案件只占50%的比率而言，适用非法证据排除规则的案件中无被害人犯罪案件所占的比率要远远高于这个数字。非法证据排除规则所保护的正当程序价值与无被害人犯罪还有另外一层关系。在任何一个尊重个人隐私的现代国家，许多人都会卷入（engage in）无被害人犯罪。这种情形是完全可能的。事实上，警察国家的一个很重要的特征就是没有无被害人犯罪——或者换句话说，警察国家会对其公民施加极为严苛的道德标准。

试图精确地表述非法证据排除规则是十分困难的。在大部分

---

〔1〕 See, e. g. , Wolf v. Colorado, 338 U. S. 25, 41 (1949) (Murphy 大法官异议意见).

案件中，它使得针对被告的有罪证据由于其获取手段的违宪性而遭到排除。〔1〕然而，当需要在审判中弹劾被告的证言时，这些违宪获取的证据又可以加以使用。〔2〕从某人那里非法获取的证据有时在指控另一人时又可以具有可采性，这一事实使得我们几乎无法判断究竟谁有权主张该规则。〔3〕但是，确定非法证据排除规则适用范围的困难不应当掩盖其重要性。在大部分案件中，政府所拥有的能够证明被告实施犯罪的证据因为其获取手段的非法性而不具有可采性。

本文并不主张废除非法证据排除规则。相反，正如帕克教授对刑事制裁本身的看法一样，非法证据排除规则的存在是必要的，但同时它又有着严重的缺陷。帕克教授认为刑事制裁的理论基础十分薄弱的观点说明了他对刑事制裁的局限性问题非常关注。同样地，我们也应对非法证据排除规则的局限给予应有的重视。

本文认为：①非法证据排除规则并非不容置疑，也不是对传统做法的自然延续，因此我们完全无需不顾其理论基础是否有效都坚持要保留该规则；②对非法证据排除规则的价值和成本所进行的实用主义考察是特别没有说服力的；③该规则的政治代价是相当高的——事实上已经高到威胁其存续的地步，而不论其假设的收益有多少；④该规则应当进行两项修改，这些修改将会减少

---

〔1〕 See Weeks v. United States, 232 U. S. 383 (1914).

〔2〕 See, e. g., Walder v. United States, 347 U. S. 62 (1954).

〔3〕 See, e. g., Brown v, United States, 411 U. S. 223 (1973); Alderman v. United States, 394 U. S. 165 (1969); Jones v. United States, 362 U. S. 257 (1960).

其政治代价，至少其中一项改革可以保证提高该规则在保护宪法权利方面的效率。

一、非法证据排除规则的理论基础

支持和反对非法证据排除规则的讨论都建立在其效用的基础之上。非法证据排除规则的支持者实际上并没有从基础性的宪法含义、坚实的传统和对该规则普遍的采纳中获得任何支持，实际上，其论证还因此而受到了削弱。

不管判例是支持还是反对非法证据排除规则，对该规则的限制都不可能一步到位。首先，非法证据排除规则看上去并不像是宪法的直接要求。法院可以认为政府不应从其违宪的搜查和扣押行为中获益，从而与第四修正案的价值建立起直接的关系。但是非法证据排除规则却并不完全符合这一原理。这一规则的适用范围因诉权、非法搜查行为的污染递减〔1〕、非法证据用于弹劾目的时的有限可采性〔2〕而受到了一定的限制。而且，如果法院严格贯彻政府不能从警察的非法搜查和扣押行为中获益的观念的话，我们就只有亲自从那些被非法搜查的人那里去搜寻违禁品，如海洛因、锯短的枪支和赃物。〔3〕

---

〔1〕 Wong Sun v. United States, 371 U. S. 471 (1963).

〔2〕 Alder v. United States, 347 U. S. 62 (1954); cf. Harris v. New York, 401 U. S. 222 (1971).

〔3〕 Welsh v. United States, zzo F. zd200 (D. C. Cir. 1955)

但法院实际上并没有这么做，这一事实表明，非法证据排除规则仅仅是威慑警察非法行为和给罪犯定罪之间的一种中间措施。作为一种制裁措施，它的理论基础仅仅在于它比其他任何做法都能够在这两个目标之间达到一种更好的平衡。如果其他的措施能够达到更好的效果，就将取代现行的非法证据排除规则。

非法证据排除规则并非第四修正案唯一的救济手段。最高法院在米兰达案〔1〕中认识到，该判例所确立的规则将一直存续下去，除非或直到一种替代性的救济手段发展起来，这种救济手段应能够同样有效地保护处于争议之中的宪法价值。换句话说，排除规则并非宪法本身的要求。实际上，宪法仅仅要求“有效的”救济方法——这种救济方法产生的社会成本应当是合理的。这种特殊的救济或预防规则因此是一种实用主义导向的先例所要求的，而并非是宪法本身的命令。

我们还应注意到，该规则直到 1914 年才被美国联邦最高法院采纳。〔2〕在宪法条款可能作出了正确规定的 125 年之后才第一次出现对其的解释，这种可能性是肯定存在的〔3〕，在采纳第四修正案和首次确立非法证据排除规则之间的时间间隔至少表明了该规则并非实现宪法目的所必需的手段。

不仅如此，非法证据排除规则直到 1961 年才被存在严重分歧

---

〔1〕 Miranda v. Arizona, 384 U. S. 436 (1966).

〔2〕 See Weeks v. United States, 232 U. S. 383 (1914). State v. Sheridan, 121 Iowa 164, 96 N. W. 730 (1903) See Wolf v. Colorado, 388 U. S. 25, 34 table I (1949).

〔3〕 Cf. Brown v. Board of Educ., 347 U. S. 483 (1954); Erie R. R. v. Tompkins, 304 U. S. 64 (1938).

的最高法院要求适用于各州。[1]而且，非法证据排除规则在一些州又经历了一段很长的时间才产生了一定的效果（而在另一些州则没有产生任何效果）[2]，也没有令人信服的证据表明个人自由在适用该规则的州中比未适用该规则的州中受到了更好的保护。例如，伊利诺伊州[3]的公民权利就未必比马萨诸塞州公民的权利受到了更好的保护。[4]

同样值得注意的是，美国是唯一一个对非法证据实行自动排除的国家。也许这是对独特的美国国情的一种恰当反映。相比于大多数发达国家，美国是一个更为多样化的社会——道德、经济以及文化——这一事实可能会降低少数群体的公民认同感，该群体的隐私最容易受到警察的侵犯。而且，美国没有一个由中央政府控制警察权力的传统。这一由行政部门实施的控制，不管有多么危险，对司法部门的责任都要求甚少。也可能是因为美国有着最为注重道德性和极为严谨的刑事法律制度，这一制度在警察执行公务时对公民隐私权的尊重方面科加了特殊的限制。最后，相比于其他国家的公民而言，美国人可能更不易受到警察侵权的干扰，因而更不愿意通过政治途径或担任陪审员的方式来保障自己

---

〔1〕 See Mapp v. Ohio, 367 U. S. 643 (1961); of. Kerr. California, 374 U. S. 23 (1963).

〔2〕 Wolf v. Colorado, 338 U. S. 25, 38 table I (1949).

〔3〕 People v. Castree, 311 Ill. 392, 143 N. E. 112 (1924), cited in Wolf v. Colorado, 338 U. S. 25, 36 table F (1949).

〔4〕 Commonwealth v. Wilkens, 243 Mass. 356, 138 N. E. 11 (1923) ~ cited in Wolf v. Colorado, 338 U. S. 25, 37 table G (1949).

的隐私权。但是，许多其他对非法证据并未采取强制排除的国家在防止警察侵犯公民权利方面至少看上去和我们一样有效。这也是实际情况。事实上，这些国家最优秀的法学界人士在各种场合——私下的，偶尔也会在公众场合——都对美国采纳了这样一种可以使具有可靠证据的起诉无效的制度表现出了巨大的困惑。换言之，尽管美国法律理论在世界各国得到了普遍的采纳，但是非法证据排除规则却似乎是个例外。

二、实用主义的讨论

人们可能会带着怀疑的眼光质疑这一特殊规则的理论基础究竟是什么。人们不会满意于以下表述：最高法院采纳非法证据排除规则就是因为没有其他更为有效的方法。[1]这种推理极易让人联想起醉汉在灯柱下找寻钥匙的幽默短剧。当被人问起他在做什么时，醉汉说他在几个街区之外丢失了钥匙，但却认为回到原处寻找钥匙是没有意义的，因为那里太暗了。人们很容易忽略这样一个问题：仅仅以没有其他手段更为有效并不能证明采纳一个同样无效的非法证据排除规则就是合理的。

但是，比较第四修正案的其他各种救济手段是没有必要的。有大量的文献论述了民事侵权赔偿或刑事起诉在强迫警察遵守第四修正案方面的低效，但是在这里谈论这些问题并无意义。没有

〔1〕 See, e. g. , Tollett v. Henderson, 411 U. S. 258. (1973).

人建议取消民事或刑事的制裁，然而在实践中它们却很难实现。这就是处于剧烈争论中的非法证据排除规则产生的背景，我们必须对其予以详尽的考察。

对非法证据排除规则最为根本的批判在于，按照现在该规则的设置方式，其在保护公民隐私权方面产生的收益要低于其在产生政治对抗和降低犯罪控制效果方面所产生的相关损害。人们都认为，作为一项威慑警察非法行为的制度设置，非法证据排除规则已与其设立的初衷相去甚远。有证据表明：在实践中非法证据排除规则往往效果不佳，因为警察很少受到注重发现真相的低级法院法官的限制，他们往往能够成功地通过作伪证以坚持其搜查程序的合法性。而且，即使在那些非法证据确实得到排除的案件中，警察一般也没有查明事实真相。对于警察反应的最为关键的假设，被大部分经验丰富的警察机构——如果不是全部的话——轻易地掩盖了起来。

有罪答辩的盛行也减少了在审判中排除非法证据带来的危害。在现代城市刑事司法体制中承认有罪的压力和诱因都是十分巨大的。在那些作出有罪答辩后就不允许对搜查和扣押决定提出申诉的司法区[1]，刑事案件中有大约90%无法适用非法证据排除规则。在这些案件中，最终排除关键证据的可能性不足以让被告去冒接受审判的风险。审判后上诉中可能的辩护仅仅是检察官和辩护律师在辩诉交易中要考虑的其中一个因素；但是，被告

〔1〕 See, e.g., Tollett v. Henderson, 411 U.S. 258. (1973).

未决羁押的可能性和定罪后科处更严厉刑罚的可能性也必须被加以考虑。

此外，人们也抱怨非法证据排除规则体现的法律理论是如此的复杂和深奥，以至于警察往往确实无法预测最高法院会在之后的判决中根据该理论的要求作出什么样的多数裁决。这种想法也是合乎情理的。〔1〕也许最为重要的是，人们认为该规则效率很低，因为警察一般都没有动力去搜集具有可采性的证据。事实上，排除证据的威胁仍然没有涵盖到诸如跟踪、刑讯逼供以及许多在刑事案件中并不会产生可采性证据的调查活动。〔2〕

当然，到目前为止的经验研究都印证了以下观点：非法证据排除规则对警察日常工作（on-the-street behavior）行为的影响是极小的。〔3〕虽然如此，该规则对警察行为也不能说没有任何的影响。比如，根据 Jerome Skolnick 教授的研究，警察在计划进行旨在提起指控的风险极高的大规模搜捕行动时的确会认真考虑搜查和逮捕的相关法律。但以下情况也是可能发生的，不论是地区检

---

〔1〕 See Burger, "Who Will Watch the Watchman?", 14 *AM. U. Law Review I*, 11 (1964); Bums, "Mapp v. Ohio: An All-American Mistake", 19 *DEPAUL Law Review* 80, 100 (1969).

〔2〕 See, e. g., Barrett, "Personal Rights, Property Rights, and the Fourth Amendment", 1960 *SUP. CT. REV.* 46, 54~55.

〔3〕 See, e. g., LaFave, "Improving Police Performance Through the Exclusionary Rule-Part 1: Current Police and Local Court Practices", 30 *Mo. Law Review* 391 (1965); Spiotto, "Search and Seizure: An Empirical Study of the Exclusionary Rule and its Alternatives", 2 *The Journal of Legal Studies* 243 (1973); "Comment, Search and Seizure in Illinois: Enforcement of the Constitutional Right of Prioacy", 47 *Nw. U. Law Review* 493 (1952).

察官还是如洛杉矶这样的警察局都不会关注第四修正案的要求，除非采纳非法证据排除规则以迫使警察至少要考虑一下什么样的行为会构成违宪的搜查和扣押。

非法证据排除规则成本的计算则更为困难。不容否认的是，非法证据排除规则使得一些罪犯逃脱了惩罚。也许对于许多人来说，这足以构成废弃该规则的理由。但是，一个更为细致的分析却解释了这一观点的问题所在。首先，它完全忽视了排除规则的价值，这一价值即使极为微小也不应被忽视。其次，它并不能说明如下事实：运用非法证据排除规则的那些案件有很大一部分是涉及无被害人犯罪的案件，在这些案件中对罪犯的惩罚要求本来就较弱。[1]最后，对于大量的犯罪而言，惩罚的效果是相当不确定的。事实上，帕克教授指出，正是由于人们普遍对刑事制裁的整体或某些方面的局部效果产生了一种怀疑主义倾向，才开始支持可能会放纵罪犯而无法对其施加刑事制裁的正当程序模式。但是，怀疑并不等于完全否定。只要刑事制裁还有哪怕一点效用，由非法证据排除规则导致的刑事制裁效果上的降低就是一种必须正视的代价。

但是人们仍然可以质疑这一观点。随着被定罪人数的增加，威慑效果一般也会增加的事实并不意味着两者之间一定是对应增长的关系。经验观察可能表明，有罪判决多的时候威慑效果一般

〔1〕 当然存在着一些主要涉及无被害人犯罪的领域，在这些领域中十分不适合运用刑法手段加以规制，以至于即使是最为粗糙的计算也能够表明成本明显地超过了收益。

较大，而有罪判决少的时候威慑效果则较小，但是在这两种极端情况之间的许多场合，威慑效果的变化却是极小的。更准确地说，假设有罪判决数量会影响犯罪数量的话，后者在极端情况下会有巨大的变化，因此与99%的定罪率相比，100%的定罪率可能会产生少得多的犯罪率。零定罪率则会导致比1%的定罪率多得多的犯罪率。尽管如此，威慑的效果会随着中间定罪率的变化而有细微的改变。如果这一观察是准确的，那么释放一些罪犯就只会对威慑效果产生有限的影响。

但是，这一论点是建立在两个假设之上的：首先，存在着这样一个中间领域，在其中，惩罚严厉程度的增加只会带来威慑效果细微的变化。其次，现在我们的惩罚水平恰好就在这一范围之内。因为这两个假设的任何一个都不必然正确，非法证据排除规则不会减少对犯罪的威慑效果的结论充其量也只是具有高度主观性的推测而已。

还有人认为，非法证据排除规则并没有因为放纵了危险分子而明显地影响社会利益。他们认为由该规则放纵的为数甚少的危险分子本身并不重要，特别是与社会上无时无刻不存在的大量逍遥法外的犯罪分子相比时更是如此。即使承认这一看法的正确性，人们仍然可以合理地认为，哪怕只是放纵一名危险分子也属于社会成本中不可忽视的部分。

最后，必须承认，非法证据排除规则确实经常让罪犯逍遥法外。尽管我们可以把对报应的需要嘲笑为非理性的、伪善的和过时的情感，但是它确实深藏在人类的心灵深处。公众寻求报应时遭遇的挫败感是我们在对非法证据排除规则成本进行实用主义计算时必须加以考虑的另一个因素。

三、非法证据排除规则的政治代价

因此，从政治角度而言，刑事司法体制是任何一个民主国家都必需的，即使其成本和收益难以以一种明确的方式得以评估。事实上，出于正义感而提出的对于惩罚的政治要求表明：一些与我们现行的刑事司法体制类似的制度可以不用进行令人信服的论证，这些制度没有充分的实用主义的理论基础，罪犯也会被以一种非惩罚性的方式加以处理。

当一个明显有罪的罪犯因为非法证据排除规则而被释放时，公众就会对司法制度产生敌对的情绪。人们认为获得律师帮助的权利和获得公平审判的权利可以保障可靠的事实发现，与这些程序性保障措施不同的是，非法证据排除规则却降低了对罪行进行理性裁决的可能性。大多数美国人拒绝承认“因为警察犯错就放纵罪犯”的观念。[1]实际上，公众的不满最近已日益成为一股巨大的政治力量。民意调查也显示出对法院扮演的过于偏袒罪犯角色的巨大不满，而非法证据排除规则，正是这些不满产生的原因所在。

公众对该规则的敌对态度很大程度上是因为它妨碍了对我们

---

〔1〕 People v. Defore, 242 N. Y. 13, 21, 150 N. E. 585, 587 (1926)（卡多佐大法官）.

认为是有罪的人的惩罚。在一些特殊案件中，因为警察犯错而让罪犯受益是对公众关于司法观念的公然侮辱。事实上，由于缺乏罪刑均衡原则，非法证据排除规则不能建立在防止法院运用受到污染的证据这一道德基础之上。比例原则是我们看待司法的十分重要的方面。当 Jean Valjean 仅仅因为偷了一小块面包就被判处终身监禁这样的刑罚的时候，罪刑均衡的原则就受到了令人震惊的破坏。同样的不公平感还产生于警察所犯错误和因此未能惩罚实施严重罪行的罪犯之间的因果联系上。当然，人们可以认为在搜查和扣押时警察的许多细微错误会导致对罪犯，有时是更为严重的危险分子的放纵。比如，在 Coolidge v. New Hampshire 案〔1〕中，警察的做法与道德社会的要求较为吻合；但是在该案中让被告逃脱惩罚则会与道德社会的要求不相吻合。

然而，一个不容否认的事实是，在实践中，非法证据排除规则很少让危险的被告逃脱惩罚。在严重案件中，常有未被非法证据排除规则削弱的指控，也常常有并非违宪搜查得到的指控犯罪的充足证据。而且，在大部分严重案件中法院已显示出巨大的能力运用法律理论使得一些有疑问的搜查和扣押变得合法。当这样做的后果会违背自己关于罪刑均衡的观念，或者他们认为这样做会超出公众容忍的范围时，法院经常会避免运用非法证据排除规则。比如，人们很难相信，法院会在任何一个涉及俄国间谍的案件中作出像 Abel v. United 案一样的判决。当然，如果其中的间谍

〔1〕 403 U.S. 443 (1971).

头目根据与他们本国法律完全不同的美国宪法权利而被无罪释放的话，这一明显带有娱乐性质的公共事件将迅速传遍苏联。我们不可能知道，在这种情形下，法官是更容易受到缺乏罪刑均衡观念的影响还是更容易受到对公众抵制判决的恐惧这一心理的影响。

在 Wayne v. United States 案中，警察以一种非法的方法发现了尸体，倾向于自由主义立场的哥伦比亚地区上诉法院拒绝排除该证据，其依据是该尸体最终将会通过合法的途径被发现。当然，这一推理的问题在于它会使得非法证据排除规则对于当前绝大多数违宪搜查和扣押都不再适用。对于这一判决也不应过于惊讶，因为法院经常在严重案件中曲解和滥用该规则以避免对其频繁的适用。

这些判决可能事实上确实降低了非法证据排除规则在犯罪控制方面的负面影响。但是这些判决中所运用的推理方式却是无法让人接受的（unacknowledged）、不太光明正大的（covert）和过于随意的（disingenuous），公众对该规则的不满并未因此而削减。该规则仍然被看作是这样一种立场的表达：不管在搜集证据中警察所犯的错误多么微小（假定该错误是宪法性错误），也不管它对定罪有多大的作用，该非法证据都应被排除。毫不奇怪，该规则的政治代价过于高昂。

从概念上说，造成非法证据排除规则过高的政治代价的最大原因可能在于，它是在已经获取了控诉证据之后才开始运作的。结果，它让我们感觉必须为第四修正案的程序保障付出一定的代价。当然，第四修正案的要求本身并不致力于片面追求高效率地实施刑法。非法证据排除规则也并不主动追求这一目的，相反，能够防止警察侵犯第四修正案权利的制裁手段会让许多罪犯逍遥法外，而如果在一个没有第四修正案存在的社会或者一个权利保障并不完善的社会中，罪犯一定会被绳之以法。在警察遵守对个人权利保障的地方，罪犯往往无法被发现，因此也不会有对公众感情造成巨大震撼的案件发生。但是，一旦我们适用非法证据排除规则，我们就十分清楚，我们实际上就已经发现了宪法权利被侵犯的事实（当然是因为在这些案件中权利确实被侵犯了），我们被迫见证了为这些权利保障措施而付出的彻底的和具体的代价。

事实上，许多非法证据排除规则的批判者都掩盖了他们对该规则致力于保护的权利本身的根本性的反对。话又说回来，为了反对排除非法证据没有必要一定反对第四修正案所维护的价值本身。有许多案件，警察本来是有理由和机会获取搜查令状的，但最终还是没有这么做。有时虽然获取了令状，但随后又会发现该令状是有缺陷的。经常是警察在以其他方式进行合法搜查之前直接破门而入。在这些情况下，很可能即使警察严格遵守第四修正案的要求，罪犯也会被抓捕归案。[1]正是在这些案件中，非法证据排除规则的适用很明显地让罪犯得到了好处。

应该明确非法证据排除规则在政治上的代价，这一代价并非仅仅由社会上沉默的大多数来承担。警察同样认为该规则是不合

---

〔1〕 可以将 Sibron v. New York, 392 U. S. 40 (1968) 和 Davis v. Mississippi, 394 U. S. 721 (1969) 这两个案件与以下两个案件进行比较：Coolidge v. New Hampshire, 403 U. S. 443, 449-55 (1971) 和 Spinelli v. United States, 393 U. S. 410 (1969)。

理的，结果，它也缺乏一种对于有效威慑极为重要的道德制裁力量。警察确实很少给予第四修正案的要求以足够的尊重——原因有很多，比如该要求过于复杂；它是由不了解司法实际情况的法官创立并加以适用的；该要求常常是由警察认为应当对法律有着共同理解的法官在意见分歧的情况下作出的。还有其他一些深深植根于警察机构组织结构中的因素，以及警察对其恰当角色理解中的认知因素，这些因素会使得他们认为那些宪法性限制没有任何的合理性。但是，这种不合理有程度的区分，人们认为非法证据排除规则要比它所贯彻的程序性限制更为不合理。结果，有相当多的警察认为只要错上加错，就会使其行为变得正确起来（two wrongs make a right）——在实施了非法取证行为之后再通过作伪证有效避免非法证据排除规则的制裁。此外，许多比最高法院更多受到公众观念和政治过程影响的法官也与警察有相同的看法。其实，他们的心理是非常矛盾的，在许多案件中，他们都希望信任警察，并通过这种做法规避排除规则的适用。〔1〕

结果，美国最高法院一直处在这样一种持续的压力之下：它必须制定出实体性的规则以减少由低级联邦司法部门和州司法部门通过对事实发现的控制而破坏该规则实施的机会。这一压力已经在第五修正案领域表现出巨大的影响。在该领域内，最高法院总是遇到一些申诉，这些申诉在记录显示确有可能存在强迫的情形下要求判断供述的自愿性。最高法院没有权力推翻这种事实发

〔1〕 See Amsterdam, "The Supreme Court and the Rights of Suspects in Criminal Cases", 45 *N. Y. U. Law Review* 785, 792 (1970).

现，它只能将下级法院对事实问题的判决纳入“强迫”的含义之中。结果，最高法院发现，出现了越来越多的、情形并不太严重的强迫行为。这种程序也逐渐变得几乎与下级法院判决一样的过于随意（disingenuous）。

在第四修正案领域，关于这一问题最好的例证并非最高法院，而是哥伦比亚地区上诉法院，这是一个为数不多的、严格贯彻非法证据排除规则的中间上诉法院之一。在大量案件中，警察都以曾获被告同意为由为其非法搜查行为提供正当化依据，但是这一理由往往遭到被告的强烈反对。该上诉法院接受了下级法院关于警察证言真实性的事实认定，但是却通过对同意一词进行界定的方式命令排除该证据——在该案中所谓的同意充其量是表面上的同意。比如，在 Judd v. Unites States 案中〔1〕，法院就将真正的同意和罪犯虚假的表面上的同意进行了严格的区分。

在第四修正案和第五修正案的整体语境下，上诉法院防止下级法院不适用排除规则的压力已经影响到了排除规则的本质。但是，结果是该规则难以进行正当性的理性辩护，并因此对警察和公众而言都是难以接受的。

然而，也许非法证据排除规则适用过程中固有的、最为重要的政治代价只是最高法院与公众观念暂时性的隔绝。Finley Peter Dunne 认为“最高法院会随着选举的进程而改变态度”，不论这一观点是否正确〔2〕。至少可以明确的一点是，任命最高法院大法

〔1〕 See Higgins v. United States, 209 F. zd 819 (D. C. Cir. 1954).

〔2〕 F. DUNNE, Mr. Dooley on the Choice of Law 52.

官的总统的确是随着选举进行而改变态度的人。在他任命前，我们现任的首席大法官公开号召对非法证据排除规则进行限制并最终废除该规则。很明显，这一立场与其对犯罪控制的相关态度一起，对总统构成了一种巨大的吸引力。总统的各种任命决定都被看成是使得法院在犯罪控制和正当程序诉求之间取得平衡的一种努力。但是，就非法证据排除规则而言，却并未出现总统所期望的那种平衡，相反却是犯罪控制诉求占了上风。非法证据排除规则只是暂时性地避免了因法官任命程序而带来的危险，但是大难不死必有后患。要不是水门事件发生前最高法院出现的两个职位的空缺和因此而带来的混乱局面，非法证据排除规则可能早就已经走到了穷途末路。而现在，它可能不仅会得到最高法院多数法官的支持，而且可能通过大法官的任命程序受到本来已被大规模削减的总统权力的支配。〔1〕

事实上，“水门事件”的后果相当的复杂。它使得那些负责法律和社会治安的官员不得不重新考察其先前观点的前提。就像1972年选举一样，副总统Agnew出乎意料地公开宣称他认为政府的力量要远远大于被告。有趣的是，他引用的两个证明这种力量失衡的例子——国家对证人不予起诉的承诺，和犯罪嫌疑人没有权利在大陪审团面前对证人进行交叉询问的事实，是从美利坚合众国成立那天起就存在的做法。可能从副总统先生参加律师资格

〔1〕 Douglas，Brennan和Marshall大法官都曾表示了对排除规则的肯定。关于他们观点的最近表述，参见United States v. Calandra，94 S. Ct. 613，624（1974）；Kirby v. Illinois，406 U. S. 682，705（1972）。

考试的那天起就知道这些，而且直到他本人成为一名潜在的罪犯的时候都会强烈地反对这些做法。同样地，在其权力如日中天的时候，总统居然对隐私权利的保护工作格外关注也会让人感觉到不可理解。同样，可以十分肯定的一点是，总统先生对于被告人权利的问题有一套自己的看法。

但是，我们不应忘记去年所发生的一系列在美宪政史上可圈可点的事件。如果说非法证据排除规则暂时是安全的话，对该规则政治上的不满却仍然存在；该规则很可能要么被另一种规则所替代，要么被大幅度地修改，总之，它还会面临巨大的挑战。

四、非法证据排除规则的修改建议

因此，现行的非法证据排除规则存在着许多显著的严重缺陷。人们日益关注该规则的未来发展。本文剩余部分将探讨可能有利于该规则完善的改革方案。

（一）Amsterdam 教授的建议

我的同事，Anthony Amsterdam 在最近的霍姆斯讲座上提出了一系列关于如何解释第四修正案的改革建议。比如，他认为第四修正案解释的基础应当从只关注被告人个人的特定权利是否被侵犯的原子式观点转变为监管性（regulatory）的观点，后者关注的是存在争议的警察行为方式从整体上看是否存在着不合理的侵犯性。结果，他试图将非法证据排除规则的适用范围扩展到以下案件之上，在这些案件中主张适用功能排除规则的个人其实并没有

受到违宪的搜查和扣押。〔1〕

此外，Amsterdam 教授还将非法证据排除规则作为一种预防性的措施，以将警察行为的合法性建立在其正当的理论基础之上。因此，他不仅仅为了惩罚那些违法取证的警察而适用该规则，还要确保这些警察没有动机去违法取证。因此，如果警察按照法律要求在检查驾驶执照的车辆停留过程中在汽车地面上发现了一把锯短的枪，该证据就要被排除。这么做的理由并非惩罚违法的警察，而毋宁是保障他们检查驾驶执照的决定不会被用来达到任何不被允许的目的。同样地，Amsterdam 教授还认为，由盘问（stop-and-frisk）程序搜查得来的证据必须符合以下条件才具有可采性：这些证据必须是为了搜查武器这一唯一的目的。比如，如果感觉像武器的“硬物”后来发现是装海洛因的容器，那么这一证据也要被排除。这并不是因为该证据是用非法手段得到的，而是因为如果不这样做的话警察就会任意决定搜查而不顾是否真有携带武器的嫌疑。

Amsterdam 教授的建议对于保护隐私权和防止侵犯第四修正案而言，是一种监管性的（regulatory）和深思熟虑的解决方案。但是，在这两类案件中，这些建议似乎都不存在政治上的可操作性。趋势正朝着相反的方向发展。很可能，不管这些建议听起来如何美妙，它们都很难被最高法院采纳，也很难得到为公众长期的接纳所要求的那种一致的认可。根据非法证据排除规则的现有

---

〔1〕 Amsterdam, “Perspectives on the Fourth Amendment”, 58 *Minn. Law Review* 349, 367~372 (1974).

规定，在警察作出违法行为和被告权利被侵犯的场合让一个被捕的被告逃脱惩罚，这是很难让人接受的。不管是在什么类型的案件中，非法证据排除规则的政治代价都显得过高以至于其很难得到真正的适用（price it out of the market）。实际上，一个能够适用这些规则的、足够文明的社会也完全可以不需要非法证据排除规则。

但是，Amsterdam 教授最为重要的建议却提出了一个更为复杂的问题。他建议第四修正案能够要求警察机构制定出一套部门规则以规制其官员在搜查和扣押活动中的行为。从 Kenneth Culp Davis 教授开始，许多学者都强调了成文的警察规则在规制警察行为方面的重要性。〔1〕当然，这些规则在限制警察权力上是极为重要的。无疑，规制警察搜查和扣押行为的详细部门规则的制定会大大有助于控制警察的违法行为并保护第四修正案的价值。因为 Amsterdam 教授是第一个建议应当强制警察机构制订这些规则的学者，所以很难预测这一建议是否可以被很快采纳。在我们的法律理论中，许多非常重要的判例都是由远离政治场域的法官作出的，这一涉及面很广的建议是全新的事实本身可能足以决定该建议的命运，至少是暂时地决定。〔2〕另一方面，这一建议当然具有一定的可行性——国会可能会通过对警察施加限制的联邦立法。不管这一领域的立法是不是第四修正案本身的要求，该建议都要

〔1〕 See, e. g. , K. DAVIS, "Discretionary Jusitce - A Preliminary", 4 *GA. L. Rev* 633 (1970); Wright, "Beyond Dismetionary lustice", 81 *Yale Law Journal* 575 (1972).

〔2〕 See San Antonio Indep. School Dist. v. Rodriguez, 411 U. S. I (1973).

求国会应当根据第十四修正案第五款制定法律以规制警察行为，这与实施宪法所保护的价值关联甚大。[1]

那么，警察规则的要求又是如何影响非法证据排除规则的呢？Amsterdam 教授认为，一个违反了警察规则要求的搜查和扣押行为会导致证据的自动排除。如果不论根据什么样的规则警察搜集证据的行为都不能被合法化，证据就将在这些案件中得到排除。但是，这一解决方案可能只会加剧问题的严重性。即使制订和公开警察规则总是能在搜查和扣押活动中使警察奉公守法，关于这些规则意义和适用的纷争性也会产生比现在更为复杂的困境。这些规则，至少是在其适用的初期，将是十分模糊并需要进行不同的解释的。此外，该规则必然无法包括特定的未予言明的情形，如果对这些问题强行规定，该规则就会错误百出。任何一个试图从头开始为一所大学制定纪律规则或为多年来一直没有法律规范的某一领域制定法律的人很清楚这一工作有多么的困难并充满了错误的风险。[2]当然，这些困难并不构成反对制订警察规则的理由，我们只是强调将非法证据排除规则的适用范围扩展到那些侵犯该规则的行为之上，这一做法将只会使已经十分严厉的非法证据排除规则变得更为严厉。

（二）疏忽的判断标准

那么究竟要怎样做才能在仍然保护第四修正案价值的前提下

---

〔1〕 Cf. Oregon v. Mitchell, 400 U. S. 112 (1970); Katzenbach v. Morgan, 384 U. S. 641 (1966).

〔2〕 Cf. Linde, "Campus Law: Berteley Viewed from Eugene", 54 *Calif. Law Review* 40 (1966).

减轻非法证据排除规则的负面效果呢？一个表面上看来颇具吸引力的改革方案是：为该规则设置“疏忽的例外”，即规定该规则不适用于警察因疏忽而实施的宪法性侵权行为。通常我们认为非法证据排除规则是被设计用来威慑警察对于宪法权利的侵犯的。〔1〕假定，因为该规则告诉警察实施非法搜查和扣押是没有意义的，或者因为警察部门会将放纵罪犯的责任转嫁于该警察的时候〔2〕，都会对他产生实质性的威慑。如果这就是非法证据排除规则存在的理由，那么将其适用于那些警察并不知道他的侵权是违法的案件之中就没有什么意义了。而且，如果我们将非法证据排除规则看作道德上的必须，那么在警察的违法行为是疏忽的因而具有较少可责性的场合，该规则就不再具备这种必须性。

但是，这一改革方案仍然存在一些根本性的问题。它会鼓励警察的疏忽，更为重要的是，鼓励承担培训警察职责的警察机构的疏忽。致力于犯罪控制的警察机构会尽可能不去培训警察熟悉搜查和扣押的法律规定，这样就会使得他们大部分的违宪行为都可以被合理地认定为是疏忽所致。这一建议使得我们没有动力去修改排除规则并要求警察的错误应当是合理的和疏忽的。由于这一标准会鼓励警察机构确保其警察只犯合理的错误，因此很难确定所谓法律上的合理错误究竟应该怎么判断。而且，非法证据排除

〔1〕 See, e. g., Elkins v. United States, 364 U. S. 206, 217 (1960).

〔2〕 See, e. g., Elkins v. United States, 364 U. S. 206, 217 (1960); Wolf v. Colorado, 338 U. S. 25, 41 (1949) (Murphy 大法官异议意见).

规则在警察犯下合理的事实错误的场合已经不再具有可适用性。[1]

根据非法证据排除规则，宣布由疏忽的法律错误而实施的搜查无效也会带来更为严重的问题。这么做将会增加查明真相的困难，为执法者和那些——坦率地说，是在该领域内很难被信任的——下级司法机关带来特别的麻烦。现行排除规则因为这些困难而难以得到实施，因为警察的伪证——实际上警察经常作伪证——会妨碍我们准确地发现事实真相。只要下级法院法官仍然反对他们应该执行的惩罚原则，那些主观性很强的事实认定就常常会成为法院判决无效的原因。为了排除证据，法官本应能够发现故意的宪法性侵权，但除了警察自认和在总体上自相矛盾的供述外，警察主观状态的证据将很难获取。因为这些证明警察的确实施了犯罪行为的硬性要求，使得被告关于警察主观心理状态甚至是相关法律问题的证明责任都被提高了。

（三）两项具有可操作性的改革建议

但是，还有两种通过缩小排除规则的适用范围而使该规则摆脱困境的方法。第一个方法重点着眼于减少非法证据排除规则的政治和实施成本。而第二个方法则较为复杂，它主要通过在我们的社会中减少对第四修正案的侵犯从而提升该规则的价值。这两项方案是相互独立的，因此不赞同其中一个并不必然要求拒绝另一方案。

对于那些固守于现行规则的人而言，甚至对于那些希望扩大

---

〔1〕 E. g. , United States v. Robinson, 94 S. Ct. 467 (1973).

该规则适用范围的人而言，任何对该规则的限制都是对论敌的妥协，都是在最需要坚定立场时的摇摆和投降。但是，对于非法证据排除规则适用范围的缩小可以被看成是一种修补，一种使其更易为人所接受因而也更具生命力的方法；它实际上是一种给予第四修正案价值更多而不是更少保护的方法。

1. 严重犯罪的例外。非法证据排除规则的第一个改革方案十分的简单。它规定该规则不得适用于最为严重的那些案件——叛国、间谍、谋杀、持枪抢劫以及有组织实施的绑架。即使在这些案件中，一些警察的违法行为仍然会导致排除规则的适用。Rochin v. California 案[1]标准仍然有效，因此如果对公民权利的侵犯十分严重的话，证据仍然可以被排除。而修改后的非法证据排除规则至少防止了对不太严重的警察违法行为所导致的证据排除。但是，很可能一整套比 Rochin 测试更为具体的核心规则会由此建立起来，对该规则的违反会导致证据的排除。但是不管在何种情况下，在为数极少的最为严重的案件中违反第四修正案的事实都并不要求排除证据。

当然，人们可能认为法院对待该规则总是采取尽管隐秘但很敷衍的态度，因而这一修改建议显得没有必要而不予采纳。[2]但其实，如果确实是这样的话，倒反而构成了直接采纳该规则的理由。因为声称要将非法证据排除规则适用于所有类型的案件但实际上却又无法做到，法院承担了所有的政治代价而没有任何实在

---

〔1〕 342 U. S. 165, 172 (1952).

〔2〕 See, e. g. , Coolidge v. New Hampshire, . 403 U. S. 443 (1971).

的收益。不幸的是，这种悖论所产生的最大弊端在于人们迟早会认识到它的自相矛盾之处。最后，在一个无效的威慑中对司法正洁性的怀疑会严重削弱人们对司法过程的尊重。另一方面，如果法院现在实际上正在将排除规则适用于最为严重的犯罪的话，该规则的政治代价、将严重和危险的罪犯放归社会的可能性以及警察的宪法性侵权和证据被排除的犯罪数量之间的不平衡都足以成为修改该规则的理由。

认为非法证据排除规则并不适用于最为严重的犯罪的建议与25年前由Jackson大法官在Brinegar v. United States案[1]中发表的意见有很大的不同。在那份异议意见中，Jackson大法官建议根据第四修正案实施的警察行为方式应当部分取决于正在侦查的案件性质。他举例说，无差别的（undiscriminating）路障设置对于搜查绑架儿童案而言就是正当的，但是如果只是为了“搜查几桶波旁酒”，就不具有正当性。当然，警察的目的也是决定其行为合理性的因素之一，合理性意味着在目的和手段之间的合比例性。但是，最高法院从来没有采纳Jackson大法官的观点，可能是因为这一建议会引发操作上的严重问题。如果采纳了该规则，法院就要经常性地调查警察正在侦查何种犯罪。对盘查程序（stop and frisk）监管上的困难就是很好的例证。不管他们发现了什么，警察几乎总是声称是在寻找武器。[2]而建议法院在最为严重的案件中拒绝适用非法证据排除规则就不会带来这样的问题。法院适用

〔1〕 338 U. S. 160, 180 (1949)（异议意见）.

〔2〕 See, e. g. , United States v. Robinson, 94 S. Ct. 467 (1973).

修正后的排除规则所需要做的仅仅是弄清指控的犯罪性质。

非法证据排除规则的这一修改建议也存在着一个公认的严重问题。在最为严重的案件中不再受该规则约束的警察机构可能会积极地鼓励警察违反第四修正案。如果真的那样的话，那些宪法的“核心价值”就会被认为受到了侵犯，非法证据排除规则就应得到适用。但是，主张在这些案件中适用非法证据排除规则可能并无必要。对最为严重犯罪的侦查与在其他不太严重的犯罪中警察对公民第四修正案权利的侵犯不同，对权利的救济会比单纯的排除非法证据要更为有效。我们完全有理由相信，警察机构承担的政治后果，针对高级警官提起的大量损害赔偿诉讼的威胁〔1〕，以及发布禁止令状（Injunctive Relief）的可能性〔2〕，这些因素对于大规模的警察违法行为的遏制效果至少会和非法证据排除规则产生同样好的效果。

必须坦率地承认，这些限制的威慑效果还只是一种理论上的推测。在最为严重的案件中废除非法证据排除规则的后果很可能是给予了警察比以前更多的侵犯第四修正案的自由。尽管这一效果——如果它确实存在的话——是一个十分严重的弊端，但是考虑到在现存的非法证据排除规则中十分显著的比例性的严重缺乏和其他成本，这一修正仍然是可欲的。

除此之外，在最为严重的案件中不适用非法证据排除规则还有一些十分明显的好处。如果不考虑他们所宣称的第四修正案原

〔1〕 See 42 U. S. C. § 1983 (1970).

〔2〕 See, e. g. , Lankford v. Gelston, 364 F, zd 197 (4th Cir. 1966).

理会导致对于最严重犯罪的罪犯的放纵的话，法官可能会在所有其余的案件中更为全面和真诚地解释第四修正案的要求。这一结果并不奇怪。非法证据排除规则惩罚范围的扩大会导致被保护的实体权利的缩小。比如，在 Mapp v. Ohio 案〔1〕中，法院看似极不情愿扩展第四修正案的范围。〔2〕实际上，充满争议的是，Mapp 案将非法证据排除规则扩大适用到各州和联邦执法官员的做法导致了被宣布为非法的警察行为的种类的减少。〔3〕

在以下两种规则模式之间存在着一定的区别：一种是更为严格的针对特定犯罪起诉的排除规则模式，而另一种则是 Amsterdam 教授先前讨论过并在之后正确加以拒绝的范围不确定的规则模式。在后一种模式下，政府日益增加的对公民隐私的侵犯程度必须符合更为严格的证据要求。Amsterdam 教授认为这一方法不具有可操作性因而不再继续加以探讨，这样做是正确的。至少在今天这样一个我们很难指望由低级法院完全适用该规则的世界中确是如此。但是，该模式的排除规则能够适用的犯罪类型一定不会比我们现行的非法证据排除规则的适用范围更小和更具可操作性。

而且，还可能存在一些人们会加以采纳的理论规则，这些规则要求在最为严重的案件中适用非法证据排除规则。比如，人们会在所有其他案件中更为严格地适用排除规则。结果，那些现在

〔1〕 367 U. S. 643 (1961).

〔2〕 See, e. g. , United States v. Calandra, 94S. Ct. 613 (1974); Terry V. Ohio, 392 U. S. I (1968); Camara v. Municipal Ct. , 387 U. S. 523 (1967).

〔3〕 See, e. g. , United States v. Robinson, 94 S. Ct. 467 (1973). See generally Ker v. California, 374 U. S. 23, 44 (1963).

很少用来减少排除规则适用范围的诉权制度和污染减少的例外规则，就不会得以建立。作为替代，我们可以将剩下的案件分为两大类：非法证据排除规则应当加以保留的有被害人犯罪；非法证据排除规则的适用应当更为严格的无被害人犯罪。正如帕克教授所指出的那样，在无被害人犯罪中，警察行为通常意味着对于公民权利的更为严重的侵犯。而且，最为常见的无被害人犯罪相对较少，在这些案件中刑事制裁本身就对公众的认同程度要求较低。结果，在这些案件中更为严格的排除规则适用所带来的政治损害就会少得多。但是，将犯罪划分为无被害人犯罪和有被害人犯罪也有两个较大的问题。首先，有些无被害人犯罪，诸如淫乱，可能就会引起公众的强烈愤慨。其次，尽管每个人都能够将最为危险的犯罪的严重性和其他刑事犯罪区分开来，但是，对于法院而言，至少在某些无被害人犯罪和相当严重的有被害人犯罪案件之间进行理性地区分还是相当困难的。人们通常可能倾向于认为无被害人犯罪危害性较小，但实际上，像贩卖海洛因这样的无被害人犯罪很可能就会非常危险。仅在严重性较小的无被害人犯罪当中提高非法证据排除规则的严厉程度可能是有一定吸引力的，如赌博、卖淫以及与大麻有关的犯罪等。但是，对无被害人犯罪严重程度的判断常常需要依靠医学上的影响，而这些影响往往涉及法院在构建宪法性或准宪法性法律中的立法事实的重大问题。比如，将大麻看作“杀人种子”——吸食上瘾的人中因为精神狂躁而杀人的始作俑者，持这种观点的人对毒品犯罪要与那些将大麻看作较为温和的、危险的镇静剂的人持完全不同的态度。

在最为严重的犯罪中废除非法证据排除规则并不必然意味着要进行任何额外的改革。有些改革建议可能使得本已十分复杂的该领域变得更加复杂。而且，我们本应在能够有把握地预测在无被害人犯罪领域更为严格的适用非法证据排除规则所产生的政治影响之前，对公众和警察态度有更多的了解。但是，这些问题已经得到了解决，以下事实仍然存在：在严重犯罪中废除非法证据排除规则仍然是一个十分棘手的问题。

2. 非法证据排除规则与警察机构的行为。对于非法证据排除规则，我所要提出的第二个更为重要的改革方案与关于警察机构行为的争论密切相关。无疑，非法证据排除规则的最大缺陷在于对组织机构会影响个人行为这一基本的社会学原理的忽视。看上去关注警察个体违法行为的非法证据排除规则并没有考虑到警察是在警察机构对自己工作的期待、自身接受的机构培训（不论是正式的还是非正式的）以及对惩罚违法行为的机构纪律的恐惧中完成工作的。这些机构的奖惩措施对他而言要比将他违法所得的证据排除的威胁要重要得多。在介绍非法证据排除规则之前，我们应该能够预料到，在一个特定案件中，由于非法证据被排除而被激怒的警察机构会迁怒于犯错的警察，或者至少会对其进行认真的培训以保证违法行为不会再次发生。很明显，这一前提假设已经被该规则的实践状况证明是错误的。警察机构一般不会规训其警察，而会采取另外一种不会让法院满意的态度，他们认为排除规则已经十分复杂以至于需要进行修改，而且，对证据的排除是法院的任务而不是警察机构的职责。

因此，非法证据排除规则的重心应当予以调整，以使得其适用直接指向警察机构和实施了错误行为的警察本身。警察组织系统，而不是法院，应当首先对保护第四修正案价值承担责任。非法证据排除规则只是最后的救济手段，它是在有证据证明警察机构不愿承担该责任的时候，由法院实施的贯彻第四修正案的手段。警察机构可能会辩解说，自己“不愿意或没有能力”对警察进行管理，但是这是一种需要反对的态度。非法证据排除规则对于警察个体的作用是如此的间接以至于不能被看作对其行为的主要影响因素。该规则最好被看作让警察机构强迫其成员服从程序规范的制度设置。因为警察机构不能强迫其成员遵守第四修正案的要求，即使是鼓励其如此尝试的非法证据排除规则也只是一个错误。从这个程度上而言，事情相当简单，它并不值得我们为其付出任何代价。

因此，第二个建议就是：在警察机构已经认真地承担了维护第四修正案责任的案件中不再适用非法证据排除规则。特别是，对机构的服从要求有一整套成文的规则以指导警察在诸如官司缠身的诸多情形下如何正确地行为〔1〕，要求有一套培训计划以将侵犯第四修正案权利的行为加以明确，同时，也许更为重要的是，要求当警察机构发现警察的侵权行为时能够对其采取纪律惩戒措施。

---

〔1〕 比如，警察机构的规定可能要求在使用任何电子监听设备之前获得警官或更高级别警官的批准。假定高级警官在无令状的情况下使用这类设备会得到详细的准确的信息。同样地，警察在可能要打开一个已经被逮捕的司机的汽车尾箱时也应得到一些信息。其他的规定则可能包括拦截和拍身，逮捕的附带搜查，对提供搜查和扣押必需信息的消息者可靠性的判断，以及很多其他问题。

这一改革方案需要将排除听证程序设计得更为精细。首先，法官应当查明被告的第四修正案权利是否受到了侵犯。[1]如果法官认为侵权事实并不存在，该证据就应采纳，该决定可以上诉。另一方面，如果法官发现搜查和扣押是违宪的，他不能直接排除这些非法证据。相反，他应当宣布其决定并给予检察官采取下一步行动的机会。此时，检察官可以而且他也十分愿意要求法官对警察机构的制度、培训计划和机构管理历史举行进一步的听证。我们可以假设，基于这一动议而举行的听证并不需要很长的时间，一般而言，警察机构的各种记录就能解决所有事实问题。

应由检察官承担证明警察遵守了该标准的责任。这样分配证明责任不会强迫被告去搜集警察的记录，也会减轻上诉法院的工作负担。庭审法官也不能够仅仅因为他不信任被告就相信警察机构是对的。相反，他必须监督警察机构提供的证据是否能够证明它的主张。事实上，这种听证的最大困难并不是事实的发现，而毋宁是制定出判断警察机构行为是否已尽足够之义务的标准（drawing standards defining sufficient department behavior）。但是这一方案的最大优势在于其灵活性。首先，在一开始要求不能太高。毕竟，目前警察机构对于保护第四修正案并不承担任何义务。而且，事实上，他们一般也确实没有承担过什么义务。渐渐地，法官就可以作出更多的要求：更多具体的规定；不仅要举行判断公民权利是否被侵犯的排除听证，也要使得针对违法警察能够成功地提起

〔1〕 对非法证据排除规则的这两个修改建议是相互独立的。当然，如果第一个建议也被采纳，这一问题在对严重犯罪的起诉中就不会出现。

民权诉讼。最后，也许可以建立一些能够处理任何诉讼都无法解决的公民诉求的公平的解决办法。这一改进一个十分重要的方面在于非法证据排除规则将第一次被用来保护守法公民的权利而不是罪犯的权利。

如果现在能够采纳这一规则，可能没有警察机构能够符合这一即使是十分宽松的标准。这样的话，法官就会继续沿用现行的非法证据排除规则。渐渐地，至少某些警察机构，也许在地区律师、新闻媒体和公众的压力之下能够开始调查和规训犯错的警察。很快检察官和辩护律师就能够举行涉及不同警察机构的排除听证了，双方当事人都有巨大的动力去调查警察机构是否改变了其行为模式以使得非法证据排除规则的适用变得没有必要。如果一些案件涉及的是那些已制定了更为有效的自我管理机制的警察机构，检察官就会提出如下动议，而法院一般也会准许：将非法搜查和扣押行为的特定行为免予适用非法证据排除规则。一些警察机构会被判令采取一定的措施以符合合适的标准，并因此可以不对其偶尔发生的非法搜查行为适用非法证据排除规则，而另外一些警察机构则不行。这种区别非常显著，而且对于落后者也是一个激励。当一些警察机构达到了法院的要求时，其他警察机构很难再主张法院的区别对待是不合理的。很明显，当运作良好的警察机构能够防止这种结果的发生时，认为法院正在放纵罪犯的抱怨就会不再有说服力了。

当然，在这一规则运作过程中也有其固有的几种不平等的现象。我们应该对其权利被不同机构的警察的同样行为侵犯的两名被告区别对待，如果这两个机构对于保护第四修正案价值采取了不同的努力的话。但是，只有在我们认为非法证据排除规则仅仅对罪犯有利的时候，这种区别的对待看上去才会是个问题。一些罪犯比其他罪犯更为幸运的事实并不能动摇我们，以使我们释放那些被抓住的不幸的罪犯。同样的，对于那些已经采取了严肃的步骤以符合第四修正案要求的警察机构抓住的不幸的罪犯，我们不应因为他们被定罪而受到指责。

我们不应过于在意不同警察机构之间的不同。就这些机构受同一标准约束这一点而言，这种不同正是我们所希望的。事实上，任何奖励的概念对于那些采取了行动和没有采取行动的人而言都是不平等的。如果两个警察机构受不同标准的约束，更为严重的问题就会产生。这里我们必须依赖上诉程序来达到平等。在标准被制定和限制的时候这种暂时的不平等是十分平常的。相比于各州下级法院重新分配式判决的区别对待和对南部学校董事会在种族歧视判决方面的区别对待而言，对在限制违反第四修正案行为方面做出了同等努力的警察机构暂时的区别对待没有理由引起人们更多的关注。

与此相关的另一问题则更为麻烦。在法官较多的城市地区，即使是针对相同的警察机构也可能会根据不同的排除听证而作出不同的判决。可能这种区别是合适的，因为特别是其规定中，该机构可能在某种情形下做得很好而在另一情形下就不是这样。比如，规范巡逻行为的规定可能已经足够了，但是关于电子监听的有关规定就很少。这种现象在任何领域都可能存在，因为不同的法官会对同一种救济方法适用不同的标准。为了保证统一的适用，需要在法官之间进行协调——就像现在在诸如量刑领域内颁布统一量刑指南的解决方法一样。[1]

将非法证据排除规则的运作和警察机构行为联系起来的做法可能会使得下级司法机关团结起来，而不是设置障碍努力威慑警察的违法行为。南部下级联邦法院的行为为我们提供了令人鼓舞的样板。南部地区法院的法官，起初几乎都坚决反对执行最高法院废除种族隔离的判决，但后来逐渐开始对那些仍然不合理地坚持可能是最为温和的命令的学校董事会施加压力。[2]在南方废除种族歧视的案件中，下级法院的命令很容易对那些不执行判决的学校董事会构成压力。而且，法院要求和监督学校遵守种族隔离界限、用公共汽车运送学生和其他种族歧视的方法要比其控制警察的侦查行为要简单得多。尽管如此，一旦下级法院的法官在程序中互相合作，那么保障第四修正案权利的最大障碍就会消除。而且，如果下级法院的法官对警察机构施加了足够的压力，他们就更有可能更好地控制警察行为。必须承认的是，如果这样的话，这种方法很可能不会产生任何效果，许多法官也可能会尽力运用其手中发现真相的权力以避免适用非法证据排除规则。如果这样的话，那么这一改革建议就不会使事情变得更糟。事实发现方面唯一的问题是那些关于警察机构内部程序的问题。这些程序主要

---

〔1〕 See M. Frankel, *Criminal Sentences*: *Law without Order*, Hill and Wang, 1973.

〔2〕 See J. Peltason, *Fifty-eight Lonely Men*: *Southern Federal Judges and School Desegregation*, University of Illinois Press, 1961.

依靠机构的内部记录，上诉程序在审查时也会较为容易。

需要注意的是，这一非法证据排除规则的修改建议仍然保留了现行规则的若干优点。最为重要的是，针对非法搜查和扣押的事实仍然可以在审前提出排除证据的动议。这里，该决定由即使充满了偏见也可能比陪审团更能公平地决定该问题的法官作出。而且，该诉讼并不会获取过多的损害赔偿，因为裁判者并不同情被告，这使得律师代理该案在经济上并不合算。促使辩护律师为其委托人赢得无罪判决的动机也同样促使他对警察行为的事实提出诉讼。

一旦判决要求警察机构必须服从规定的话，这种动机就不会消失。即使成功的机会并不大，一个有能力的辩护律师也仍然会尽力证明：警察机构自从前一次的调查之后就没有对减少其雇员违宪搜查和扣押的数量而作出足够的努力。非但如此，至少在可预见的未来，对警察机构的要求会逐渐变得更为严格。因此在每起审判中，辩护律师都会被以下可能性所激励：其所代理的案件可能会促进该标准的进一步严格化。

当然，该建议不会产生预期效果的可能性也是存在的。检察官和警察系统会团结在一起继续就非法证据排除规则任何形式的运作效果而指责法院。我们关于组织行为的知识并不能使我们对于解决该问题充满信心。毕竟，许多人都期望现行的非法证据排除规则能够为警察系统提供足够的动力去控制由警察实施的侵犯第四修正案的行为。这种担心对于那些认为已经足够的人来说并不是问题。因此，有理由尝试另一种略有不同的方法。任何抚养过孩子的人都知道当为孩子制定的标准是有可能达到的而不是相反的时候，孩子就会有较好的表现。如果我们能够告诉警察系统通过自身合理的预防和救济途径，他们可以避免证据排除的话，也许警察系统会同样表现得很好。而且，用心理学术语来说，如果我们以负面的强调代替正面的强调，减少政治成本，并对该机构自身科加更为直接的责任的话，那么非法证据排除规则可能会运作得更好。这当然值得我们仔细地加以思考。

五、结论

现在可以提出对于非法证据排除规则修改建议的反对意见了。首先，这些改革方案看上去并不像宪法本身的要求，而更像是一种与法院在解释宪法方面的功能无关的社会工程。但是，一旦我们认识到非法证据排除规则是被用来保护宪法价值的，而不仅仅只是规定在宪法之中的橡皮图章的话，这些建议就会失去其力量。这些修改建议至少要比米兰达案的判决更符合宪法本义。

据此，有人认为：根据详细的分析，即使这些非法证据排除规则的改革建议是合适的准宪法性解释，它们看上去也比该规则的现有形式要更为复杂，并且更难从宪法本身推导出来。结果，采纳这些建议可能就造成公众对于侵犯了立法机关权力的法院更大的不满。由于这种担心是有道理的，所以必须要将其与对非法证据排除规则现有的敌对态度相平衡。如果修改后的非法证据排除规则要排除更多的证据，我们就会更为担心这一改革。与许多建议一样，其可接受性取决于这一改革建议的总体方向是否正确。因此，公众对修改后排除规则接纳程度的日益增长就可能会掩盖其对该规则的不满。

反对修改非法证据排除规则的最后一个观点可以追溯到更早的时候。非法证据排除规则有很重要的象征意义。它是我们社会认真对待第四修正案侵权行为并努力使之尽可能少发生的一种承诺。对于非法证据排除规则适用范围的任何缩减都可以被解释为是对这种理念的背离。但是，事实上，尽管非法证据排除规则是我们对第四修正案价值的承诺，但是也仅仅如此。尽力设计出一种能够更有效的制度可能会产生更好的效果。当然，人们应该警惕不让自己受到这种理念的诱惑。但是如果从平衡的角度而言，更为复杂的行动能够比简单的承诺更好地服务于这些理念，我们就应该更为注重现实而不是醉心于空洞的理念。

参考文献

一、中文著作

[1] 白建军:《公正底线——刑事司法公正性实证研究》,北京大学出版 2008 年版。

[2] 白建军:《罪刑均衡实证研究》,法律出版社 2004 年版。

[3] 蔡敦铭:《两岸比较刑事诉讼法》,五南图书出版公司 1996 年版。

[4] 陈光中:《刑事诉讼法实施问题研究》,中国法制出版社 2000 年版。

[5] 陈光中、[加] 丹尼尔·普瑞方廷主编:《联合国刑事司法准则与中国刑事法制》,法律出版社 1998 年版。

[6] 陈光中、严端主编:《中华人民共和国刑事诉讼法修改建议稿与论证》,中国方正出版社 1999 年版。

[7] 陈瑞华:《刑事辩护的理念》,北京大学出版社 2016 年版。

[8] 陈朴生:《刑事证据法》,台北三民书局 1985 年版。

[9] 陈瑞华:《刑事审判原理论》,北京大学出版社 1995 年版。

[10] 陈卫东:《模范刑事诉讼法典》，中国人民大学出版社2005年版。

[11] 陈卫东:《羁押制度与人权保障》，中国检察出版社2005年版。

[12] 程味秋:《外国刑事诉讼法概论》，中国政法大学出版社1994年版。

[13] 储槐植:《刑事一体化与关系刑法论》，北京大学出版社1997年版。

[14] 刁荣华:《比较刑事证据法各论》，汉林出版社1984年版。

[15] 黄永:《刑事证明责任分配研究》，中国人民公安大学出版社2006年版。

[16] 江礼华、杨诚:《外国刑事诉讼制度探微》，法律出版社2000年版。

[17] 赖早兴:《证据法视野中的犯罪构成研究》，湘潭大学出版社2010年版。

[18]《德国刑事诉讼法典》，李昌珂译，中国政法大学出版社1995年版。

[19] 李学灯:《证据法比较研究》，五南图书出版公司1992年版。

[20] 栗峥:《超越事实——多重视角的后现代证据哲学》，法律出版社2007年版。

[21] 林钰雄:《刑事诉讼法》，台北学林文化事业出版有限公司2001年版。

[22] 刘金国、蒋长山:《中国社会转型与法律治理》，中国法制出版社2007年版。

[23] 刘荣军:《程序保障的理论视角》，法律出版社1998年版。

[24] 刘善春、毕玉谦、郑旭:《诉讼证据规则研究》，中国法制出版社2000年版。

[25] 龙宗智:《相对合理主义》，中国政法大学出版社1999年版。

[26] 牟军:《自白制度研究》，中国人民公安大学出版社2006年版。

[27] 齐树洁:《英国证据法》，厦门大学出版社2002年版。

[28] 秦宗文:《自由心证研究——以刑事诉讼为中心》，法律出版社 2007 年版。

[29] 冉井富:《当代中国民事诉讼率变迁研究——一个比较法社会学的视角》，中国人民大学出版社 2005 年版。

[30] 沈达明:《英美证据法》，中信出版社 1996 年版。

[31] 田文昌、陈瑞华:《中华人民共和国刑事诉讼法再修改律师建议稿》，法律出版社 2007 年版。

[32] 汪建成:《理想与现实——刑事证据理论的新探索》，北京大学出版社 2006 年版。

[33] 王雄飞:《检察官证明责任研究》，中国人民公安大学出版社 2009 年版。

[34] 王兆鹏:《美国刑事诉讼法》，北京大学出版社 2005 年版。

[35] 王兆鹏:《辩护权与诘问权》，华中科技大学出版社 2010 年版。

[36] 肖仕卫:《刑事判决是如何形成的——以 S 省 C 区法院实践为中心的考察》，中国检察出版社 2009 年版。

[37] 姚莉:《反思与重构》，中国政法大学出版社 2005 年版。

[38] 易延友:《中国刑诉与中国社会》，北京大学出版社 2010 年版。

[39] 赵秉志:《死刑个案实证研究》，中国法制出版社 2009 年版。

[40] 赵秉志:《中国疑难刑事名案法理研究》(第 3 卷)，北京大学出版社 2008 年版。

[41] 赵秉志:《中国疑难刑事名案法理研究》(第 1 卷)，北京大学出版社 2008 年版。

[42] 周叔厚:《证据法论》，国际文化事业有限公司 1989 年版。

[43] 左卫民:《中国刑事诉讼运行机制实证研究》，法律出版社 2007 年版。

二、外文译著

[1] [美] 罗纳尔多·V. 戴尔卡门:《美国刑事诉讼——法律和实践》，张鸿巍译，武汉大学出版社 2006 年版。

[2] [美] 爱伦·豪切斯泰勒·斯黛丽、南希·弗兰克:《美国刑事法院诉讼程序》，陈卫东、徐美君译，中国人民大学出版社 2002 年版。

[3] [英] 弗洛伊德·菲尼、[德] 阿希姆·赫尔曼、岳礼玲:《一个案例两种制度——美德刑事司法比较》，郭志媛译（英文部分），中国法制出版社 2006 年版。

[4] [美] 伟恩·R. 拉费弗、杰罗德·H. 伊斯雷尔、南西·J. 金:《刑事诉讼法（上）》，卞建林、沙丽金译，中国政法大学出版社 2003 年版。

[5] [美] 弗雷德·英博:《审讯与供述》，何家弘译，群众出版社 1992 年版。

[6] [美] 阿希尔·里德·阿马:《宪法与刑事诉讼》，房保国译，中国政法大学出版社 2006 年版。

[7] [美] 米尔建·R. 达马斯卡:《漂移的证据法》，李学军译，中国政法大学出版社 2003 年版。

[8] [美] 华尔兹:《刑事证据大全》（修订本），何家弘译，中国人民公安大学出版社 2004 年版。

[9] [美] 约翰·W. 斯特龙主编:《麦考密克论证据》（第 5 版），汤维建等译，中国政法大学出版社 2004 年版。

[10] [日] 谷口安平:《程序的正义与诉讼》，王亚新、刘荣军译，中国政法大学出版社 1996 年版。

[11] [英] 詹妮·麦克埃文:《现代证据法与对抗式程序》，蔡巍译，法律出版社 2006 年版。

[12] [美] 唐纳德·布莱克:《法律的运作行为》，唐越、苏力译，中国政法大学出版社 1994 年版。

[13] [英] 麦高伟、杰弗里·威尔逊主编:《英国刑事司法程序》，姚永吉等译，法律出版社 2003 年版。

[14] [英] 约翰·斯普莱克:《英国刑事诉讼程序》，徐美君、杨立涛译，中国人民大学出版社 2006 年版。

[15] [德] 托马斯·魏根特:《德国刑事诉讼程序》，岳礼玲、温小洁译，中国政法大学出版社 2004 年版。

[16] [德] 克劳思·罗科信:《刑事诉讼法》，吴丽琪译，法律出版社 2003 年版。

[17] [法] 卡斯东·斯特法尼等:《法国刑事诉讼法精义（下）》，罗结珍译，中国政法大学出版社 1999 年版。

[18] [法] 勒内·弗洛里奥:《错案》，赵淑美译，法律出版社 1984 年版。

[19] [日] 松尾浩也:《日本刑事诉讼法（上）》，丁相顺译，中国人民大学出版社 2005 年版。

[20] [日] 田口守一:《刑事诉讼法》，刘迪译，法律出版社 2000 年版。

[21] [意] 戴维·奈尔肯:《比较刑事司法论》，张明楷等译，清华大学出版社 2004 年版。

[22] [荷] 菲利普·M. 兰布克、[意] 麦卡·法布瑞编:《法院案件管辖与案件分配：奥英意荷挪葡加七国的比较》，范明志等译，法律出版社 2007 年版。

[23] [美] 虞平、郭志媛编译:《争鸣与思辨：刑事诉讼模式经典论文选

译》，北京大学出版社 2013 年版。

[24] [日] 佐藤博史：《刑事辩护的技术与伦理》，于秀峰、张凌译，法律出版社 2012 年版。

三、外文论著

[1] J. D. Heydon, *Evidence: Cases and Materials*, London: Butterworths, 1984.

[2] John A Andrews, MichaelHirst, *Criminal Evidence*, London: Sweet & Maxwell, 1992.

[3] John William Strong, Kenneth S. Broun, Bobert P. Mosteller, *Evidence: cases and materials*, 5th ed., Minnesota: West Publishing co., 1995.

[4] M. R. Damaska, *Evidence Law Adrift*, New Haven: Yale University Press, 1997.

[5] P. B. Carter, *Cases and Statutes on Evidence*, London: Sweet & Maxwell, 1990.

[6] Raymond Emson, *Evidence*, 2nd ed., New York: Palgrave Macmillan, 2004.

[7] Richard May, *Criminal Evidence*, second edition, London: Sweet & Maxwell, 1990.

[8] James S. Liebman, Jeffrey Fagan, Valerie West, "A Broken System: Error Rates in Capital Cases 1973~1995", Columbia Law School, Public Law Research Paper.

[9] James S. Liebman et al., "A Broken System Part II: Why There is So Much Error in Capital Cases, and What Can Be Done about It", Columbia Law School, 397~99 (2002).

[10] Craig M. Bradley, "A (Genuinely) Modest Proposal Concerning the Death Penalty", 72 *IND. L. J.* 25 (1996).

[11] Margery Malkin Koosed, "Averting Mistaken Executions by Adopting the Model Penal Code's Exclusion of Death in the Presence of Lingering Doubt", 21 *N. ILL. U. L. REV.* 41 (2001).

[12] Elizabeth R. Jungman, "Note, Beyond All Doubt", 91 *GEO. L. J.* 1065 (2003).

[13] Jon O. Newman, "Make Judges Certify Guilt in Capital Cases", *NEWSDAY*, July 5, 2000, at A25.

[14] "Urban League Leader Advocates New Standard in Capital Cases", *N. Y. TIMES*, July 31, 2000.

[15] Ronald J. Allen et al., *Evidence: Text, Problems, and Cases*, 3rd ed., Aspen Pubishers, 2002.

[16] Erik Lillquist, "Recasting Reasonable Doubt: Decision Theory and the Virtues of Variablility", 36 *U. C. DAVIS L. REV.* 85 (2002).

[17] D. Michael Risinger, John Henry Wigmore, "Johnny Lynn Old Chief, and 'Legitimate Moral Force' ——Keeping the Courtroom Safe for Heartstrings and Gore", 49 *HASTINGS L. J.* 403, 442~443 (1998).

[18] Andrew D. Leipold, "How the Pretrial Process Contributes to Wrongful Conviction", *Am. Crim. L. Rev.*, Vol. 42, 2005.

[19] Larry Laudan, "Is Reasonable Doubt Reasonable?", 9 *LEGAL THEORY* 295, 297 (2003).

后　记

论写作的速度，我是奇慢的。

经常一篇文章，想了好多年，还没有动笔。现在电脑里，就堆着好多篇论文的半成品，有的甚至已达10年之久，“白头宫女在，闲坐说玄宗。”文章如果也有生命，对于自己久久不能面世，一定也会有怨言的。这本文集里的文章，几乎就是我走上学术道路以来所有重要成果的汇总。以15年计算，平均每天，只是落笔42个字而已。论质，不好评价，论量，当然算少的。

写得慢，有很多原因。

其中最重要的一则，是对刑诉学科的理论品格时有反思。别的学科我不敢妄下断言，仅以刑诉为例，有一些学术成果尚不能称之为理论研究，而更像是理念宣讲。如果说刑法是法学中的科学的话，那么刑诉则更像是法律中的宗教。其他学科经常出现的学派之争在刑诉里几乎很难发生，法教义学也难登刑诉研究的大雅之堂，都是因为这种政治正确的理念型导向遏制了更多学术面向生发的可能。

其次，即便是这种理念导向型的研究本身也有一些值得反思的地方。比如针对许多改革措施的批判性文章，更多都是在逻辑层面加以论证，却较少对实践制约条件进行描述分析。很多批判性意见往往是因为学者信息不对称的结果，而未必一定是改革逻辑自身的问题。

还有，我们的刑诉理论这些年来已经贡献了很多解释性的概念，但是分析性的概念仍然相对缺乏。我们已经不乏构造、目的、模式等理论范畴，但不得不承认，这些理论概念能够给诉讼实务提供的理论指导仍然有限。而且即便是一些描述性、解释性的概念，也逐渐开始走向一种自我循环，有些研究反复用一些具有万能解释力的学术模块进行拼贴组装，然后形成对不同研究对象的解释成果。刑诉研究又到了一个转折的关口，我们是继续沿用那些陈旧的描述性的概念，还是开放出更多分析性的工具，走向一种面朝实践的“中层理论”，已经到了必须认真思考的时候了。

其实，这本小书的名字，可能比研究本身更让我耗神。最终能够定名为《刑事程序的深层结构》，要得益于多年前看过的孙隆基教授所写的《中国文化的深层结构》。但我知道，我写的，远远不是什么真正的深层结构。那个更深层面的因果规律，我们都没有办法以研究加以揭示，而只能以闲谈的方式进行调侃。这其实也是我的另一层困惑。刑诉研究，往往是给你一块天花板，却让你去研究天文。无奈之下，我们往往只能把灯泡当成太阳，去研究宇宙的规律。

但，正如博尔赫斯所说，我们只能写我们能写的，而非我们想写的。正是因为意识到了这些问题而极力试图在自己的研究中加以避免，所以下笔越来越谨慎。但最终还是能力有限，又以一本文集充当了上述反思的例证。不过，有了这点面对永恒的战栗和敬畏，对于学术，至少不是件坏事。

所以，也许可以用结集的方式给自己的过去画上一个句号，作为时间流逝的物质结晶。同时，期许下一个10年，写出想写也能写的作品。

要感谢的人很多，为免挂一漏万，还是从俗省去了。但印在心底的，一直都在。谢谢你们。

陈　虎

2017年2月7日于武汉家中